大连理工大学科技伦理与科技管理研究中心

科技伦理与科技管理文库

创新人才需求与开发的模型及应用研究

谷　丽／著

科学出版社

北京

图书在版编目(CIP)数据

创新人才需求与开发的模型及应用研究/谷丽著．—北京：科学出版社，2015.5

（科技伦理与科技管理文库）

ISBN 978-7-03-044237-6

Ⅰ．①创… Ⅱ．①谷… Ⅲ．①创造型人才-人才培养-研究-中国 Ⅳ．①C964.2

中国版本图书馆 CIP 数据核字（2015）第 089269 号

丛书策划：侯俊琳　牛　玲

责任编辑：朱萍萍　曹　伟／责任校对：胡小洁

责任印制：徐晓晨／封面设计：黄华斌

编辑部电话：010-64035853

E-mail：houjunlin@mail.sciencep.com

科学出版社 出版

北京东黄城根北街 16 号

邮政编码：100717

http://www.sciencep.com

北京厚诚则铭印刷科技有限公司 印刷

科学出版社发行　各地新华书店经销

*

2015 年 5 月第　一　版　开本：720×1000 1/16

2021 年 3 月第六次印刷　印张：12

字数：220 000

定价：78.00 元

（如有印装质量问题，我社负责调换）

总序

进入 21 世纪以来，伴随着经济全球化的加速和知识经济时代的到来，科学研究与社会经济的联系比其他任何时候都更加紧密，日益呈现出职业化、社会化的发展趋势，科学研究的意义已显得不再像以前那样纯粹。在市场经济环境下，不少科学技术专家受到各种各样的利益诱惑，科学研究追求创造的理念大打折扣。人们在思考当科学技术为人类创造巨大的物质财富和精神财富的同时，科学研究的新成果与新理念对人类社会长期形成的社会伦理与道德底线提出了严峻挑战。科学道德诚信问题成为科学家和社会越来越关注的问题。面对这样的形势，科学共同体应当清醒地认识和分析在经济社会发展对科学技术的依存度如此之大的背景下，科学技术何去，社会经济何从，以及经济社会对科学道德诸多方面的深刻影响①。其核心问题是，科学技术进步应服务于全人类，服务于世界和平、发展与进步的崇高事业，而不能危害人类自身。因此，应该加强科学道德建设，强化学术界学术伦理观念，重建学术规范，重申科学伦理底线；大力宣传古今中外科学家的高尚品德和为科学真理而不惜牺牲的精神；在高校开设科学伦理课，通过课程教学真正做到科学伦理从学生抓起，使他们明白遵守科学道德比掌握科学知识更重要。为此，开展科技伦理与科技管理的问题研究与案例分析，对于指导科学伦理道德建设、推动科学技术快速发展具有重要的学术价值和社会价值。

现代科技的发展对现有伦理的挑战，也就是所谓的科技伦理是现代科学技术所引发的伦理问题，它包括网络伦理、核伦理、医学伦理、生命伦理、环境伦理（生态伦理）。哲学是一种反思的活动，伦理同样也是一种反思的活动。它们是对已发生的事情进行反思，也是对未来进行前瞻性的探讨。从科技伦理产生的时代背景，我们清楚地意识到，在科技伦理中包含着人类对科技的反思、对自然的反思、对人类自身的反思等。一味地依赖于科学技术（甚至包括经济、法律或其他）而不考虑伦理和哲学层面的话，新问题仍会层出不穷。伦

① 韩启德．科学共同体的科学道德责任．科技日报，2009-09-08.

理不是阻碍科技的发展，而是越来越融入到科技发展中，成为其中的一个部分。在科技发展中我们要反思自己的生活，反省我们自己该做什么，怎么做，该成为什么样的人。苏格拉底说："未经反省的人生不值得活。"同样，未经反思的科技是不能用来推广、应用和普及的。那么，究竟科技伦理或者说科技伦理学是什么呢？总的来说，也就是围绕人在科学与技术活动过程中科学技术与人、人与人、人对社会、人对自然的行为过程和后果所产生的伦理和道德的学问。总体而言，"科技伦理学主要有四个维度：第一，科技工作者和科技团体内部的道德关系和伦理规范。第二，科技工作者与一般社会、公民、政府等之间的道德关系和伦理规范。第三，科技工作者与非人类的自然环境、生命物种之间的道德关系和伦理规范。第四，科技工作者与作为研究对象的人类个体或群体之间的道德关系和伦理规范"①。正如我国科学技术哲学家刘大椿教授对科技伦理定义所做的概括：科技——"在求真与向善之间"。

科技管理是指通过对管理科学的运用，科技管理主体对科技活动中人力、物力、财力等资源进行分配、决策、组织、控制以取得更大的经济效益的过程。

科技伦理与科技管理不仅相互区别而且相互依存、相互渗透、相互补充、相互制约，两者之间存在着双向互动、辩证统一的关系。科技伦理对科技管理有导向和内化作用，科技管理对科技伦理有强化作用②。基于此，我们从科技伦理与科技管理的内在统一上来开展研究。具体来说，科技伦理基础理论研究主要探求科学伦理、技术伦理、工程伦理、科技伦理教育领域的基本理论问题。科技伦理应用研究主要针对高科技的伦理问题、引发的环境问题和管理问题开展反思和论证，并致力于寻求切实可行的伦理框架，以促进和保障新兴科技的健康和可持续发展。科学技术前沿的伦理治理研究主要围绕辨识和发现的科学技术前沿的伦理问题，从政府、企业、大学、科研机构等组织，以及科学团体、科学家、科技伦理学家、公众等各相关利益主体的不同角度，探索前沿科学技术伦理治理的组织模式与机制、制度模式及实施路径等相关问题。

大连理工大学哲学社会科学创新基地"科技伦理与科技管理研究中心"（以下简称"中心"）自"985 工程"二期作为教育部人文社科研究基地建立伊始，尽管主攻方向和各研究方向依托科技哲学与伦理、科学学与科技管理两个学科博士点，探索科学技术前沿问题，带有学科导向的特点，但在申请、承担和完成国家级和省部级科研项目的过程中，逐渐朝适应国家和人民的重大战略

---

① 张国清．当代科技革命与马克思主义．杭州：浙江大学出版社，2006.129.

② 戴艳军．科技管理伦理导论．北京：人民出版社，2005.78-80.

需求调整转向。突出表现在以下几方面：一是基于技术科学的强国战略与政策研究，先后承担完成这方面直接相关的校级重大项目、中国科学院学部咨询项目和国家自然科学基金项目。二是关于高科技与工程领域的伦理与治理问题研究，先后在中德科学中心资助下举办了中德双边高科技伦理研讨会，获得国家社科基金面上项目“实践有效性视角下的工程伦理研究”、国家社科基金重大项目“高科技伦理问题研究”。三是基于知识图谱的科学发现-技术创新管理与政策研究，先后主持和承担有关这一领域的国家自然科学基金与国家社科基金项目多项课题。这就为本中心以国家重大需求的问题导向调整主攻方向、设计重建研究方向奠定了扎实的基础。

中心自成立以来，围绕“科技伦理与科技管理”相关领域，加强了学术队伍建设，组建了跨学科、高水平的科研团队；加强了人才培养，造就了我国第一批科学学与科技管理学科的硕士、博士人才，特别是培养出我国第一批科学计量学博士，并在哲学与伦理学形成本科生-硕士生-博士生人才培养系列；加强了学科建设，集成现有博士点和硕士点力量，成功申办了哲学一级学科博士点，科技哲学成为辽宁省重点学科；加强了哲学社会科学基础设施建设，建立了有助于原创性研究的相关数据库、案例库和科学计量实验室；借鉴国外先进学术成果与研究方法，加强了国际学术合作与交流；紧密结合我国科学技术与经济社会发展的需要和振兴东北老工业基地的实际，承担了国家及地区科技伦理与科技管理相关领域重大项目，产出了一批高水平的学术成果。举办了重要的国际学术研讨会。

本着沟通交流、成果共享、共同提高的原则，大连理工大学人文与社会科学学部、“985 工程”教育部哲学社会科学创新基地、大连理工大学科技伦理与科技管理研究中心特推出“科技伦理与科技管理文库”。这套文库是一套跨越科学伦理与科技管理两个研究领域的综合性丛书，具有前沿性、交叉性、哲理性、现实性、综合性的特点，内容主要涵盖科技伦理及其治理问题的综合研究的诸多方面。这套文库是大连理工大学“建设世界一流大学”项目的重要组成部分。我们希望通过这套文库的持续不断的出版和若干年的努力，将中心（研究基地）建设成为在科技伦理和科技管理领域接近或达到国内一流学科水平和国际先进水平的国家级哲学社会科学重点研究基地，使之成为国内外科技伦理和科技管理研究领域的研究中心、信息资源中心和国际学术交流中心。

洪晓楠

2014 年 5 月 18 日

前言

随着科学技术的迅猛发展和知识经济时代的到来，我国提出了“建设创新型国家”的战略目标。知识经济是以人力资源为依托、不断创新为灵魂的经济，于是创新人才就成为当今时代最宝贵的社会资源。建设创新型国家的核心是提高自主创新能力，提高创新能力的重点是科技创新，科技创新的关键是人才，所以创新人才的开发成为直接关系到我国创新型国家建设的核心环节。但是，我国创新人才的现状并不乐观，与世界其他国家相比有很大差距。

创新人才是指富于独创性和创造性、能够提出和解决问题、对社会建设（包括物质文明和精神文明）做出突出贡献的人。他们兼备丰富的理论知识、科学的研究方法、无私的奉献精神与良好的科学道德，继承了人类的优秀文化遗产，创造了现代最新的科学研究成果，并培育着未来的人才。

总体上说，无论是国内还是国外，社会、企业还是高校，学者们都对创新人才的开发和培养问题表现出浓厚的兴趣和迫切的要求，并且取得了丰富的研究成果，但是针对我国国情和现状的创新人才开发问题尚未得到有效解决。那么，国家的经济体制是如何影响创新人才开发的？创新人才开发在经济意义上的影响因素有哪些？教育是如何影响创新人才的开发和培养的？创新人才如何分配才能使国家技术进步和经济增长最大化？创新人才产生的创新成果如何才能有效地对经济增长做出贡献？这一系列集心理学、教育学、行为学和技术经济学于一体的复杂问题将成为本书关注的焦点。

本书从我国目前存在的创新人才匮乏的现状出发，运用人力资本、经济学和系统动力学的理论、观点和方法，构建了我国创新人才开发系统动力学模型，并通过政策模拟，从定量和定性相结合的角度提出了如何调整相关政策力度，将创新投入有效地转化为人力资本，更高效地创造出创新成果，以期有效地解决我国目前创新人才开发面临的问题。

本书共七章。第一章为绪论，主要论述了研究背景、研究内容、研究方法、国内外相关研究现状以及本书的写作思路和框架，并论证了利用系统动力学方法研究创新人才开发问题的可行性。第二章主要对全球创新人才需求态势进行了分析，并针对我国企业创新职位需求进行了网络招聘信息研究。第三章主要针对我国创新人才进行了需求预测，探索创新人才的衡量标准。第四章构建了创新人才开发系统动力学模型，进行了系统的因果反馈和流图分析，并通过对 2000～2008 年的数据实证检验了模型的稳定性和可靠性。第五章则根据建立的模型，以已有的统计数据为基年数据，对在未来一段时间内不同的政策条件下我国创新人才和创新产出的关系对经济增长的影响进行了政策模拟，第六章通过对所有政策同时按照不同的强度进行综合模拟，提出我国创新人才开发问题的解决对策和政策建议。第七章为结论。

本书获得了“教育部博士学科点专项基金（20130041120049）”“国家知识产权局软科学课题基金”“大连市政府学术专著资助项目”和“中央高校基本科研业务费人文社科专项（DUT13RW409）”的资助。同时，本书的出版还得到大连理工大学人文与社会科学学部出版基金的资助，在此深表谢意！

谷　丽

2014 年 5 月于大连理工大学

目录

第一章　绪　　论

第一节　研究的背景与意义

一、研究的背景

2007年年末以来爆发的席卷全球的金融风暴，使通过技术创新带动产业升级并培育新一轮竞争优势成为企业各界的共识。技术创新是一项创造性工作，它通过知识积累开发出新技术、新工艺、新产品。[1]科技人员在技术创新过程中发挥知识积累、传递、整合及再造功能，是技术创新绩效的关键变量。因此，企业科技人才的质量、数量及其创新能力有极其密切的正相关关系，那么如何吸引并留住人才便成为企业技术创新的基本保证。

另外，随着现代科学技术的发展和信息时代的到来，计算机技术和互联网得到了迅速发展，网络招聘的应用日益普及。一方面，求职者不再满足于传统的招聘渠道，转而大量使用网络这种新的、更广泛的求职渠道，发布求职信息和提出求职申请。另一方面，企业认为网络作为一种现代沟通方式，对现代人有很强的吸引力，在网络上可以找到适合自己企业发展的大量优秀人才，越来越多的企业开始利用网络进行人才招聘活动。一项调查显示，60％的人事经理认为网络招聘是一种有效的招募手段。有些企业甚至认为，应聘者能否从网上看到公司的招聘信息并找到公司主页，就是考察应聘者能力的一个隐形标准。可见，网络招聘已经成为人才招聘的一种重要途径。[2]

随着知识经济时代的到来，我国的经济体制和经济增长方式面临着严峻的挑战。知识经济是指以知识的生产、创新、流通、分配和应用为基础的经济，知识经济发展的动力是创新，知识经济的先导产业是教育、文化和研究开发，知识经济时代最主要的部门是教育和研究开发部门，知识经济最重要的资源是高素质的人力资源，所以也可以说知识经济是以人力资源为智力依托、以高新技术为产业支柱、以不断创新为灵魂和以教育培训为本原的经济。[3]知识经济的这些特性要求各种经济部门必须顺应创新、学会创新、擅长创新、推进创新，才能在日益激烈的竞争中取得新的发展。知识经济发展的速度取决于创新的效率，可以说，创新是我们所处的时代日新月异、迅速变化的动力和源泉，因此，创新活动的实施者——创新人才就当之无愧地成为当今时代最宝贵的社会资源。[4]

为了顺应知识经济时代提出的新要求，我国在进入全面建设小康社会的关键时期提出了建设创新型国家的重大决策。2006 年 1 月 9 日，胡锦涛同志于全国科技大会上提出要把科技进步和创新作为社会经济发展的首要推动力量，将建设创新型国家作为未来发展的重要战略。[5]创新型国家的建设时期是我国国民经济调整和发展的重要阶段，对于我国转变经济增长方式、提高核心竞争力、加快现代化建设步伐，以及实现以科技为引擎的第二次经济腾飞具有重要的现实意义和深远的历史意义。建设创新型国家的核心是提高自主创新能力，而提高自主创新能力的重点是科技创新，科技创新的关键是人才，所以创新人才开发成为直接关系到我国创新型国家建设的核心环节。

世界范围的综合国力竞争，归根到底是人才（特别是创新人才）的竞争。但是目前我国创新人才开发的现状在国际上并不占优势，甚至处于落后水平。根据科技部的统计数据，2008 年我国每万名劳动力中全时当量 R&D 人员只有 25 人，而日本有 141 人（2007 年），德国有 119 人（2007 年），是我国的 5 倍左右，这一数据也明显反映出我国研发人员的不足和与发达国家之间的巨大差距[6]；从 R&D 经费投入占国内生产总值（Gross Domestic Product，GDP）的比例来看，我国在 2008 年的比例是 1.47%，而美国是 2.68%（2007 年），德国是 2.53%（2007 年），日本更是高达 3.39%（2006 年），这些明显的差距说明我国科技创新能力还较弱，距离创新型国家这一目标还有一定的距离（国际上公认的创新型国家的 R&D 投入占 GDP 2%以上[7]）。

面对知识经济时代人才竞争的严峻形势、我国建设创新型国家的迫切要求和目前创新人才匮乏的落后现状，我国创新人才开发的问题日渐凸显且亟须解决。为我国创新人才开发提供新的认识、开辟新的发展道路，已经成为我国学者研究人才问题的热点和发展趋势。

二、研究的意义

1. 现实意义

创新人才已经成为我国建设创新型国家的关键所在，而且它的重要性仍在日渐提高，而我国创新人才匮乏的现实无时无刻不提醒人们，对于创新人才问题的研究在实际社会中具有不可替代的应用价值。因此，为我国创新人才开发开辟新的研究思路和发展空间具有深远的现实意义。本书以创新人才的经济学理论为依据，通过构建创新人才系统动力学模型，模拟和预测我国未来一段时间内我国创新人才和经济的发展趋势，以期能够找到我国创新人才开发存在问题的症结所在，并通过调整政策来分析有效开发创新人才的途径，这对我国政府的决策甚至是经济发展宏观层面都具有重要的参考价值。

2. 理论意义

通过对相关文献的研究，可以看到创新人才开发的问题已经受到了国内外学术界的普遍关注。但是对于创新人才的研究大多是定性的理论探讨，在定量研究领域仍有很多空白亟待填补。本书从经济学角度对创新人才对我国经济增长的作用和反作用进行了剖析，有针对性地把从创新人才开发的经济投入到创新产出成果转化为经济效应这一过程准确地描述出来，从而弥补了创新人才开发理论的不足。此外，本书将在理论框架构建的基础上，以系统动力学方法为依据，构建创新人才开发的系统动力学模型，以期能够通过相应的数据和参数量化创新人才开发的影响因素并对其进行控制。

三、研究的可行性分析

知识经济时代和经济全球一体化对创新人才的需求日益增长。面对市场需求的不确定性和多样性，创新人才开发也表现出高度的复杂性与动态性。创新人才开发过程中生产资料的投入和分配方式等因素存在着诸多随时间不断变化的、高度隐性的非线性关系，所以创新人才开发也呈现出高度的动态复杂性和时间延迟性，属于复杂的动态系统问题；对于此类高阶非线性的动态系统问题，依靠传统方法往往很难得到令人满意的结果和策略，甚至有可能会由于忽略时间因素的影响而使问题更加恶化。[8]为探讨系统动力学研究创新人才开发问题的可行性，首先分析了系统动力学的理论基础和建模的规则及步骤，发现其对创新人才开发问题的启示，通过阐述创新人才开发问题的复杂性、系统性及系统动力学，进一步论证了系统动力学方法应用于创新人才开发研究的必要性和可行性。

创新人才开发是创新型国家建设实施的载体和主要环节，它由各种要素通过多重因果反馈相互交织而构成一个有机、复杂的整体网络，所以很难针对某一或某些因素之间的因果关系隔离分解地研究创新人才开发的过程。创新人才开发因素间的结构和运行关系的复杂性和特殊性，决定了很难用一般的数学工具分析和处理此类问题。另外，创新人才开发体系的某些原因要素在现实研究中很难找到与其对应的匹配数据，但这些要素在研究中又是无法忽略的关键要素，因此必须将这些要素作为过程变量纳入到模型中，通过其对输入变量功能的传递效应来影响模型的输出。这样就必须找到一种能适用于创新人才开发体系运行特征的动态分析工具。

系统动力学的研究对象是复杂的社会系统，包括人口、资源、能源、环境、经济、管理等具体方面。社会系统区别于其他系统的主要因素在于，政策环境在社会系统中起到了决定性的主导作用，并且决定了系统非线性的特性。政策的改变导致了原因要素的作用机理发生变化并且可能产生延迟，再加上要素之间复杂的相互作用及多重反馈，导致了结果在时间上的滞后性和非线性，使原因要素对结果的作用体现出无规律性且作用不明显。创新人才开发问题隶属于社会系统问题，也具有以上描述的特征，属于系统动力学研究对象之列。

系统动力学是一种研究动态反馈性复杂系统问题的定量方法。它通过厘清系统中各要素间的因果关系来弥补传统因果分析方法纯描述性的缺陷。在充分考虑要素间相互作用的基础上，系统动力学从动态的角度建立了系统动力学模型，并且运用有限的数据进行分析和预算，通过控制系统变量和运用计算机模拟仿真技术，最终实现“政策实验室”的功能。

运用系统动力学方法研究创新人才开发体系的内部结构和运行机理，可从创新人才开发体系的内部因素和运行关系出发，提炼创新人才开发体系中的输入变量和输出变量作为创新人才经济意义上的投入和产出，绘制创新人才开发体系功能要素间的因果关系图和系统动力学流图，进而构建创新人才开发体系运行的系统动力学模型，并运用计算机进行模拟仿真，通过对系统变量的适当控制和调整，研究在各种条件变化的情况下，创新人才开发体系的变量间的动态影响关系，从而为我国创新人才开发问题的政府决策提供参考。

四、本书的创新点

与现有的文献和研究结果相比，本书的研究主要有以下三个创新点。

（1）厘清创新人才开发系统的内生变量和外生变量，并定性地确立各个变量间的因果反馈关系。

本书针对我国创新人才开发的现状，深入剖析了影响我国创新人才开发的内生变量和外生变量。内生变量和外生变量反映了国家、企业、高校和研究机构对创新人才开发进行的相关投入、采取的相关措施、创新人才数量现状和拥有的创新成果等情况，内生变量、外生变量存在着复杂的影响关系，本书通过因果关系图来定性地描述各因素的因果关系，通过对系统动力学流图的分析来量化各变量间不同程度的动态影响关系。

（2）基于系统动力学理论和方法，建立各内生变量和外生变量的数学关系式，构建创新人才开发系统动力学模型。

本书从创新人才开发问题的复杂性和整体性角度出发，基于系统论的观点，首先确立了模型的理论框架，将模型划分为三个功能子块，即创新人才开发环境子块、创新人才开发动力子块和创新人才开发绩效子块，并阐述了各个功能子块之间的关系。根据系统动力学理论和方法，构建了我国创新人才开发系统动力学模型，建立了各个内生变量和外生变量间的数学关系，并通过模拟仿真对模型进行信度和效度检验，得出了模型可靠和稳定的结论。

（3）通过不同强度的政策模拟，定量地确认创新人才开发各外生变量对内生变量的影响及其程度，以此为依据提出了具有针对性的对策方案。

本书在构建我国创新人才开发系统动力学模型的基础上，预测未来十年内我国创新人才开发的发展趋势，通过不同强度的政策调整，引发内生变量不同程度的变化。根据内生变量变化的灵敏性和显著性，甄别哪些外生变量对哪些内生变量具有直接显著的影响作用。本书的研究结果发现：高等教育投入占国家财政支出的比例、人才培养政策、吸引海外人才政策对创新人才的数量和创新人才绩效产出具有正向的促进作用；科技拨款占国家财政支出的比例、促进产学研联系相关政策对创新人才开发资金投入和创新人才绩效产出具有正向的促进作用；政府相关创新激励政策对创新人才绩效产出具有正向的促进作用；科技贷款政策和新产品税收政策在短期内对创新人才开发各因素均具有正向的促进作用，虽然这种作用在短期内效果并不明显，但从长期发展来看，科技贷款政策和新产品税收政策对创新人才开发的激励作用仍不容忽视；创新人才向企业聚集时，创新人才开发资金投入、创新人才的数量、创新人才绩效产出和创新人才对经济增长的贡献均有不同程度的正向影响。通过对上述所有政策按照不同的强度同时进行综合作用，得出了我国创新人才开发问题的具体对策方案。

第二节 创新的概念和相关研究

一、创新的概念

有关创新的研究最早起源于 20 世纪初，著名的美籍奥地利经济学家熊彼特（J. A. Schumpeter）在其 1912 年出版的著作《经济发展理论》中，首次提出了“创新”的概念，他认为创新就是生产要素和生产条件的重新组合，即“建立一种新的生产函数”，包括采用新产品、引入新技术、开拓新市场、开发新资源、实行新组织五个方面的内容。[9]熊彼特的观点注重的是单个企业产生市场价值的创新行为，是宏观层面上的研究，他并没有研究如何开发一种新的产品，也就是后来所说的“技术创新”。

到了20世纪后半叶，创新理论被管理学家引入管理领域，管理创新就成了当时管理学研究的前沿问题，学者们纷纷对创新的概念进行了更深入的阐述，克瑞斯·弗里曼（C. Freeman）将“创新”定义为技术设计、制造、管理，以及新产品（或改进产品）商业化过程中的营销[10]；罗伊·罗斯威尔（R. Rothwell）的观点是创新不仅包括先进技术的突破，也包括小规模的应用性技术变革[11]；彼得·德鲁克（P. Drucker）认为创新是企业家特有的工具，是改变资源的产出或赋予资源以新的创造财富的能力的一种行为[12]；迈克尔·波特（Michael Porter）等研究发现，企业通过新技术和新方法进行更广泛的组织创新，通过这些创新活动来获得竞争优势。[13]

我国学者对“创新”的研究以清华大学傅家骥教授的观点最具代表性，他认为技术创新是企业家以获取商业利益为目的，将生产要素重组以开发新的产品、新的工艺，开辟新市场的一系列手段，它是企业家为了抓住市场潜在机会而进行的包括科技、商业、组织和金融等活动的综合过程。[14]王伟光认为，创新是企业在创造和吸纳各种新技术知识的基础上对已有技术的有限重组，以及向市场推出成本较低但质量更好的产品和服务的过程。[15]杜健的观点是，创新是创造和吸收新知识和技术并且以新方式对现有的知识和技术进行整合的过程。[16]总结以上观点可以看出，傅家骥对创新的定义与熊彼特类似，也包括了创新的五大主要内容，并且强调了创新的主体是企业家，目的是获取商业利润；而王伟光和杜健的观点则是从创新本身的目的是在市场中获取更大占有率这一角度进行阐述的。

对于“创新”概念的研究表明，创新是主体与不同的生产要素以不同的方式复杂组合作用的结果。作为技术发展的方式，它是一种企业家对内部生产要素与生产方式改造的过程。这个改造过程必然存在由众多因素与阶段构成的复杂系统，因而必须以系统的观点从整体和发展的角度来研究创新现象和创新活动。

二、研发投入与创新

1. R&D的概念

R&D即研究与发展（Research and Development），通常简称为研发。

经济合作与发展组织（Organization for Economic Cooperation and Development，OECD）对R&D的定义是，“R&D是系统基础上的一系列创造性工作，它的目的是丰富人类、文化和社会的知识量，并利用这些知识进行新的发明”。

联合国教育、科学及文化组织（United Nations Educational，Scientific and Cultural Organization，UNESCO）对R&D的定义是，“R&D是指在科学技术领域中，为了增加知识这一目的，运用已有的知识而创造出新的应用而进行的系统的、创造性的活动，包括基础研究、应用研究和试验开发这三类科研活动”。

美国科学基金会给出的R&D定义是，“R&D是企业、政府以及非营利性组织所进行的基础研究和应用研究”[17]。

我国学者师萍、张蔚虹对R&D也给出了较全面、认可度较高的定义，即R&D是指以增加知识总量为目的，通过科学方法的运用，创造新的知识和运用而进行的系统的、创造性的一系列工作。[18]创造性和新颖性是R&D的决定性因素，创造新的知识和应用是R&D的具体表现，科学方法的使用则是R&D创新活动的基本特点。

2. R&D与创新的关系

国外学者对R&D与创新的关系有相当丰富的研究成果，其中以20世纪80年代罗默（Romer）等提出的“内生经济增长理论”最具代表性，他们认为有目的的R&D活动是技术进步的直接源泉，由这些活动导致的新产品、新技术、新工艺会通过专利和规模效应产生垄断市场的力量，从而使R&D活动获得回报；他们的研究将R&D、创新与经济联系起来，认为只要经济社会一直有源源不断的新思想（包括理论创新、技术创新等）产生，那么经济就能持续增长，R&D活动就能持续获得回报，从而形成创新的良性循环。[19]费莱博（Faber）等通过其研究发现，“R&D经费投入对一个国家的创新能力存在着决定性的影响”[20]。弗尔曼（Furman）等的研究发现，仅仅R&D经费投入这一项指标就能够解释经济合作与发展组织国家之间创新能力差异的90%。[21]

国内学者对R&D与创新的关系研究主要有以下几个代表性的观点。蓝宝江、陈广汉通过分析我国大中型工业企业1991～2003年的数据发现，R&D投入强度与技术创新能力存在长期稳定的均衡关系，不同时期分别出现从不很明显、明显到双向明显的因果关系。[22]刘和东的研究结论是国家R&D投入对技术创新具有明显的相关关系。[8]朱月仙、方曙对R&D人力投入和R&D资本投入与创新产出都做了研究，结论是它们之间具有显著的正相关关系。[23]

这些研究充分论证了R&D投入对国家的创新能力提升的重要性，但事实上，世界各国R&D投入占其GDP的比例并不高，只有少数国家超过3%，大多数国家都低于0.5%，为什么R&D投入如此重要，却不能把资源尽可能多地投入到R&D中呢？R&D投入的决定性因素有哪些？R&D与创新和创新人才开发相互之间的作用机理是怎样的？这些问题的提出为本书的研究提供了理论上的出发点。

三、专利与创新

对于创新产出和技术进步的衡量指标问题，学术界比较主流、广泛采用的方法是用专利数据作为创新的代理变量进行实证研究。20 世纪 60 年代，美国经济学家斯姆克勒（Schmookler）在研究中利用单位 R&D 产出的专利数作为创新产出的代理变量，开辟了利用专利数据衡量创新产出的先河。[24]谢勒（Scherer）认为，R&D 投入的越多，产生的专利价值越大，R&D 与专利价值的产出是规模报酬递增的，其弹性是 1.19。[25]20 世纪 80 年代后，又有很多学者对这一问题做了进一步研究，如帕维特（Pavitt）、阿克斯（Acs）等，他们通过实验数据得出 R&D 与专利之间的 R^2 超过 0.9，存在显著的相关性。[26,27]格瑞克斯（Griliches）通过对美国的数据研究发现，即使考虑滞后效应，专利产出与 R&D 的弹性也在 0.3～0.6，其相关性是显著的。[28]还有一些学者，如杰夫（Jaffe）、曼佐莱尼（Mazzoleni）、格罗斯比（Groshby）等，从宏观角度研究专利是如何影响技术进步和经济增长之间的关系的。[29-31]从微观角度研究专利数据来帮助企业制定创新战略的代表人物是华特森（Waterson）。他的研究表明，专利能够直接反映企业技术创新水平和发展趋势，通过专利数据变化量的分析可以为企业制定创新战略提供依据。[32]

我国学者对于创新成果的测量也主要是利用专利数量来衡量创新产出的。鲁文龙等利用专利数量和创新资金投入对我国的技术创新系统进行了投入产出分析。[33]古利平等采用专利数据作为 R&D 资源的产出值，发现专利对我国 R&D 资源的产出弹性为 0.465，是正向且显著的。[34]

虽然很多研究证明了专利在很大程度上可以反映创新的产出成果，但是这种做法同时也引起学术界一些学者的异议。豪尔（Hall）认为专利不能完全囊括创新的所有成果，所以用专利来测算创新的产出是不全面、不准确的。[35]琼斯（Jones）的观点是，有很多创新并没有申请专利，也未必与官方的 R&D 产生关系，所以用专利衡量创新成果是有缺陷的。[36]另外，还有学者认为，很多外界环境的因素（如国家政策、法律法规等）也会影响专利的产出，将这些因素引发的专利数量的变化都归结于创新的进步是不科学的。例如，科特姆（Kortum）通过对美国 20 世纪 70～90 年代的专利数据分析发现，美国的专利数量呈先下降再上升的变化趋势，这一方面说明创新水平有所提高，另外也跟美国政府 1982 年颁布的关于专利的政策和法律是紧密相关的。[37]

通过以上的研究综述可以看出，虽然专利在某种程度上不能确切地反映创新成果的产出情况，但是由于其时间序列数据相对容易收集，并且从分析R&D活动与创新产出之间的关系角度来看，目前尚没有比这更好的方法。所以，本书选取专利数量作为衡量创新产出的代理变量，通过研究一段时间内专利数据的变化来分析我国创新水平和经济增长的变化和发展趋势。

四、创新、经济增长与人力资本理论

20世纪50年代，在创新理论逐渐成为学术研究的热点问题的同时，美国经济学家舒尔茨（Schultz）在其一次演讲中明确提出了人力资本的概念，即“所谓人力资本就是体现于人身体上的知识、能力和健康等存量的总和，是指通过后天投入而凝聚在人体上的知识、经验、技术、能力以及其他一切具有经济价值并能带来未来收益的禀赋”，这一概念的提出使人们认识到人力资本是技术进步的一种表现形式，也是技术创新的载体。

对于创新与人力资本的关系研究，斯托克（Stokey）在对市场均衡测量的结果分析中发现，人力资本较低的发展中国家多数生产质量差异较小的产品，而人力资本较高的发达国家则主要生产质量差异较大的产品。[38]这就说明了以产品质量差异为表象的技术能力和技术创新水平与人力资本禀赋存在正相关关系。卢卡斯（Lucas）的研究结果与斯托克的类似，他在斯托克的研究基础上将人力资本的外部效应与经济增长结合起来，并解释了“东亚奇迹”发生的合理性与必然性。[39]

关于人力资本与经济增长关系的研究，美国学者丹尼森（Denison）经过多年试验表明，人力资本在不同时期对美国经济增长均有重要贡献。[40]格瑞克斯（Griliches）通过对1960～1985年98个国家的人均GDP增长率的比较研究发现，教育投资是人均GDP增长的重要影响因素。[41]

我国学者对三者之间的关系也取得了相应的研究成果。胡峰的研究结果表明，人力资本作为生产要素对经济增长的贡献是显著的，同时人力资本又通过其要素和效率的生产功能对技术创新起到了促进作用。[42]人力资本的提高是技术创新的根本，同时要想保证人力资本规模收益率不下降甚至提高的基本条件就是提升技术创新的水平。李建民通过对经济增长路径的研究发现，从人力资本的提高到技术创新的进步再到经济增长是经济发展的必然路径。[43]周天勇认为，生产资本、资金和技术投入使用效率的提高是依赖于人力资本的提高而实现的，同时也与基础科学的进步、新技术和产品的发明、制度创新是紧密联系的。[44]

对于创新、经济增长与人力资本的研究表明，增加人力资本禀赋是寻求技术创新和经济增长的根本途径，也是技术创新和经济增长实现的根本所在。这也为本书研究创新人才开发提供了理论依据。人力资本-技术创新-经济增长这一正向循环途径证实了创新人才开发既与技术创新和经济增长呈正相关关系，同时又受到经济环境和技术水平的影响，它们之间构成了一个因素繁多、关系复杂的系统。

第三节　创新人才的概念和相关研究

一、创新人才的概念

对于创新人才的概念，我国学者自20世纪80年代开始一直进行着各种角度的研究。具有代表性的观点是吴贻春和刘花元的研究结论，他们认为创新人才是指富于独创性和创造性，能够提出和解决问题，对社会建设（包括物质文明和精神文明）做出突出贡献的人；这种人才兼备丰富的理论知识、科学的研究方法、无私的奉献精神与良好的科学道德；他们继承了人类的优秀文化遗产，创造和发扬现代最新的科学研究成果，培育未来的人才。[45]而对于创新人才的理解，庄寿强的定义是“具有创新精神和创新能力的人”，这一概念的定义是为了与缺乏创造精神和创新能力的保守派区分开来，它与理论型、应用型、技术型等人才类型的划分并不是同一维度上的区分。[46]

通过对国外相关文献的研究发现，尚没有与我国“创新型人才”或“创新人才”相对应的概念。相关的概念如“creative-mind”“creative-thinking”等，都是从心理学角度研究创新人才的性格特点；还有一些概念如“innovation”“innovative-mind”等一般指技术和工艺方面的改革、革新等，一般用“talent innovation”来描述人才培养和开发方面的新方法和新制度等。那么这些概念的描述就表示国外对创新人才的研究尚未成熟，甚至说国外对创新人才的开发和培养不重视吗？事实恰恰相反。国外学术界对创新人才的理解比我国更宽泛，他们在强调人的个性和特长全面发展的同时，更突出对“innovative idea”的培养，也就是更关注对创新意识的培养，这一点从国外有关大学教育的培养目标中可见一斑。19世纪英国著名教育家纽曼（Newman）认为，英国的大学就是要培养“会思考、推理、比较、辨别和分析，情趣高雅，判断力强，视野开阔的人”[47]；牛津大学校长卢卡斯（Lucas）对牛津大学毕业生的要求是“要有高超的技术、宽泛的知识基础、很强的个人责任感和灵活的革新能力”[48]。

通过对于创新人才概念的相关文献研究我们可以看出，创新人才与经济的增长和社会的发展都是紧密联系的，创新人才旨在为社会进步做出突出贡献，同时经济文化的发展程度又影响着创新人才自身禀赋的发展，所以本书通过对我国现有经济状况的分析来探讨符合我国国情的创新人才开发的方针和措施，进而使创新人才能够创造更大的社会价值，实现我国社会经济的可持续发展。

二、创新人才的素质

创新人才的定义是一个历史的概念，不同时期人们对创新人才的理解都有差异。但是人们对创新人才素质的基本要求却是大体相同的，主要由创新意识、创新能力和创新品质这三方面基本要素构成。[49]

创新意识是指人脑由于不断受到外界运动变化客观事物的刺激，而自觉产生的强烈的改变客观事物目前状态的愿望。[50]创新意识可以具体分为创新需要、创新动机、创新意向、创新追求等几个层次不同的要素。创新意识就是在好奇心和创新需要的驱使下产生的，进而激发和维持个体自觉地进行创新活动，所以说创新意识是创新活动激活、维持和调整的主要源泉。创新素质的最基本要求就是具备创新意识，只有具备强烈的创新意识，才有可能产生强烈的创新动机，从而经过不懈的努力取得创新成果。

创新能力是指进行创新实践活动的综合能力，它主要包括运用已有的知识，通过创新的方法发现新问题并给出解决新问题的对策等，具体指知识运用能力、环境感知能力、创造性思维能力、经验迁移能力、实践操作能力等。[51]创新能力是创新素质要求的核心要素，是完成创新活动和任务的前提条件，是衡量创新人才素质的重要标准。

创新品质是指有创新倾向的稳定个性和人格心理的总和，主要由创新品德、创新情感、创新意志和创新气质构成。[52]创新人才的人格品质要具有兴趣广泛、好奇心强、目标专一、坚忍不拔、自信独立、情感丰富、善于思考、想象丰富等多方面特质。创新人才不拘泥于书本，视野广阔；经常用不同方式探讨问题的解决方案；热爱学习，喜欢探索未知世界；有自己的想法，不易被别人左右。创新品质是创新人才进行创新活动的基本保证。只有具有良好的创新品质，创新人才才能发挥创新意识和运用创新能力，将创新潜力付诸实现。

创新品质与创新意识是创新素质的非智力因素，共同组成了创新活动的调节系统。创新意识、创新能力和创新品质虽然是创新素质不同程度的要求，但它们之间相互联系、相互制约、相互影响。强烈的创新意识是形成创新能力的前提条件，创新品质是形成和发挥创新能力的基本保证，创新能力形成后又会增强创新意识，塑造创新品质，使创新人才更加渴望创新，勇于创新。[49]

三、我国创新人才开发问题的研究方法

对于创新人才开发和培养的问题，一直是我国学者积极探讨的热门课题。综合来看，主要集中在对创新人才的培养及激励的心理学分析、创新行为的影响因素、创新成果的绩效测度、创新型国家建设的背景环境和高等教育的体制改革等方面。

关于创新人才的创新行为的研究，王斌进行了较深入的探讨，他运用问卷调查分析法对科技人才的个体内在和组织外在等影响创新行为发生的因素进行了调查分析，发现了工作价值观、人格特质、内外动机与创新行为的关系，并且利用专家调查分析法确定科技人才创新行为绩效的评价指标及权重系数，最终构建了企业科技人才的创新行为激励约束机制。[53]

王懿运用对创新人才胜任力发展体系进行探讨，在其研究中利用胜任力评价法将凝聚在劳动者身上的个人特征区分为动机、性格、自我概念、价值观、知识和技能等几个指标，并且通过行为事件访谈法建立大学重点学科创新人才核心胜任力模型。他的研究完善了创新人才的识别机制，为大学重点学科创新人才的评价甄选、培训开发与激励约束等提供了理论依据。[54]

王秀梅结合心理学与教育学的研究成果，运用控制论的思想对高校创新人才培养进行了系统研究，其主要方法是在系统内部通过控制对象的变化状态，按照信息传递的流程建立了创新人才的培养机制，依据信息测量与反馈机制，构建了基于粗糙集和支持向量集的高校内部教学质量监控与评价体系，建立数学模型，并以某高校为个案进行了实证研究。[55]

罗文标对创新人才的研究是基于知识创新理论的视角进行的，他运用比较研究法对美国、德国和日本的创新人才培养模式进行了比较，分析了各国创新人才的产生、现状与发展趋势；通过对比各国培养模式的特点，归纳出各国培养模式的共同特征和不同特色，为我国创新人才开发提供了借鉴；利用模式研究法构建了企业技术创新人才的培养模式；最后通过调查研究法进行个案研究和实证分析。[56]

总体上说，无论是国内还是国外，社会、企业还是高校，都对创新人才开发和培养表现出浓厚的兴趣和迫切的要求。但是创新人才开发是一个集心理学、教育学、行为学和技术经济学于一体的复杂研究领域，所以目前还没有一个公认的统一适用的研究方法和模式。本书希望运用系统动力学[57]的理论和方法来深入探讨创新人才开发的影响因素和作用机理，构建创新人才开发系统动力学模型，并运用该模型仿真模拟调制出最适合我国国情的创新人才开发政策。

第四节 创新和创新人才的经济学分析

创新理论源于经济学研究领域。早期的创新概念是从技术和经济结合的角度定义的，创新的目的也是探索创新活动如何在经济发展中起到推动作用，所以说研究创新和创新人才就必须从经济学理论入手，探讨创新的经济学内涵、创新人才的特性、创新人才对经济增长的影响机理和经济学效应对进一步剖析影响创新人才开发的影响因素和相互关系至关重要。

一、创新的经济学内涵

对创新的经济学内涵的理解是经济学和技术经济学领域中不断发展的历史过程。早在 18 世纪，古典经济学家亚当·斯密对“机器改进及劳动力分工对专业性发明的促进”的研究中，就已经开始注意到技术创新对经济发展的重要推动作用。[58]

有关创新的概念，是在 1912 年由奥地利经济学家熊彼特提出的。在创新的内涵上，熊彼特第一次区分了“创新”和“发明”这两个不同概念，认为“发明”的第一次商业化应用才能叫做“创新”，衡量“创新”的标准是“发明”是否被市场化或者商业化，他强调的是“创新是创造与效益的统一体”[9]。

创新作为一种特殊的社会活动相对一般性的社会活动具有创造性地改进事物的特点，它作为人类特有的社会活动主要有以下几个经济学特性。

第一，创新是一个内生的过程。正如我们所知，经济生活的变化可以由生产资本和劳动量的变化引起，也可以由生产方式和技术革新等生产过程体系中内部因素的变化导致，而且这种体系内部因素引致的经济变化在实际中影响更大，我们把这种经济的变化称为“创新”。创新理论的形成过程就是社会经济发展的基础和来源。[59]

第二，创新是继承和毁灭。创新在本质上是继承前人所达到的成果和技术，在已有的生产力基础上从事的革新与创造活动。但是继承的目的还是为了最终的超越，在竞争激烈的经济社会中，生产方式的重新组合就意味着对旧组织方式的毁灭。就是这种继承和毁灭的过程，完成了创新的活动，而且在这个过程中，科技和经济不断发展，经济实体不断扩大，市场更新速度更快，创新也能更全面地转化为生产过程体系内的自我更新。[60]

第三，创新是创造新的价值的过程。“创造”必须能产生新的价值才能谓之“创新”，这也是“创造”和“创新”的区别所在：“创造”是新工具的制造或新方法的发现，而“创新”必须是在社会经济活动中应用这种新工具或新方法，并获得新的价值的过程。“创新”的这一限定解释了其推动经济发展的源泉所在，所以可以说创新是对经济发展的本质规定。[61]

二、创新对经济增长的影响

创新的经济意义主要体现在三个方面。

1. 创新是知识经济时代产生的根本所在

知识经济的本质特征就是以智力劳动的科学技术构成的无形资产投入来决定知识的生产、分配、使用和消费；知识经济的灵魂和内在发展动力就是创新，创新是获得持续不断的知识资本的根本保证；知识经济是促进人与自然协调、持续发展的经济，知识创新和技术创新只有通过提高劳动对象的利用率来维持知识经济的可持续发展，才能开发富有资源代替稀缺资源，降低自然资源的消耗，协调人与自然和谐发展；经济知识时代各国和企业竞争的焦点是高素质和创造能力强的人力资源，竞争对人才的素质和技能提出了更高的要求，这也是知识经济另一个主要的特点。[62]

2. 创新是经济增长和经济结构变革的动力源泉

创新成果的应用会产生新的社会经济价值，并带来超额利润，与此同时也会引来其他竞争者的争相效仿，这种创新和效仿的过程就会带动经济波动的浪潮。经济波动增长，是因为随着效仿的不断普遍，经济增长的速度就会放缓，只有持续创新成果的产生，才能维持经济持续不断的发展。苏联经济学家康德拉杰夫（Kondratieff）对技术创新在经济增长的周期中的主导作用进行了深入的研究。他认为，创新不仅推动经济周期波动增长，还引起经济结构的变革。由技术创新引发的劳动生产率的提高促使了生产社会化和专业化的发展，生产率的提高导致第一、第二产业的利润上升及就业人数减少；随着第三产业的迅速发展，教育、通信、交通、服务、文化娱乐等产业成为新兴发展力量，因此，技术创新在一定程度上促进了产业结构的优化升级。[63]表1-1描述了“康德拉杰夫长波”和经济发展阶段的关系，可以看出经济发展周期到达峰值后就会出现一定的衰退，随着新一轮可替代性的创新技术的产生而重新复苏、衰退或萧条。

表1-1 “康德拉杰夫长波”和经济发展阶段的关系

经济发展阶段	康德拉杰夫长波				
	1	2	3	4	5
振兴期	1770～1786年	1828～1842年	1886～1897年	1940～1954年	1992年～

续表

经济发展阶段	康德拉杰夫长波				
	1	2	3	4	5
繁荣期	1787～1800年	1843～1857年	1898～1911年	1955～1969年	
衰退期	1801～1813年	1858～1869年	1912～1924年	1970～1980年	
萧条期	1814～1827年	1870～1885年	1925～1939年	1981～1991年	
技术发明	棉织物 炼铁 蒸汽机	铁路 蒸汽机车 产业近代化	电力 汽车 化学工业	原子能 电子 石油化工	信息技术

3. 创新是提升国家和企业竞争力的基本保证

李嘉图的“商品价值论”表明，“商品的交换价值源于其稀缺程度和获取时所付出的劳动量”[64]。创新成果正是一种稀缺资源，特别是在现今知识产权保护完善的社会背景下，付出再多的劳动都不可能获得技术创新所产生的成果和经济效益，因此创新成果的持有就代表一种垄断，一种能够给持有者带来丰厚的超额利润的垄断；但是在如今知识经济时代竞争激烈的环境下，要想保持甚至增加这种超额利润，就必须维持和加快知识创新和技术创新的速度，从而保证产品和技术更新周期缩短，使新产品的稀缺性对经济生活的影响越来越大，进而保持经济主体自身的持续利润和持久竞争力。

三、创新人才对经济增长的影响

转变经济增长方式的关键所在是创新人才。20世纪50年代，美国经济学家舒尔茨通过对1929～1957年的美国教育投资的成本和收益率的估算，分析了这段时期内由于教育水平提高而增加的教育资本存量和教育资本收益率，衡量了人力资本投入的经济学效益[65]。他将资本划分为物质资本和人力资本，人力资本对于经济增长的影响要远高于物质资本，创新人才这一特殊人力资本对于经济增长的贡献又要高于一般人力资本，所以创新人才在经济增长中的地位和作用可想而知。

关于创新人才的人力资本对技术进步的影响问题，曼昆（Mankiw）、罗默（Romer）、韦尔（Weil）等学者进行了深入的理论探讨并构建了人力资本的产出模型。[66]对其模型进行简化可以构建出总产出和资本、劳动力人力资本和技术进步的函数关系：

$$Y = F(K, L, H) \tag{1-1}$$

式中，Y 表示总产出，K 表示资本存量，L 表示劳动力投入，H 表示人力资本存量。

另外，在创新投入产出分析中，经常采用柯布-道格拉斯生产函数[67]：

$$Y = AK^{\alpha}L^{\beta}H^{\gamma} \tag{1-2}$$

式中，α 表示资本产出的弹性，β 表示劳动产出的弹性，γ 表示人力资本产出的弹性，A 表示技术水平。

将柯布-道格拉斯生产函数两边取对数，得到

$$\ln Y = \ln A + \alpha \ln K + \beta \ln L + \gamma \ln H \tag{1-3}$$

运用这一模型，将选取的样本空间数据代入，就可以直观、准确地反映出人力资本对经济增长的贡献程度和影响方式。

创新人才比一般人力资本更善于探索新事物，更容易发现科学合理的工作方法和科学技术，他们通过开发新型工业、生物技术、信息咨询等朝阳产业，提高整个产业的竞争力，通过新的原材料、技术开发新型能源，节约对不可再生资源的使用，改善环境，从而促进社会经济快速、健康、可持续地发展。

四、创新人才的经济学乘数效应

乘数效应（multiplier effect）是宏观经济学中一个非常重要的概念，常被用来分析宏观经济现象及研究企业管理理论问题。所谓乘数效应，是指一个变量的变化引起最终量以乘数加速度的方式增加的现象。[68]

对于创新人才的乘数效应，可以从创新人才的培养和运用这两个方面来分析。首先是创新人才的培养方面，通过财力、物力、人力的投入，开发其创新思维，达到提高人才的知识水平和技术能力的目的，这种投入会使创新人才以乘数效应加速产生；与此同时，将创新人才资源运用于经济社会建设中，也会产生一种乘数效应，能够引起社会经济发展呈乘数增长，比普通资源产生经济效益的效率要高得多。

对于创新人才培养的乘数效应方面，主要体现在对研发强度的投入与技术创新之间的关系上。[69]通过文献研究可以发现，创新成果可以直接提高自主创新能力，科技进步和产业发展是通过加大 R&D 投入、研发核心技术和培育自主品牌实现的。图 1-1 描述了不同研发强度的投入会导致技术处于不同的发展阶段。据技术性标志显示，当研发强度不超过 1%时，技术研发处于使用技术阶段；研发强度在 1%～2%时，技术研发处于改进技术阶段；而在研发强度超过 2%时，技术研发才处于技术创新阶段。由图 1-1 中曲线斜率变化速度可见，在技术研发处于技术创新阶段，也就是研发强度超过 2%之后，R&D 投入才能使技术进步以乘数加速度增长，也只有进入技术创新阶段之后，创新人才才以乘数的增长方式产生。

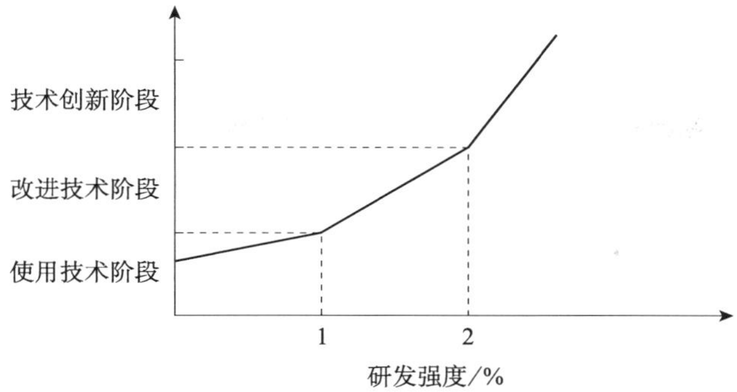

图 1-1 研发强度与技术研发阶段的关系

创新人才的乘数效应还表现在其对经济发展的贡献上。加大人力资本的投入，可以使人力资源的能力和素质有所提高，尤其对于创新人才这类特殊的人力资本，由于其具备复合性特点，知识面宽广、研究深入，同时充满了创新精神，而且在经济发展中能充分发散自身的知识、能力和创新思维，与其他人交流的范围更加广阔，共享的知识技术也更多，再经过坚持不断的探讨和坚忍不拔的努力，最终产生一个众多人共同智慧的结晶，他们创造出的创新成果就使他们对经济增长的贡献远大于一般人力资本，创新人才对经济增长的投入所产生的乘数效应就此显现无余。

在社会经济发展过程中，选择正确、合理的资源配置方式会促使经济产生加速增长。大量的研究结论表明，我国的技术研发尚处于“改进技术阶段”（图 1-1 的中间区域）。这就要求我们在建设创新型国家过程中必须改变过去的粗放型经济增长模式和单纯的自然资源投入方式，加大人力资源投入，特别是发挥创新人才对促进经济发展的乘数效应。在创新人才培养方面，通过加大研发投入的方式使技术研发进入“技术创新阶段”，这种投入会使我国创新人才的数量呈乘数上升趋势。另外在创新人才对经济发展贡献上，创造了有利于创新人才沟通和交流的氛围，给创新人才提供发挥才干和能力的环境及机会，为创新人才发挥乘数效应提供保证。

五、创新人才的知识产权优势效应

所谓知识产权优势，是指通过培育和发挥拥有自主知识产权、以技术和品牌为核心而获得的经济优势或竞争优势。[70]创新人才具有的知识产权优势主要体现在其对“非独占性收益和市场性成果”的占有上，这是因为技术创新的过程是将无形的知识通过实体表现出来，对其进行创造要比模仿困难得多，而且，研究开发过程中又充满了各种不确定性，创新成果往往需要长期不断反复的创新活动才能最终获得，所以一种知识产权的持有就会对竞争对手产生巨大的冲击和压力，持有者无论是在获取难度上还是研究时间上都具有很强的竞争优势。

同时，知识产权又是一把“双刃剑”，如果没有完善的知识产权制度以保护创新人才的创新成果的话，知识产权持有者所拥有的竞争优势和经济优势很可能会转瞬即逝，这也会极大地打击到创新主体继续进行创造性研究的积极性。所以，早在一百多年以前国际社会就已经意识到保护知识产权的重要性，并先后签署了一系列与知识产权有关的公约，如《保护工业产权巴黎公约》(1883)、《保护文学艺术作品伯尔尼公约》(1886) 和《制止商品产地虚假或欺骗性标记马德里协定》(1891) 等。对知识产权的创新成果加以法律保护，就不会轻易被他人模仿和盗版，才可以保护创新投资者的投入成本，保证创新成果能够转化为社会经济的价值，保障创新者取得利益回报，鼓励创新人才继续进行创造性研究并取得更大的经济效益。

在知识经济时代的国内外市场竞争中，发达国家或跨国公司等以提升核心竞争力和获取长远利益为目的，把自己的人才、技术、管理和文化等方面的优势转化为知识产权优势，通过成熟的市场制度和规则完成市场垄断，使自己无论在创造、占有、转化和运营知识产权资源的哪一个过程中，都始终处在全球产业链的高端和市场竞争的有利地位，将创新人才的知识产权效应发挥到极致。发达国家或跨国公司的成功就在于他们对创新人才在创新过程中对知识产权的规则和战略的关注和重视，因为知识产权的规则会影响到自身的创新成果和利益的保护；知识产权的战略又关系到创新人才在进行研发过程中可以利用的生产资料的多少，这些都是与创新人才息息相关、与创新成果产出紧密相连的重要因素。[71]创新人才这种关注规则和法律、保护自身经济利益的做法同时也会推动社会对知识产权的重视，进而促进经济体制和生产方式的转变，获得更大的经济效益。

第五节　系统动力学的相关研究

一、系统动力学的相关理论

系统动力学 (system dynamic，SD)[72]将信息反馈和因果关系通过控制原理与逻辑分析结合起来，从复杂的实际问题的内部结构着手来建立系统的仿真模型，在不同的政策方案下对模型进行计算机仿真，得出的仿真结果能够展示系统输入、输出的宏观行为并可以从中得出解决系统问题的政策途径。因此我们可以说系统动力学的理论基础是系统反馈控制理论，技术手段是计算机仿真模拟，研究对象是复杂动态的实际问题。[73]

1. 反馈控制理论

反馈控制将系统输出的最终结果信息返送到输入端，再与输入信息目标值进行比较，将产生的偏差作为系统的输入信息并进行控制，该输入对系统的再输出结果产生影响并最终通过分析来改善实施决策。反馈控制理论是系统动力学最重要的理论基础，其实质是用过去的情况来指导现在和将来。在控制系统中，若返回的信息的作用是抵消输入信息，称为负反馈，负反馈可以使系统趋于稳定；若其作用是增强输入信息，则称为正反馈，正反馈可以使信号得到加强。[74]各反馈回路通过结构关联（structure interrelation）、时间滞后（time delay）和信息扩大（information amplification）影响系统的动态模式，反馈控制理论通过“结构关联”描述系统各环节和要素之间的相互关系；通过“时间滞后”表示决策的行动在时间上与信息的获得上是有时延的；通过“信息扩大”表示随着流程的进展和时间的推移，有些信息会被放大并最终又使该环节或要素进一步变化，从而它对决策的影响也会被随之放大。系统动力学通过反馈控制理论的这三个特性在社会、经济、生态、能源等领域被广泛应用。[75]

2. 决策过程理论

决策过程理论最早来源于 20 世纪 50 年代的美国军事战术研究。研究发现，作战系统必须通过系统程序模式按照既定的准则与规律推论出可能的情况来作为备战的反应，这样才能有效地应对各种突如其来的变化。与之相似，管理决策过程也会受到环境因素变化的影响，因此决策过程理论的应用对于应对外部复杂变化的环境选取最优决策大有裨益。系统动力学强调决策的制定要考虑环境对决策的影响，以及决策又如何反过来影响环境因素，因此组织策略的设计要充分考虑未来环境的发展和变化，改善内部与外部环境对复杂的系统结构的影响，分析子目标的多重性，最终选取最优的决策。[76]

3. 系统分析试验方法

常见的复杂动态系统有社会系统、经济系统、生态系统、能源系统等，这些系统的决策都是一个十分复杂而又动态变化的问题，仅仅依靠建立简单的数学模型或理论推理等方法分析求得一般性的解析来制定决策是非常困难的。系统动力学对于此类复杂动态系统的决策问题通常是利用实验的方式描述系统内部关系，然后建立模型分析不同时间情况下系统的状态。具体的步骤如下：为了准确、全面地刻画系统内部的因果反馈关系，首先要将系统复杂的结构定性地描述清楚；然后建立数学模型，定量地描述随时间推移而不断变化的系统行为，构建出可以供决策者尝试各种不同的情境、构想及策略情况下的“决策试验空间”；进而利用定量仿真来模拟不同决策下系统随时间变化而展开的实际动态行为，以了解系统动态行为的产生机理；最后通过改变系统决策模型结构或相关变量参数，完善系统结构及解决动态复杂系统的决策问题和改善系统绩效的解决方案。值得一提的是，这种实验并不需要高深的数学基础和技巧，只要通过计算机仿真过程就能实现对系统行为的跟踪。这对于充分认识社会、经济、生态、能源等系统的本质，并进行科学、有效、经济的决策有重要的参考价值和现实意义。

4. 计算机仿真技术

计算机仿真技术是利用计算机技术建立复杂动态系统的决策模型，并对模型进行动态实验的一门综合性技术。计算机仿真技术的采用，对于分析复杂动态系统各因素间的多变量及高阶的非线性关系起到了不可替代的作用。计算机仿真技术以实验的方式建立数学模型来描述系统中产生的动态行为，并运用微分方程的数学方法构建出系统动力学的仿真模型，借助计算机高速的运算速度，对系统的动态变化过程进行仿真，使得系统动力学可以轻松地处理高阶、非线性、多环的复杂动态系统问题。随着计算机与仿真技术的飞速发展，许多系统动力学仿真软件（如 Vensim、Powersim、STELLA、ithink 等）在运算方法、运算能力和人机交互、可操作性等方面正在变得日趋完善。

系统动力学是以反馈控制理论、决策过程理论、系统分析试验方法、计算机仿真技术为理论基础建立起来的，并逐渐发展为研究和认识动态复杂系统的全面性的研究方法。这四个理论在系统动力学方法的应用中相辅相成、缺一不可：反馈控制理论、决策过程理论及系统分析试验方法具有较高的抽象性和综合性，可以帮助构建系统流程结构来描述系统内部的因果反馈关系，进而确定因果关系的数学函数；系统分析的试验方法是理解系统动力学认识系统问题方法和观点的有力保证，为决策人员在实验中遇到的问题制定策略，加强了系统动力学的可操作性；计算机仿真技术为系统动力学实现模型的量化仿真提供了强大的运算能力支持，并且通过对仿真结果的分析，对系统动态行为进行掌控，由此验证并完善了决策的制定。[77]

二、系统动力学建模的规则及步骤

系统动力学通过动态的实验模式将真实世界系统简化，并进行仿真模拟，通过得到的仿真结果作为参考反馈信息来修正所构建的模型，改进或重新制定策略，而后将改进后的策略在模型中继续模拟仿真，重新分析并比较结果，进而对模型和策略进一步改进。[78]这个模拟仿真、分析对比、修订改进的过程可能会不断循环、往复进行，直到所构建的模型与实际情况无限接近甚至几乎完全吻合。这个循环过程必须遵循一定的原则，即系统动力学建模的规则和步骤，如图 1-2 所示。

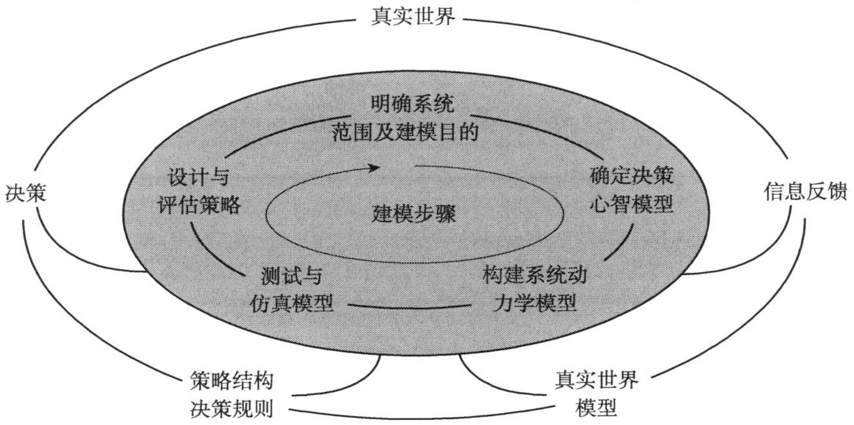

图 1-2 系统动力学建模的规则和步骤图

1. 明确系统范围及建模目的

系统动力学以认识和预测系统的结构及未来的行为为目的，对社会经济系统进行模拟仿真试验，确定系统结构和设计最佳运行参数，进而为制定合理的政策提供依据。根据建模仿真的目的针对具体的对象系统是不尽相同的，所以系统动力学研究问题的第一步就是明确所研究的问题和目的。其主要内容包括明确研究的问题、明确建模的目的、界定系统范围三部分。

2. 确定决策心智模型

决策心智模型（mental model）[79]是系统动力学构建模型必须遵循的纲领，是针对每个具体的系统问题时都需要围绕其进行系统分析的观点和方法。决策心智模型的建立主要是以系统思考为原则和依据，整体、系统地思考被研究对象的系统构成因素和相互关系等问题。系统动力学构建模型时，系统模型的边界范围（model boundary diagram）、因果关系反馈环路（causal loop diagram）、系统动力学流图（stock and flow map）等都必须以心智模型为依据展开构建。

3. 构建系统动力学模型

构建系统动力学模型主要有系统概念结构图的构建、因果关系反馈环路图的构建、系统动力学流图的构建三方面内容。系统概念结构图反映了系统结构的整体情况，确定了构成系统的成员及系统的业务流程；因果关系反馈环路图通过对系统的定性描述，确定所研究系统问题的主要相关因素及各因素之间的因果关系、反馈环路结构；系统动力学流图在因果关系反馈环路的基础上，利用系统动力学特有的符号来绘制和描述各种变量及其相互关系，并且确定系统结构的数学或逻辑关系。

4. 测试与仿真模型

系统动力学模型不是真实世界系统的复制品，而是对客观世界系统简化和再现的缩影，所以它必定是不完全准确的。但是，只要模型能在限定的条件约束下有效接近真实世界，并且完成既定目标，那么就可以说构建的模型是有效的。所以，为了保证模型能满足和完成既定的条件和目标，就必须对模型的稳健性和有效性进行测试。对此，弗里斯特（Forrester）和斯德曼（Sterman）等的研究提出了测试模型的一系列相关方法，其核心测试内容主要由以下几部分组成：模型范围适合性测试、模型结构测试、量纲一致性测试、参数验证测试、极端条件测试、行为再现测试、行为异常测试、敏感性测试等。有效性检验完成后，就可以对模型设定相关变量的初值，然后进行模拟仿真，以仿真结果为依据对模型进行修正，再进行仿真试验，多次反复调试就可以使模型更有效地接近客观系统。

5. 设计与评估策略

根据上面构建的模型和得到的仿真结果，我们来讨论系统动力模型在实际生活中的应用和具体实施方案；针对不同的环境因素，设计和调整相应的情景和描述；分析和评估所得到的政策结论会对真实社会产生怎样的影响和反映等。

三、系统动力学建模仿真软件

现今应用的比较多的系统动力学仿真软件主要有 Vensim[80]、STELLA[81]、ithink[82]等，它们在运算方法、运算能力、人机交互和可操作性方面都相对完善且各有特点，如 isee systems 公司开发的 STELLA 和 ithink 是一种系统思考的工具型软件，使用它们能通过建立模型对实际问题进行模拟来减少由于对系统整体盲目了解而带来的风险，帮助人们找到较理想的决策方案；在功能和操作上，STELLA 和 ithink 是完全一样的软件，但是它们运行生成的文件后缀不同，用途也稍有差异，STELLA 软件由于其带有丰富的教学和科研领域的案例，主要应用于教育和科研领域，而 ithink 软件因其自带的商业案例，主要应用于商业领域。

本书主要使用的 Vensim 软件是由美国 Ventana Systems Inc. 开发的，它是一种模拟、分析动态系统模型的可观念化、文件化和最佳化的图形接口软件，系统动力学模型的构建、仿真、分析和优化都通过该软件轻松进行，并且同时可以形成文档。Vensim 软件用图形化的各式箭头连接各式变量，并将各变量之间的关系以方程的形式写入模型，各变量之间的因果关系便随之记录完成，输入变量参数之后就可以对模型进行仿真；通过建立模型的过程，可以了解变量间的因果关系与回路，并可通过程序中的特殊功能了解各变量的输入与输出间的关系，有利于使用者了解模型的架构，也便于模型建立者修改模型的内容，实现了比较友好的人机互动界面。

第六节 研究内容与方法

一、研究内容

本书希望运用系统动力学的理论和方法来深入探讨创新人才开发的影响因素和作用机理，建立概念与定量一体化的创新人才开发系统动力学模型，利用计算机仿真技术，模拟调制出最适合我国国情的创新人才开发政策。希望这一模型的构建可以为以往的研究拓宽思路，为创新人才开发提供崭新、有效的研究方法。

按照系统动力学建模的规则及步骤，本书首先界定了系统的边界和研究的假设条件；然后构建了模型的理论框架，将模型划分为创新人才开发环境子块、创新人才开发动力子块和创新人才开发绩效子块三个功能子块，并介绍了各个功能子块之间的关系；再后构建了创新人才开发系统动力学模型，主要由模型的因果关系和流图分析两部分组成，因果关系反馈图通过对系统定性的描述，确定了系统的主要因素及因素间的影响关系和反馈环路结构，流图分析是在因果关系反馈回路的基础上，利用系统动力学特有的符号描绘动态性能的累积效应并建立数学逻辑关系；最后对创新人才开发系统动力学模型进行了模拟仿真和模型的检验，主要方法是设定 2000 年为基年，运行时间为 2000～2008 年，将仿真结果与系统过去的历史实际进行比较，通过相对误差的分析来检验模型的可靠性和稳定性，仿真模拟的运行结果显示相对误差是在信度范围之内，因此可以用其对未来一段时间内我国创新人才开发问题进行政策预测模拟，为政府决策提供定性和定量的参考依据。

1. 我国创新人才开发政策模拟

我国创新人才开发系统动力学模型的政策模拟以 2007 年数据为基年，在政策模拟中主要调整的政策有科技拨款占国家财政支出的比例、高等教育投入占国家财政支出的比例、人才培养政策、科技贷款政策、新产品税收政策、吸引海外人才政策、促进产学研联系相关政策、政府相关创新激励政策和人才分配格局政策等。本书将分别调整每个单一政策，观察其对创新人才开发资金投入（包括企业、高校和研究机构的研发经费筹集额）、创新人才的数量（指全国研发人员总数）、创新人才绩效产出（包括专利年申请量、每年国内期刊刊登论文数、每年国际三系统收录我国科技论文数）和创新人才对经济增长的贡献（指大中型企业销售收入）等因素的影响，并根据调整政策程度的大小纵向比较产生影响的剧烈程度，从而甄别出哪些政策对与其相应的因素存在灵敏、显著的因果关系。

2. 我国创新人才开发综合政策模拟和对策分析

通过第五章模拟的各个政策按不同强度同时综合作用得出模拟结果，本书对未来 10 年我国创新人才开发进行了范围和趋势的预测，分别得出了每个政策需要提高强度的百分比，为我国创新人才开发政策实施提供了量化的依据。根据综合政策的模拟结果，本书第六章提出了我国创新人才开发相关政策的具体实施对策，希望为有效解决我国创新人才匮乏问题提供政策参考和决策依据。

二、研究方法

1. 文献研究法

本书首先对国内外有关创新人才的研究成果从内涵、特征、研究方法等视角进行了系统的梳理和分析，总结归纳了已有的相关研究结论，并在此基础上提出了现存研究方法的弊端和需要进一步解决的问题，明确了本书的研究方向和主要研究问题。

2. 系统动力学方法

系统动力学是研究和分析非线性信息反馈系统的一门交叉综合的学科，它是采用以定性为先导，定量分析为支撑，定性与定量相结合的系统分析与综合推理的方法。[83]本书采用系统动力学研究方法，构建了我国创新人才开发的系统动力学模型，借助于计算机模拟技术提供的“政策实验室”，定性、定量地研究我国创新人才开发系统问题，并为政府决策提供参考依据。

3. 实证模拟分析法

实证模拟分析法是通过以已经获得的实际历史数据为依据，建立模型模拟经济或管理的过程，并且仿真预测未来发展的一种分析方法。[84]本书设定 2000 年为基年，运行时间为 2000～2008 年，将仿真结果与系统过去的历史实际进行比较，通过相对误差的分析来检验模型的可靠性和稳定性。在仿真预测政策模拟过程中，选取 2007 年的数据为基准，预测未来时间内（到 2020 年）我国创新人才开发的基本情况，并通过调整相应政策达到有效开发我国创新人才的目标。

三、技术路线

本书通过研究背景、可行性分析及研究意义入手，进行理论分析与规范研究。在此基础上，从全球性创新人才需求态势分析、我国创新人才需求预测及我国创新人才开发系统动力学模型研究三个方面进行研究，最后形成我国创新人才开发综合政策模拟与政策建议，从而得出结论，如图 1-3 所示。

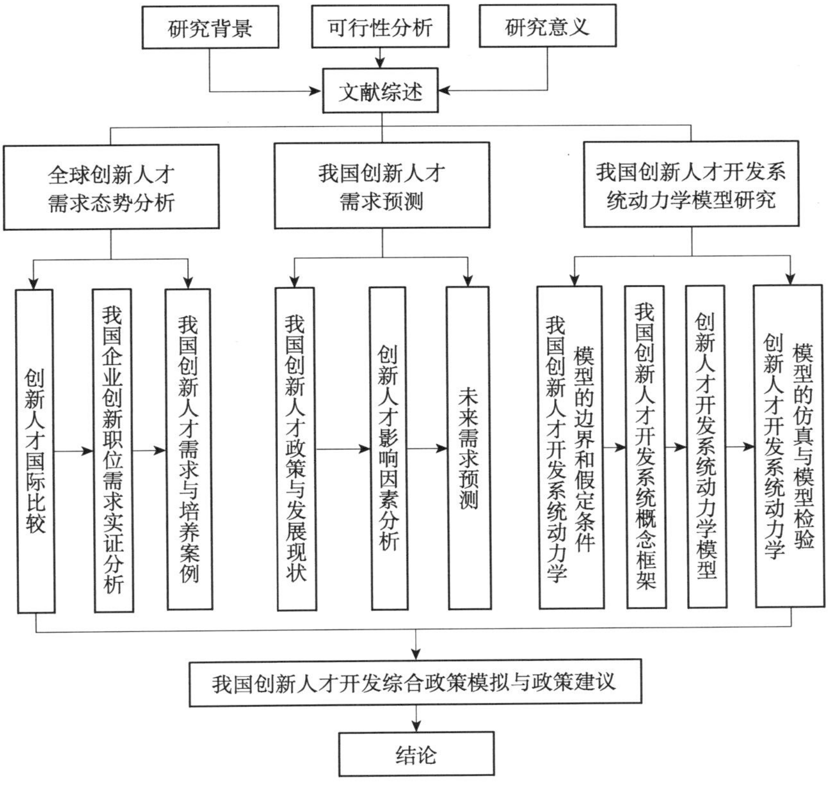

图 1-3　基于系统动力学的创新人才开发研究的技术路线

第二章　全球创新人才培养举措与需求态势分析

第一节　创新人才培养的国际比较

随着全球化环境中企业或其他组织业务的不断国际化，许多组织都在人才资源比较丰富的国家创办各种类型研究开发中心。例如，微软在中国设立了研究院，吸收了我国很多著名高校的博士，此外 IBM、摩托罗拉、朗讯科技均在中国设有研究机构，拥有一大批国内高级的技术人才。日本在欧美等发达国家以投资和购买等多种方式设立了数百个研究所和实验室，主要的研究者是外籍研究人员。而印度凭借其享誉全球的丰富的信息技术人才，成为全球最有影响力的“人才流入地”，诸多著名的跨国公司都争相在印度设立自己的研发机构。

一、美国创新人才培养举措

1. 美国创新人才政策与创新环境

美国是个典型的移民国家。多元文化的兼容并蓄，使世界各地的人才都可以在美国落地开花。美国注重创新环境的营造，主要表现为以下几个方面。

① 美国尊重个人的社会价值。对个人价值的尊重和认同构成了美国文化的重要内容。

② 对个人知识产权进行有效保护。《独立宣言》就十分重视保护个人的私有权利和私有财产，由此形成传统并奠定了美国知识产权体系的基础。目前美国已基本建立起一套完整的知识产权法律体系，通过对其知识产权在全球范围内实施保护，为企业和个人营造了创新环境，推动产业技术创新和科研成果产业化，并维护了本国的利益。

③ 保障学术自由。美国大学教授协会于 1915 年成立，并发布了关于学术自由和终身聘任制的原则声明，明确提出保护学术自由的原则。从制度层面来看，美国的学术自由主要体现在以独立决策的学校（或研究机构）董事会为基本决策模式，以开放流动的全球青年精英人才政策为保障，以终身教授制度为核心，以严格设计的同行评议为资源分配依据。所有这些都使得美国的科学研究具有较多的学术自由，能够独立于科技资源分配以及宗教、经济和政治因素之外。

从国际视角看，在当今全球化的竞争环境中，高层次人才已成为最有价值的竞争优势来源，“争夺他国的人才和智力资本成为当前竞争最根本的特征之一”。无论大小强弱，世界各国都在根据本国和国际形势制定和调整人才战略，以吸引更多的国际化人才，这使得人才的国际流动空前加剧。[85]

（1）有重点地吸引高层次人才移民入境。移民制是美国长期以来一直实行的重要海外人才引进方式。美国从 1921 年开始实施“移民配额法令”，将技术人才作为移民重点，并减少一般移民的数量。20 世纪 50 年代以来，美国多次修改移民法，不断加大高层次人才移民优先力度。移民法明确提出，只要是学术、专业上有突出成就的人才，可不考虑年龄、国籍和信仰，一律允许优先进入美国。20 世纪 90 年代美国的新移民法，重点向投资移民和技术移民倾斜，鼓励各类专业人才移居美国。据不完全统计，自第二次世界大战以来，美国从世界各地吸纳的专门人才超过 50 万人。数据表明，第二次世界大战后美国所取得的科技成果中，80%以上是由外国人才完成的。除了美国之外，加拿大、澳大利亚、新加坡、英国、南非、以色列等国也都采取各种优惠措施放宽技术移民的限制。而在移民问题上十分保守的欧盟，也于 2005 年 1 月发表了一份名为《欧盟管理经济移民方法》的绿皮书，表示有意采取引入外国移民政策来推动欧洲社会经济的持续发展。在欧盟成员国中，德国率先实行了移民政策，2005 年德国的新移民法开始实施，规定欧洲国家以外的高级人才可通过投资移民和技术移民获得德国“绿卡”，取得德国的永久居住权。[86]

（2）利用工作签证等方式吸引海外人才入境工作。美国为了缓解新经济条件下高级人才供给的紧缺状况，于 1990 年开始实施 H-IB 签证计划，它是为期 6 年的临时工作签证，也称“专业技术人员工作签证”，旨在允许有专长的高级人才来美工作。H-IB 签证实行配额制，开始实施时每年发放 6.5 万张，1999～2000 年增加至 11.5 万张，2001 年又增至 20 万张，而后因高科技产业发展减缓又有所减少。而美国另一类非移民类签证是 O-1 签证——杰出人士工作签证。O-1 签证主要是签发给在科学、艺术、教育、商业或体育领域具有杰出贡献者的赴美工作签证，无配额限制。

美国是世界上拥有留学生数量最多的国家，约占全球留学生总数的 1/3。庞大的留学生群体是美国海外人才的一个重要来源。[87]据美国国家科学基金会统计，25%的外国留学生学成后会定居美国，被纳入美国国家人才库。美国吸引留学生的重要原因是其大力度的留学资助制度。美国设立了不少留学基金：美国国家开发署、富布赖特基金会、福特基金会、洛克菲勒基金会等均为学生赴美学习提供各种资助。美国每年对外国留学生的投资高达 25 亿美元。

通过跨国科研和教育合作交流，可以有效地促进人才的柔性流动，获取急需的稀缺人才。在美国设有的将近1000个联邦研发实验室中，许多都会引入国外顶尖的研究者，这成为美国吸纳海外人才的重要载体。当代越来越多的科研项目都是由众多研究者和大型研究中心来合作完成的。有数据表明，目前美国已与70多个国家签署了800多个科技合作协议，其中相当一部分协议要在美国执行。

（3）通过创新教育培养创新人才。美国是最早实施创新教育的国家之一。美国的高校发展到今天，已有3000多所颁发学士、硕士和博士学位的四年制大学，而两年制的社区学院则多达3400所。在世界排名前500名的大学中，美国占168所，前20名中，美国占17所。到20世纪初，美国创建了由大学、学院、初级学院构成的三级高等教育人才培养结构，形成了由副学士、学士、硕士、博士构成的四级学位制度。研究型大学实行严格的选拔和淘汰制，培养少数精英；两年制学院大多开放入学，任何适龄人口只要愿意和交纳学费都可入校学习；介于两者之间的四年制学院则既有培养少数精英的计划，也有普及性的教育计划。美国的研究型大学在创新人才培养上贡献巨大，是美国国家创新体系甚至世界知识创新体系的核心，是知识生产的源头。1993～1996年世界诺贝尔物理学奖、化学奖、心理学奖、医学奖、经济学奖等35名获奖者中，有23名来自美国的研究型大学，约占获奖者总数的66%；1995～1996年16名美国国家科学奖获得者中，有14名来自研究型大学，约占获奖者总数的88%。在人才培养方面，据1993年的统计数据显示，研究型大学授予了全美国80%的博士学位、40%的硕士学位、30%的学士学位。成绩优秀或高智商的学生可以通过各种考试进入研究型大学学习。研究型大学在某种意义上实行的是精英教育，集中了美国一流的教学资源和设施，能够保障一流学生的学习和研究，是保障相关领域创新优势的关键所在。

美国高校对人才培养一向重视，随着美国社会的发展，其课程体系的设置和人才创新培养一直处于不断的改革与发展之中，这种主动与社会发展相适应，不断创新与变革的历程奠定了其在世界高等教育中的地位与特色。

2. 美国大学创新人才培养方案

（1）哈佛大学。哈佛大学认为学校除了培养学生的学科才能之外，还应发掘学生学科以外的才能。[88]哈佛大学的人才培养模式在课程设置方面的体现就是引导学生建立良好的自我概念，坚定自觉学习的信念，吸收更多的知识，最后必能充分发挥潜能。这种培养模式比单纯的教师讲授知识更有效。这些课程奠定了学生分析问题的视野基础，为学生学习专业课程提供了一种认识问题、分析问题和解决问题的方法。因为社会未来的人才需要具备良好的素质和创新能力，不仅仅是专于一门技术，而同时应具有宽厚扎实的人文功底。专与博的糅合，跨学科的课程设置体现的是对人的全面发展及创新能力的重视。[89]

哈佛大学的核心课程制包括专业课、选修课和核心课程三个部分。其中专业课 16 门，选修课 8 门，核心课 8 门。核心课程主要涉及文学艺术、历史学、外国文化、伦理道德、社会分析、定量推理和科学 7 个领域。哈佛大学要求学生必须通过 32 门课程才能毕业，要选 8 门课以满足核心课程的要求，这 8 门课程必须跟他们所学专业几乎没有相关性。所有的哈佛大学学生都必须修习属于通识教育范围，但却不属于核心课程的三个必修领域：写作、外国语文、数理应用。

(2) 哥伦比亚大学。哥伦比亚大学的人才培养模式在课程设置方面与哈佛大学十分类似，它的特点是跨学科性和必修性，可以称之为“通识教育基础上的宽口径培养模式”。每个学生在不同学年都要必修不同的课程，如“现代文明”通常安排在二年级学习，时间一年。“逻辑与修辞”一般在一年级学习 1 个学期。学生必须学习 3 门“科学”课程，在一个系内至少学习 2 门课程或者学习 2 门跨系课程；第三门课程必须来自不同的系；完成 2 个学期数学课程的学生，第三学期不必学习计算机科学或统计学。这些课程很多涉及跨学科内容，需要多个教师的合作。[90]另外，学生也可以根据自己的学习情况选择不同程度的课程。这样的人才培养模式给学生提供了一种促进创新思维的知识，鼓励学生跨越本学科，在通识教育的基础上去思索问题，使学生能够具有学科范围之内与之外的思考能力，通过知识广度与深度的结合，学生在变化的世界中能做出复杂的选择。[91]

哥伦比亚大学对现代通识教育的尝试始于 1917～1919 年，这个时期的必修课程主要有两门，跨越两个学期。第一门课是包括古文明的“当代文明”，第二门课是“西方经典文学”。在授课中也规定了学生参与课程的数量，要求每班人数不超过 25 人，可以四五十个班上一门课。到 20 世纪 30 年代末和 40 年代初，哥伦比亚大学制度化的现代本科通识教育体制才逐渐开始形成。核心课程成为哥伦比亚大学本科教育的基石，其目标是为全体本科生，无论其将来的专业或方向如何，提供一个广阔的视野，使学生熟悉文学、哲学、历史、音乐、艺术和科学上的重要思想与成就。在 20 世纪 70 年代以前，“核心课程”主要针对的是一、二年级的学生，其目的是为了让学生通过阅读、听课和讨论了解西方文化，无论是理工科生还是文科生通过前两年的学习，都增加了对人文学科和科学文明的了解。哥伦比亚大学的核心课程是必修课形式的，包括

“当代文明”“文学人文”“美术人文”“音乐人文”“重要文化”“外语课程”“大学写作”“自然科学前沿”“自然科学”“体育课程”10门误程。其中，除“外语课程”“重要文化”“体育课程”和“自然科学”有一定的选课自由外，其余课程都是内容基本相同的必修课。这就保证了哥伦比亚式的教育是全面和严格的。

(3) 麻省理工学院。麻省理工学院的人才培养模式吸取了“双元制”的精髓，即重视学生的动手能力，培养出社会发展所需要的人才。与其他高校不同的是，麻省理工学院有两个重要的培养模式：一是本科生研究工作机会计划（Undergraduate Research Opportunities Program，UROP）；二是独立活动计划（Independent Activities Period，IAP）。UROP是由本科生教务处提供机会，使本科生作为教师的初级同事参与到有挑战性的研究计划当中，以及教师在智力上协作；另外还将学生外派到企业，将企业的课题带回学校，进行校企合作。IAP是指学生将有4个星期的自由独立活动时间，学生可以根据自己的兴趣进行课题研究活动，每年学校都会提供600多个范围广泛的学术性和非学术性题目，学生可自愿选择在校内或校外进行。这大大提高了学生的科研兴趣和创新能力。

早在19世纪中期，麻省理工学院就为学生提供了科学与文学混合课程计划。除了科学技术课程，还设置了大量的历史、经济学、语言学和文学课程。麻省理工学院现行的核心课程是在1950年形成的。要在麻省理工学院取得学士学位，学生在修完9个科目的科学课程外，还必须修完8个人文社会科学科目的学分。这些课程将研究、学习与社区一体化有效整合为一体。麻省理工学院的普通课程是希望达到自然科学和人文、艺术、社会科学（Humanities，Arts and Social Sciences，HASS）知识的平衡。对理工科学生而言，HASS教育加深了他们对自然科学和工程学以外的学科问题与方法论的理解，而这种人文、艺术、社科等学科的问题意识与方法论无疑是对自然科学问题意识与方法论的有益补充，丰富异质的思维方式是创新思维的基础。[92]

3. “科技工业园”创新人才培养方案

20世纪50年代，随着高新技术的兴起和发展，美国工商界和政府部门为了利用大学的研究力量，开始把从事高新技术研究与开发的实验室设在研究型大学周围，因此在一些大学周围便形成了高新技术密集区，统称“科技工业园区”。60年代，在美国，这样的园区达到80多个。70年代，由于受世界性能源危机和美国经济衰退的影响，科技工业园区受到冲击，许多园区宣告解体，最后实际建成的科技园区只剩下15个。但是，一些园区却在困境中崛起，举世闻名的“硅谷”就是一个成功的案例。进入 80 年代，经济振兴又推动了科技工业园区的迅速发展。截至目前，美国的科技工业园区已超过 150 个。从其兴建方式看，大致可分为三种类型：一是由大学组建，如在特曼教授的倡议下，由斯坦福大学于 1951 年兴建的“斯坦福研究园”，并由此带来了“硅谷”的崛起；二是由企业组建，如 20 世纪 50 年代出现的沿波士顿 128 号公路兴办的“波士顿 128 号公路高技术园区”；三是由州政府组建，如北卡罗来纳州对发展高新技术有兴趣，于是选择了位于该州的北卡罗来纳州立大学、北卡罗来纳大学和杜克大学于 20 世纪 60 年代共同组建了“三角研究园”。

二、欧盟创新人才培养举措

近年来，欧盟不断出台并调整政策，引导和推动成员国制定国家创新政策和执行欧盟创新计划，以共同创新和开放创新为特点的创新人才工作体制机制正在逐步显现。[93]

1. 建立协调一致的政策

建立一系列政策，引导机制扫除影响创新人才培养的主要障碍。1999 年，旨在整合欧盟高等教育资源和打通教育体制的“博洛尼亚进程”正式实施，欧盟高等教育一体化也正式启动。10 余年来，博洛尼亚进程不断加快，参与国家由最初的 29 个增加到 47 个，对欧洲高等教育，乃至对高端创新人才的培养产生了深远的影响。它通过建立共同的高等教育体制，实行统一的学分制度，实现学分、学历和学位的相互承认，实现教育资源的优势互补，最终增强欧洲高等教育在国际市场的竞争力。2005 年，欧盟理事会通过了《小企业法》，支持中小企业的创新。2006 年，欧盟又提出建设“创新型欧洲”的战略。为了进一步提高欧洲人的创新意识，欧盟委员会将 2009 年确定为“创新年”，通过各种宣传活动在欧盟各成员国进行推广。2010 年年初，作为创新年的主要成果之一，欧盟委员会发布了《欧洲创造与革新宣言》，倡导成员国在经济、教育、文化等领域采取措施培育创新人才，探索培育创新人才的合作机制。

第一，通过欧洲研究区的建设，鼓励欧洲内部建立一套更具连贯性的研究和创新体系。例如，通过支持研究人员的流动，形成知识和技术的循环、转化和开发，鼓励公共研究机构与企业界开展研发合作和知识转化。在欧盟与成员国政府层面，则出台政策框架，集中资源，设立联合战略性研究项目。同时建立欧洲与国际科研合作新框架，努力推动国际协作。

第二，创新集群也是欧盟推动建立创新协同机制的重要举措。所谓创新集群，即一组独立单位，包括创新实验室、企业、研究机构和大学，在一个特定产业和区域中运营，通过深入互动、共享设施、交流专业技术知识、技术转让、网络联系和信息传播，促进创新活动。欧盟在其战略方向中，明确鼓励成员国和地区在经济改革战略框架下推动有实力的集群发展。集群已经成为欧盟各成员国或地区创新战略的重要组成部分。为加强教育、科研和创新的有效整合，以及产学研的紧密结合，欧盟委员会于 2008 年 9 月正式成立欧洲创新技术研究院，作为构建创新人才培养平台的又一重大举措。欧洲创新技术研究院的成立旨在融合教学、研究和创新机制，整合科研机构、企业及高等院校的力量，推动创新活动。它主要发挥以下作用：汇集欧洲高校、科研机构和企业的创新人才，共同进行创新研究和开发；培训新领域的创新人才，提高他们的创业和创新管理能力；针对交叉学科的关键技术问题，提出创新性的解决方案。欧洲创新技术研究院为来自不同领域的高端人才提供成长和发挥的广阔空间，让他们通过合作促进创新，以创新带动合作，最终成长为未来欧洲知识社会所需的创新人才。

2. 健全创新人才发展的激励机制

欧盟对于创新人才的资助主要通过三大项目进行：竞争力与创新框架计划、研发框架计划和欧洲结构基金。这些计划为不同的创新人才提供了不同类型的资助。无论是企业员工、科研人员还是创业人员，都可以通过这些项目获得资助。竞争力与创新框架计划为中小企业的创新行为提供了资助，2007～2013 年的预算总额达到 36.21 亿欧元，其资助领域涉及多项前沿技术，如可持续能源、生物创新和信息通信科技等。欧盟研发框架计划是欧盟资助科研人才的主体计划。第七研发框架计划（2007～2013 年）主要由合作计划、原始创新计划、研究能力建设计划、人才计划四类资助计划和一个核研究专项计划组成。第七研发框架计划总预算为 532.72 亿欧元，各个子计划都与人才的培养、引进和使用密切相关。例如，合作计划为科研人才在重点技术领域的合作研究提供经费；原始创新计划则专门支持前沿领域的卓越研究，吸引国际创新人才加入由欧盟科学家领航的研究团队；研究能力建设计划支持欧洲研究基础设施建设，并协调对欧盟现有科研设施的集成，为科研人才提供良好的工作环境；人才计划也称为“玛丽·居里行动计划”，旨在激励人们从事研究事业，鼓励欧洲科研人员留在欧洲工作，吸引全世界的科研人员到欧洲工作，从数量和质量上加强欧洲科研人员的力量，将欧洲建设成为吸引顶级人才的地区。在科研计划中专门设立人才计划是欧盟研发框架计划的独特之处。为了使科研创新人才在各个阶段的发展都得到扶持和帮助，该计划覆盖了各年龄段和公立、私营机构的所有科研人员，尤其注重青年科学家的初期研究、终身学习乃至职业发展。欧盟结构基金是欧盟为缩小欧盟不同地区之间的发展差异，促进其经济和社会的统筹发展而拨款设立的基金。欧盟结构基金通过成员国、地区及地区合作项目对与创新有关的活动进行资助，包括研究合作、技术转让、信息通信技术开发、人才培养、创业等。

3. 构建灵活高效的人才配置机制

为了满足科学技术不断发展的需要，欧盟致力于吸引研究人才，鼓励人才的跨国、跨机构和跨产学界的流动，为创新活动构建灵活高效的人力资源配置机制，使人才的使用趋于合理化，加快知识传播和成果转化。2001 年，欧盟发布《欧洲研究区的人才流动战略》政策文件，明确了促进人才流动的优先领域和行动方案。2008 年 5 月，欧盟出台了《更好的职业和更多的流动：欧洲研究人员合作计划》文件，针对欧盟人才流动中存在的问题，要求在欧盟层面开展四个方面的合作：第一，促进成员国全面接受基于竞争的用人体制，将研究职位公布在相关网站上，方便研究人员通过这个平台在全欧盟范围内寻找合适的工作；第二，改革各国在社会保障、医疗及退休金等方面阻碍研究人员流动的政策或规定，在欧盟范围内实施一致的、有利于研究人员流动的政策；第三，促使成员国给予研究者更好的就职条件和工作环境，如可延长聘用期限、增加报酬、给予研究人员更大的自主性、给予女性研究人员平等的机会等；第四，加强大学与企业之间的合作，强化研究人员转化知识成果的技能等。

除了加强成员国之间的人才交流外，欧盟还大力鼓励与非欧盟国家开展人才交流。2005 年，欧盟实施了“科学签证”一揽子措施，为来自欧盟以外的研究人员进入欧盟提供快捷通道。2009 年 5 月，欧盟理事会还批准了以引进高层次人才为目的的“蓝卡”计划，对欧盟以外的高技术人才的入境与居住条件做出了相应规定。为了促进高等教育领域的人员交流，2004 年欧盟委员会发起了“伊拉斯谟世界计划”，为欧盟以外的高校学生和学者提供奖学金，资助他们到欧洲进行 3 个月～3 年时间不等的学习和交流，并资助欧盟大学与非欧盟大学建立合作伙伴关系。该计划第二期（2009～2013 年）预算总额高达 9.3 亿欧元，并特别加强了同中国、印度、俄罗斯、巴西等新兴国家的合作。6 年来，该计划已发展成为当今世界最成功的高等教育合作和人员交流计划，为欧洲吸引世界各国的创新人才起到了至关重要的作用。

2006 年以来，澳大利亚的奖学金投入也有所增加。英国、法国等欧洲国家为了培养更多的适应经济发展所需的高技术人才，近几年将理工科作为优先推广的学科，并通过增加奖学金、放松签证要求等优惠条件来争取更多的海外学生到本国留学，英国于 2004 年还推出了“理工科毕业生培养计划”（The Science and Engineering Graduate Scheme，SEGS)，该计划鼓励非欧洲经济区国家的理工科学生在英国工作，期限为1年。在德国，外国留学生如果被德国企业或其他组织聘用，就可获得居留许可，而不能马上找到工作的学生则有1年的居留许可时间用于寻找工作。

争取流失在海外的高级人才回国是很多国家海外人才引进的重要举措，即使是发达国家也不例外。以德国为例，由于就业条件呆板和人才管理体制僵化等原因，最近一些年来德国不少高级人才远走他乡，去的最多的是美国。2003年，德国成立了“德国学者组织”机构，致力于吸引海外的德国籍高级人才回国，该机构在美国专门设立了德国人才网，并在该网上开辟了一个“旅美德籍人才社区”，其中汇集了大量德国知名企业和研究机构的招聘信息，便于有意回国发展的人才与本国企业取得联系。

德国在世界经济增长过程中所取得的领先地位，是与它执着追求科技发明、高水平的教育及高质量的产品紧密相连的。它的成功，有赖于产学研合作的有效推行，而Fraunhofer联合体在其中发挥了独特的、富有生命力的作用。Fraunhofer联合体于1949年在德国慕尼黑成立，目的是加速推进应用研究，在第二次世界大战的废墟上重建德国经济。Fraunhofer联合体拥有41个研究所，主要研究领域是微电子和微系统技术、生产和制造技术、数据处理和通信技术、工厂组织和企业管理、新材料开发、环境保护和劳动保护、与生物工程有关的各种技术。服务对象是中小企业和政府部门，其中来自企业界的合同主要包括解决具体问题或对新工艺进行评价和引进。Fraunhofer联合体在科研管理上的一个特点是它既与大学有密切的联系，又依靠合同服务于政府和工业界的用户，发挥着桥梁作用。它努力在政府（联邦和州）、企业、高校和研究机构之间建立基于共同利益而又凭借合约进行联系的牢固纽带，并通过长期规划创造发展的机会。Fraunhofer联合体以其公认的实际应用方面的成就，在德国乃至世界上赢得了崇高的声誉。它的成员获得了各种久负盛名的科学奖励和专利，在技术创新方面居领先地位。

德国近年来面临着信息技术人才的极度紧缺状况，因此德国在新移民法颁布之前，在2000年就已推行“绿卡”计划。但当时绿卡功能仅相当于美国H-IB签证，发放对象是欧盟以外国家的信息技术人才，绿卡持有者可以获得5年在德国工作和居留许可。至今，绿卡已为德国引进了约1.5万信息技术产业的高级人才。韩国也在2000年实施“金卡”制度。金卡制度重点支持的是通信、电子商务、生物科技、纳米技术、新材料、数码家电等新经济领域的海外人才引进，持卡人根据技能差异可以在韩工作2年或3年。

德国也不断利用国际间合作推进本国科教的发展。在2001年，德国政府和研究机构投入上亿欧元的资金，启动了“赢取大脑”工程，目的是促进本国和国外人才到德国做研究。该工程为各国的高端研究人才提供了数目可观的研究经费，供他们组成独立的研究团队。此举吸引了包括美国、英国在内的研究人员的参与。最近几年，德国在基因工程研究方面的巨大发展就得益于“赢取大脑”工程。另外，在2001年，德国学术交流中心（Deutscher Akademischer Austauschdienst，DAAD）推出为期3年的“国际质量网”计划，重点资助高科技新领域的国际合作科研和教育，具体形式包括资助外国硕士生、联合培养博士、聘请客座讲师合作研究、参加信息交流会等。这项计划重要的审批标准之一是参与项目的应有欧洲以外的研究者。

三、亚洲创新人才培养举措

1. 韩国创新人才培养举措

韩国政府在引导新兴产业发展、培养创新人才方面一直起着主导作用。韩国政府率先实施新增长动力产业发展计划，成立“新增长动力基金”，采取不同层次的创新人才培养计划，资助创建科研机构和科技园区，鼓励产、学、研三方的协同合作，为新兴产业发展培养大批科技创新人才，带动了整个新兴产业的蓬勃发展。

（1）韩国创新人才政策环境。

① 实施新增长动力产业发展计划。新增长动力计划主要是针对韩国总统李明博于2009年主持召开的国家科技委员会及未来企划委员会联合会议时确定的国家《新增长动力前景及发展战略》，即将绿色低碳技术、尖端综合技术及高附加值服务三大领域的17个产业确定为新增长动力产业。韩国政府计划用5年的时间联合民间共筹集3万亿韩元（约合30亿美元）成立“新增长动力基金”，专门用于对17个新增长动力产业的投资，并采取免征特别消费税和对进口设备实行关税减免等优惠措施支持其发展。此外，为支持基础科学的研究与发展，韩国政府还在国内建立“国际科学商务地带”，并专门设立国际合作协调委员会，出台“国际联合研究计划”，创建国际化合作研究体系，推动以韩国为主体的国际技术合作研究活动，为新增长动力产业提供强大后盾。

② 创新人才培养计划。随着韩国经济的高速发展及新增长动力发展计划的实施，高端创新人才的短缺问题日益凸显。韩国政府为加快高端创新人才和技术的发展，早在1999年就制定实施了“21世纪脑力韩国计划”，向拥有研究生以上学历的高端科研人员提供研究经费支持，旨在重点培养尖端科技领域的核

心人才和学术后续人才。2001 年，韩国政府启动了“国家战略领域人才培养综合计划”。2003 年，韩国政府又投资 775 亿韩元实施“地方创新人力资源培养计划”，采取对新兴产业中长期人才需求预测和协调机制，大力发展基础学科，对核心技术进行集中投资，使得韩国高端人才实力大大加强，科研成果和国际专利量均达到世界领先水平。自 2009 年开始，韩国政府又联合多个部门制订了“未来人才培养计划”。2009～2013 年，韩国计划培养 10 万名“全球化青年人才”，采取“国家补助大部分，学校补助小部分”的形式，选拔优秀学生到国外进行短期就业实习，以培养其全球眼光。与此同时，韩国政府还为培养“未来产业青年人才”建立了完备的教育体系，涵盖了从高中、职业教育培训、大学教育到远程教育等各个教育层次。为储备创新科技人才，韩国政府专门在高中阶段设立了科技高中，引进国外发达国家实施开放的高等教育政策，建立新型工业大学制度，实时追踪调查技术人才供需情况，按需提供培训课程，甚至还推出对高端技术人才免除两年兵役等优惠政策，鼓励发展科技创新人才，以满足未来新兴产业各领域的人才需要。

③ 重视科研机构和科技园区的建设。为提升在尖端领域的科技实力，加快技术创新体系建设，韩国政府创建和资助了许多重要的研究基地和科技园区。研究基地主要包括科学研究基地、工程研究基地和区域研究基地三大领域。截至 2010 年，韩国政府创办的科研机构已经占到全国研究机构总数的一半以上。虽然这些科研机构由政府创办，但韩国政府将这些公共研究机构从政府主管部门中独立出来，赋予公共研究机构在运作、管理、决策等方面的自主权，大大激发了科研机构的自主性和能动性。如今，这些研究机构对提高韩国整体科技创新能力和培养科技创新人才做出了重要贡献。另外，韩国政府还不惜代价将大批研究机构从首尔转移到忠清南道大德城，建立了大德科技园区，又称大德研究中心，旨在培养韩国乃至亚洲最优秀的人才、产业和研发基地，助推韩国经济高速发展。经过 30 年的发展，大德科技园区已成为韩国最大的产学研国家化综合园区和科研中心，汇聚着韩国高等科技学院等 4 所高等学府、70 多家政府和民间科研机构、2000 余家高技术企业、几万名研发人才和一流的研发设施与创业创新环境，俨然成为韩国科技发展的生力军。借鉴大德科技园的成功经验，韩国政府又先后在光州、釜山、大邱、泉州、江陵 5 个地区建设高科技园区，这些高科技园区优良的创新创业环境吸引了大批高科技企业落户，为众多中高级科技创新人才提供了就业和发展机会，对集中国家科技力量，提升科技创新效率和技术产业化发挥了重要作用。

④ 产学研三方的积极合作。自 20 世纪 80 年代以来，特别是 1997 年金融

危机以后，韩国政府开始认识到学术机构在建设均衡发展的国家创新体系中的重要作用，并积极采取措施鼓励企业、大学和公共研究机构三者之间的协同合作，充分发挥企业的资金优势、大学的技术优势，以及研发机构的实验装备和人才优势，形成优势互补。为促进产学研的有效合作，韩国政府出台了一系列法律和优惠政策，如国家级科研课题对产学研优先选拔；国家级科研院所的研发设施对产学研优先开放；扩大对产学研信息、人才交流和人才培养的支持；建立以大学为中心的产学研合作园区等，并通过企业、大学和科研机构之间的合作研究、技术指导、技术培训、科研资源共享、关键技术信息服务、专利共享等多种方式，强化产学研合作的水平和效率。经过多年努力，韩国已初步建立了以企业为研发主体，国家承担基础、先导、公益研究和战略储备技术开发，大学从事基础研究，拥有健全法制保障的官产学研相结合的国家创新体系。

韩国虽然国土面积不大，人口不多，资源匮乏，但经济增长却表现突出。这个曾经饱受殖民和战争创伤的国家如今已成为世界第 11 大经济体，拥有三星、LG、现代等诸多世界 500 强企业。虽然受到 1997 年和 2008 年两次金融危机的重大打击，但韩国也是率先克服危机、踏上经济复苏之路的典型代表。尤其是 2008 年全球经济危机迫使许多跨国公司收缩战线，以求度过经济寒冬，而以三星、LG、现代为代表的韩国企业攻城略地，逆势而上，在世界舞台上获得了举世瞩目的成功。

（2）韩国创新人才培养战略。韩国企业能够立足于世界，有多方面的因素共同发挥作用，但究其深层内因，人才第一战略至关重要，尤其是将人才储备与选拔、人才培训、人才发展有机地结合在一起，形成一个相辅相成的动态战略人力资源管理体系，共同服务于企业战略，为推动韩国大企业发展做出了不可磨灭的贡献。

① 创新人才储备和选拔政策。人本主义心理学家马斯洛的研究表明，个性化是创新人才形成的基本要求。要培养创新人才，必须注重人才的个性化。例如，在选拔高层次创新人才时，三星采取的战略是善用“个性”人才，敢于启用“奇才”和“怪才”。虽然这类人在性格上有时会不太合群，在人际关系方面存在缺陷，但三星认为，“个性”人才对事业极为执著，有望成为特定领域的专家，一旦扬长避短，便可担当大任。三星内部开设了多个会员俱乐部，聚集了电脑黑客的程序高手、职业游戏玩家等多种人才，这些都成为奇才和怪才的选拔对象。虽然他们绝大多数没有接受过正规的大学教育，但比受过正规教育、思维方式“千篇一律”的人更加充满想象力和创造力，这一点也体现了三

星极强的包容性。由于韩国大企业中很多是家族企业，血缘、学缘、地缘的观念根深蒂固。许多企业在用人和提拔干部方面会出现偏袒现象。但是，三星、LG 等优秀企业在招聘员工的时候，坚决杜绝血缘、学缘、地缘和国籍的不当影响，坚持公开、公平、公正的招聘制度，在全球范围内吸收富有智慧、勇于挑战、开拓进取的创新人才。例如，LG 总裁金双秀就是 1969 年加入 LG 的元老级员工，三星的最高决策层，除了极少数的家庭成员以外，也都是由能力和业绩显著的普通三星员工担任。韩国企业正是由于长期坚持公正的人事原则，才能够吸收到优秀人才，使得人才汇集。

② 创新人才培训与职业发展规划。重视人才是韩国企业最重要的价值观之一，也是不断取得竞争优势的重要源泉。韩国优秀企业对员工有一套完备有效的培训体系。尤其是在 1997 年亚洲金融危机期间，许多公司为节约开支，纷纷取消培训机构的时候，三星、LG 等大企业不但没有削减培训资金，反而加大了对培训的投入。在这些企业中，人才通常被划分为技术类和管理类两种，企业根据员工个人素质和具体工作岗位的差异，本着让有能力的人先得到培训，让有发展潜力的员工得到更多培训机会的原则，为员工“量身定做”各种个性化的培训课程。通常，新员工只会得到一些最基本的培训，而做到高层管理者的员工，就会得到更多去世界名校进修 MBA 或者去国外参加专业培训的机会。如今，更多的培训课程是通过互联网，以远程教育的形式，使每个员工可以随时随地完成课程学习，按照自己的方式和进度进行自我培训，最后由指导人员对学习效果进行评估，并及时反馈给员工。这种个性化的培训方式使员工需求和企业需求有机地结合在一起，大大提高了培训的有效性。对于技术研发人才，这些企业还提供了双梯阶职业发展路径：一条是提供组织管理发展梯阶，另一条是专业人员的发展梯阶。技术研发人才可以在两条梯阶之间横向移动，既可以沿着技术梯阶在专业领域继续发展，也可以转入管理梯阶发展，两种梯阶享受同样的地位和报酬奖励，从而使技术人才的发展机会大大增加，同时也解决了技术人才事业发展的瓶颈问题。

③ 创新人才绩效管理与薪酬管理。

a. 绩效至上的评估方式。为使员工具有强烈的工作动机，充分发挥出其内在潜能及价值，韩国优秀企业在绩效管理方面一般采取的是业绩考核与能力素质测评相结合的方式。业绩考核是加薪、晋升及绩效奖金激励的重要依据。主要采取关键业绩指标法（Key Performance Indicator，KPI）和目标管理评价法（Management by Objectives，MBO）来进行评估激励。关键业绩指标法能使员工明确自己的工作与企业战略目标的关系，确切知道自己为实现企业战略目标所做出的贡献，从而使员工最大限度地参与到企业的发展中来。目标管理评价法则像是主管人员与员工签了一个虚拟合同，双方规定在某一个具体的时间达到某一个特定的目标。特别是在技术吸引和创新管理上，技术研发人员在接受一项任务的同时，也会收到一个完成任务的最后期限，其绩效水平则根据目标的实现程度来评定。这样做可以加快引进技术消化和吸收的速度，提高整体创新实力。能力素质测评则是通过360度全方位绩效考核法来选拔接班人或继任者。通过这种评估方式，被评估者不仅可以从上司、部属、同事甚至顾客处获得多角度的反馈，也可以从这些不同的反馈中知道自己的不足、长处与发展需求，使以后的职业发展路途更为顺畅。

b. 奖惩分明的薪酬制度。韩国优秀企业非常重视赏罚分明，员工只要能力突出，而且被公司认可的话，就可以实现破格晋升。特别是对于高端创新型核心人才，更是不惜血本，在薪酬福利上要超过一般员工的几倍甚至几十倍。对于包括首席执行官在内的高层管理人员，采取的是奖金与公司效益挂钩的激励制度，并向高层管理人员配发股票期权。例如，三星子公司首席执行官的年薪中基本工资所占比例只有25%，其余75%是按照股价上升率和效益性指标经济性附加值（economic value added，EVA），然后对照目标的绩效达成比率等决定最后的薪酬。在员工福利方面，除了各种基本福利之外，这些企业还送员工去海外名校攻读MBA，向员工配偶提供健康检查，向老员工提供休假、海外旅行及奖金奖励等激励政策。在惩罚方面，韩国企业也绝不手软。凭借奖惩分明的薪酬激励机制和优厚的福利制度，韩国企业不仅吸引了海内外众多的创新型优秀人才，也使员工的工作积极性得到极大提高。

2. 我国创新人才培养举措

（1）我国创新人才政策环境。到2020年，我国人才发展的总体目标是培养和造就规模宏大、结构优化、布局合理、素质优良的人才队伍，确立国家人才竞争比较优势，进入世界人才强国行列，为在21世纪中叶基本实现社会主义现代化奠定人才基础。

我国的人才总量稳步增长，队伍规模不断壮大。人才总量从2010年的1.14亿人增加到2020年的1.8亿人，增长了58%，人才资源占人力资源总量的比例提高到16%，基本满足了经济社会发展的需要。

人才素质大幅度提高，结构进一步优化。主要劳动年龄人口受过高等教育的比例达到20%，每万劳动力中研发人员达到43人，高技能人才占技能劳动者的比例达到28%。人才的分布和层次、类型、性别等结构趋于合理。

人才竞争比较优势明显增强，竞争力不断提升。人才规模效益显著提高。

在装备制造、信息、生物技术、新材料、航空航天、海洋、金融财会、生态环境保护、新能源、农业科技、宣传思想文化等经济社会发展重点领域，建成一批人才高地。

人才使用效能明显提高。人才发展体制机制创新取得突破性进展，人才辈出、人尽其才的环境基本形成。人力资本投资占 GDP 比例达到 15%，人力资本对经济增长贡献率达到 33%，人才贡献率达到 35%。

① 实施促进人才投资优先保证的财税金融政策。各级政府优先保证对人才发展的投入，确保国家教育、科技支出增长幅度高于财政经常性收入增长幅度，卫生投入增长幅度高于财政经常性支出增长幅度。逐步改善经济社会发展的要素投入结构，较大幅度增加人力资本投资比例，提高投资效益。进一步加大人才发展资金投入力度，保障人才发展重大项目的实施。鼓励和支持企业、社会组织建立人才发展基金。在重大建设和科研项目经费中，应安排部分经费用于人才培训。适当调整财政税收政策，提高企业职工培训经费的提取比例。通过税收、贴息等优惠政策，鼓励和引导社会、用人单位、个人投资人才资源开发。加大对中西部地区的财政转移支付力度，引导中西部地区加大人才投入。利用国际金融组织和外国政府贷款投资人才的开发项目。

② 实施产学研合作培养创新人才政策。建立政府指导下以企业为主体、市场为导向、多种形式的产学研战略联盟，通过共建科技创新平台、开展合作教育、共同实施重大项目等方式，培养高层次人才和创新团队。实施研究生教育创新计划，发展专业学位教育，建立高等学校、科研院所、企业高层次人才双向交流制度，推行产学研联合培养研究生的“双导师制”。改革完善博士后制度，建立多元化的投入渠道，发挥高等学校、科研院所和企业的主体作用，提高博士后培养质量。实行“人才＋项目”的培养模式，依托国家重大人才计划，以及重大科研、工程、产业攻关、国际科技合作等项目，重视发挥企业作用，在实践中集聚和培养创新人才。对企业等用人单位接纳高等学校、职业学校学生实习等实行财税优惠政策。

③ 实施引导人才向农村基层和艰苦边远地区的流动政策。对在农村基层和艰苦边远地区工作的人才，在工资、职务、职称等方面实行倾斜政策，提高艰苦边远地区的津贴标准，改善工作和生活条件。采取政府购买岗位、报考公职人员优先录用等措施，鼓励和引导高校毕业生到农村和中小企业就业。逐步提高省级以上党政机关从基层招录公务员的比例。制定高校毕业生到艰苦边远地区创业就业扶持办法。开发基层社会管理和公共服务岗位。实施公职人员到基层服务和锻炼的派遣和轮调办法。完善科技特派员到农村和企业服务的政策措

施。实施东部带西部、城市带农村的人才对口支持政策，引导人才向西部和农村流动。实施高校毕业生基层培养计划，继续做好“三支一扶”、大学生志愿服务西部计划和农村义务教育阶段学校教师特设岗位计划等工作。加强和改进干部援藏援疆、博士服务团、“西部之光”访问学者、少数民族科技骨干和少数民族地区小学“双语”教师特殊培养等工作，为西部地区，特别是边疆少数民族地区，提供人才和智力支持。实施边远贫困地区、边疆民族地区和革命老区人才支持计划。

④ 实施人才创业扶持政策。促进知识产权质押融资、创业贷款等业务的规范发展，完善支持人才创业的金融政策。完善知识产权、技术等作为资本参股的措施。加大税收优惠、财政贴息力度，扶持创业风险投资基金，支持创办科技型企业，促进科技成果转化和技术转移。加强创业技能培训和创业服务指导，提高创业成功率。继续加大对创业孵化器等基础设施的投入，创建创业服务网络，探索多种组织形式，为人才创业提供服务。制定科研机构、高等学校科技人员创办科技型企业的激励保障办法。

⑤ 实施有利于科技人员潜心研究和创新的政策。在科研院所、高等学校、企业建立符合科技人员和管理人员不同特点的职业发展途径，鼓励和支持科技人员在创新实践中成就事业并享有相应的社会地位和经济待遇。对事业单位管理人员全面推行职员制度。完善科研管理制度，扩大科研机构用人自主权和科研经费使用自主权，健全科研机构内部决策、管理和监督的各项制度。建立以学术和创新绩效为主导的资源配置和学术发展模式。改进科技评价和奖励方式，完善以创新和质量为导向的科研评价办法，克服考核过于频繁、过度量化的倾向。加大对基础研究、前沿技术研究、社会公益类科研机构的投入力度，建立以财政性资金设立的科研机构创新绩效综合评价制度。完善科技经费管理办法和国家科技计划管理办法，对高水平创新团队给予长期稳定支持。健全科研院所分配激励机制，注重向科研关键岗位和优秀拔尖人才倾斜。改善青年科技人才的生活条件，有条件的城市可在国家保障性住房建设中优先解决其住房问题。

⑥ 实施推进党政人才、企业经营管理人才、专业技术人才合理流动政策。完善党政人才、企业经营管理人才、专业技术人才交流和挂职锻炼制度，打破人才身份、单位、部门和所有制限制，营造开放的用人环境。扩大党政机关和国有企事业单位领导人员跨地区、跨部门交流任职范围。拓宽党政人才来源渠道，完善从企事业单位和社会组织中选拔人才的制度。完善党政机关人才向企事业单位流动的社会保险关系转移接续办法。

⑦ 实施更加开放的人才政策。大力吸引海外高层次人才回国（来华）创新创业，制定完善出入境和长期居留、税收、保险、住房、子女入学、配偶安置、担任领导职务、承担重大科技项目、参与国家标准制定、参加院士评选和政府奖励等方面的特殊政策措施。建立海外高层次人才特聘专家制度。鼓励海外留学人员回国工作、创业或以多种方式为国服务。加强留学人员创业园区建设，为其提供创业资助和融资服务。建立统一的海外高层次人才信息库和人才需求信息发布平台。完善外国人永久居留权制度，吸引外籍高层次人才来华工作。加大引进国外智力工作力度，探索实行技术移民，制定国外智力资源供给、发现评价、市场准入、使用激励、绩效评估、引智成果共享等办法。扩大国家公派出国留学和来华留学规模。开发国（境）外优质教育培训资源，完善出国（境）培训管理制度和措施。支持高等学校、科研院所与海外高水平教育、科研机构建立联合研发基地。推动我国企业设立海外研发机构。积极支持和推荐优秀人才到国际组织任职。推进专业技术人才职业资格国际、地区间互认。发展国际人才市场，培育一批国际人才中介服务机构。制定维护国家重要人才安全的政策措施。

⑧ 实施鼓励非公有制经济组织、新社会组织人才发展政策。对社会主义市场经济体制下各种所有制组织中的人才，坚持一视同仁、平等对待。把非公有制经济组织、新社会组织人才开发纳入各级政府人才发展规划。制定加强非公有制经济组织、新社会组织人才队伍建设意见。政府在人才培养、吸引、评价、使用等方面的各项政策，非公有制经济组织、新社会组织人才平等享受。政府提供人才创新创业的资金、项目、信息等公共资源，向非公有制经济组织、新社会组织人才平等开放。政府开展人才宣传、表彰、奖励等方面活动，非公有制经济组织、新社会组织人才平等参与。

⑨ 实施促进人才发展的公共服务政策。完善政府人才公共服务体系，建立全国一体化的服务网络。健全人事代理、社会保险代理、企业用工登记、劳动人事争议调解仲裁、人事档案管理、就业服务等公共服务平台，满足人才多样化需求。创新政府提供人才公共服务的方式，建立政府购买公共服务制度，为各类人才平衡工作和家庭责任创造条件。加强对人才公共服务产品的标准化管理，大力开发公共服务产品。

⑩ 实施知识产权保护政策。实施国家知识产权战略。制定职务技术成果条例，完善科技成果知识产权归属和利益分享机制，保护科技成果创造者的合法权益。明确职务发明人权益，提高主要发明人受益比例。制定职务发明人流动中的利益共享办法。建立非职务发明评价体系，加强对非职务发明创造的支持

和管理。制定国家支持个人和中小企业发明创造的资助办法，鼓励创造知识财产。加强专利技术运用转化平台建设。完善非物质文化遗产传承人知识产权保护相关措施。完善知识产权工作体系，加大知识产权宣传普及和执法保护力度。建立健全有利于知识产权保护的社会信用制度，营造保护知识产权的法制、市场和文化氛围，提升知识产权创造、运用、保护和管理能力，推进国际合作交流。

（2）我国创新人才培养战略。

① 突出培养造就创新型科技人才。围绕提高自主创新能力、建设创新型国家，以高层次创新型科技人才为重点，努力造就一批世界水平的科学家、科技领军人才、工程师和高水平创新团队，注重培养一线创新人才和青年科技人才，建设宏大的创新型科技人才队伍。到 2020 年，研发人员总量要达到 380 万人年，高层次创新型科技人才总量达到 4 万人左右。

创新人才培养模式，是建立学校教育和实践锻炼相结合、国内培养和国际交流合作相衔接的开放式培养体系。探索并推行创新型教育方式方法，突出培养学生的科学精神、创造性思维和创新能力。加强实践培养，依托国家重大科研项目和重大工程、重点学科和重点科研基地、国际学术交流合作项目，建设一批高层次创新型科技人才培养基地。加强领军人才、核心技术研发人才培养和创新团队建设，形成科研人才和科研辅助人才衔接有序、梯次配备的合理结构，提高其自主创新能力。深化科技体制改革，完善权责明确、评价科学、创新引导的科技管理制度，健全有利于科技人才创新创业的评价、使用、激励措施，进一步解放和发展科技生产力。制定加强高层次创新型科技人才队伍建设意见。改进完善院士制度，注重院士称号精神激励作用，规范院士学术兼职。加大海外高层次创新创业人才引进力度。组织实施创新人才推进计划、海外高层次人才引进计划，推进“百人计划”“长江学者奖励计划”“国家杰出青年科学基金”等人才项目。注重复合型人才培养，破除论资排辈、求全责备的观念，加大对优秀青年科技人才的发现、培养、使用和资助力度。加强产学研合作，重视企业工程技术与管理人才的培养，推动科技人才向企业汇集。发展创新文化，倡导追求真理、勇攀高峰、宽容失败、团结协作的创新精神，营造科学民主、学术自由、严谨求实、开放包容的创新氛围。建立健全科研诚信体系，从严治理学术不端行为。

② 大力培养经济社会发展重点领域急需的紧缺专门人才。适应发展现代产业体系和构建社会主义和谐社会的需要，加大重点领域急需的紧缺专门人才的开发力度。到 2020 年，在装备制造、信息、生物技术、新材料、航空航天、

海洋、金融财会、国际商务、生态环境保护、能源资源、现代交通运输、农业科技等经济重点领域培养开发急需紧缺专门人才500多万人；在教育、政法、宣传思想文化、医药卫生、防灾减灾等社会发展重点领域培养开发急需紧缺专门人才800多万人。经济社会发展重点领域各类专业人才数量充足，整体素质和创新能力显著提升，人才结构趋于合理。

加强产业、行业人才发展统筹规划和分类指导，围绕重点领域发展，开展人才需求预测，定期发布急需紧缺人才目录。调整优化高等学校学科专业设置，加大急需研发人才和紧缺技术、管理人才的培养力度。大规模开展重点领域专门人才知识更新培训。建设一批工程创新训练基地，建立和完善与国际接轨的工程师认证认可制度，提高工程技术人才职业化、国际化水平。根据国家规划制定人才特别是产业领军人才、工程技术人才向重点产业集聚的倾斜政策。继续实施"四个一批"人才培养工程，加强哲学社会科学、新闻、出版、文艺等领域高层次人才队伍建设。注重培养造就一批马克思主义理论家特别是中青年理论家。依托重大哲学社会科学研究项目，大力培养哲学社会科学学术带头人。加强宣传思想文化、医药卫生方面的人才培养。支持重点领域科学家参加国际科研计划、学术交流。完善重点领域科研骨干人才分配激励办法。建立重点领域相关部门人才开发协调机制。

第二节　我国企业创新人才需求实证分析

一、网络招聘创新人才信息分析

国内招聘网站虽然众多，但是大型招聘网站已经占据垄断地位，智联招聘、前程无忧和中华英才网这三大招聘网站在国内众多招聘网站中占有重要的地位，拥有很大的市场份额，有其各自不同的客户群体。

2012年10月24日23时06分0秒，笔者在"前程无忧网"主页（http://www.51job.com）的"职位名"搜索条目中输入"创新"进行检索，检索结果显示共9页，287条信息。在对这287条信息进行初步筛选的过程中，笔者剔除与研究无关的信息26条，最终获得"创新人才"需求信息261条。笔者将每条招聘信息中的各项参数（职位名称、公司名称、工作地点、公司性质、公司规模、需求量、学历要求、专业要求、工作经验要求等）作为指标输入excel表格，建立"'创新人才'需求信息数据库"（图2-1），再对数据库中的各项指标进行筛选、运算和统计，获得"创新人才"需求信息分析结果。对于企业在创新方面的需求，本书主要从需求方参数、需求量、对于应聘者要求等方面进行统计和分析。另外，本章最后选取猎头公司的“创新”职位信息进行分析，以从猎头市场的侧面反映对“创新”工作需求的程度和要求。

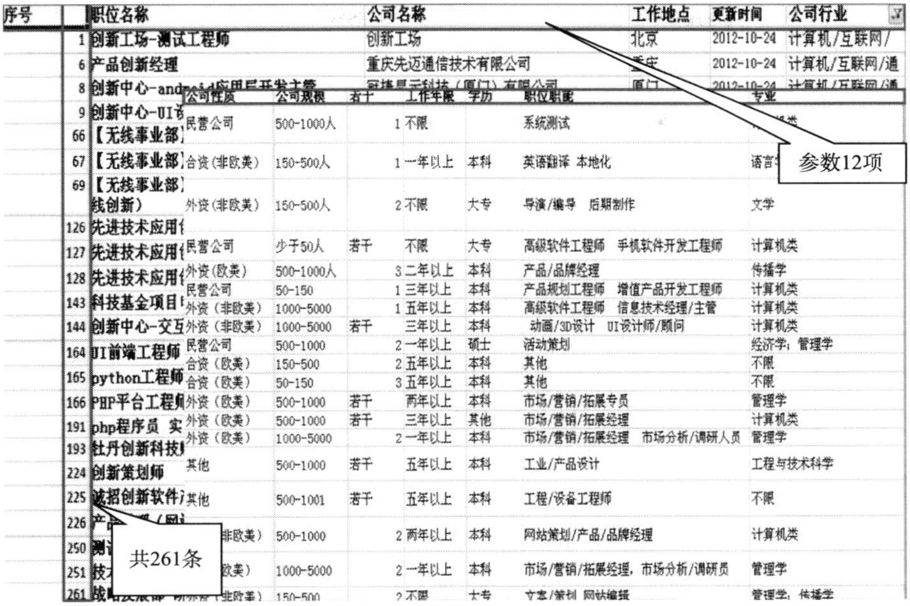

图 2-1　网络招聘“创新人才”需求信息数据库

二、实证结果分析

1. 创新人才需求方分析

261 条招聘信息分别由 109 家单位发布，这些企业分属于不同行业，分布在全国各地的大中型城市，并且这些企业的运营性质和规模都有所差别。本节就从行业、所在地、运营性质、规模等不同属性对创新人才的需求方进行统计和分析。

（1）创新人才需求方所属行业分析。从图 2-2 可以看出，我国目前对创新工作的需求主要体现在计算机、通信等新兴产业，会计和金融类企业对创新人才的需求态势也较为强劲，二者之和接近整个需求量的 70%，成为目前市场对创新型工作的主要需求方；需求量居中（5%左右）的行业类型为专业培训、贸易营销和学术科研；服务、房地产、医药、机械等产业的需求在 1%～3%；许多产业对创新职位的需求甚至不到 1%，如能源、化工、汽车等工业产业，以及物流、中介、广告、酒店、零售等第三产业。

计算机、通信行业是一个资金密集型和技术密集型的行业，技术创新是产

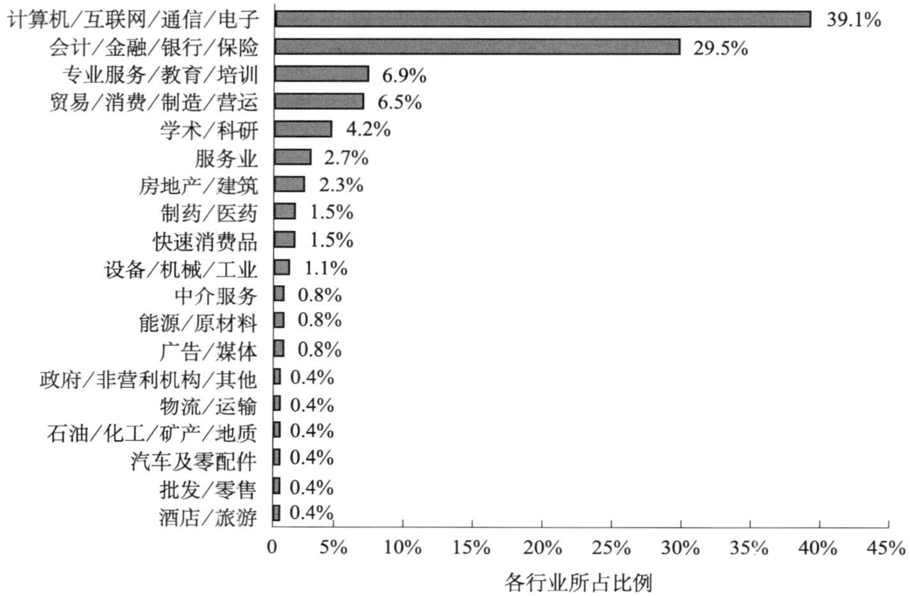

图 2-2　创新人才需求方所属行业

业发展的动力[93~96]，对创新人才的需求量之大也是无可厚非的。对于金融证券行业来讲，经历了次贷危机之后，创新成了行业复苏和发展的必然选择，图 2-2 表明金融行业进入了创新发展为主导的新阶段。[97]

（2）创新人才需求方所在地分析。本书发现，北京、上海、广州这三大一线城市对创新人才的需求遥遥领先；东部沿海省份（江苏、浙江、福建等）对创新人才的需求比东北地区（黑龙江、吉林、辽宁）和中部地区（陕西、四川、湖北、重庆等）表现得更旺盛。这种分布态势应该是与创新需求集中在资金密集型和技术密集型的行业有关，从事这类行业的企业在空间分布上主要集中在一线城市和东部沿海地区，也证实了地区经济的发展对创新的需求具有正向的影响关系。[98]

（3）创新人才需求方运营属性和规模分析。从图 2-3 和图 2-4 中可以看出，创新人才需求方在运营性质上呈现多元化分布，其中以外资、国企、民营这三种类型居多；在企业规模方面，创新人才需求量最大的为中型企业，其次为小型和微型企业，大型企业的需求量并不十分旺盛。图 2-3 和图 2-4 数据表明，我国目前在“创新人才”市场的需求中，还是以中小型的外资、国企和民营企业为主，这也从一个侧面反映了我国大型企业创新动力和创新能力不足的现状。[99]

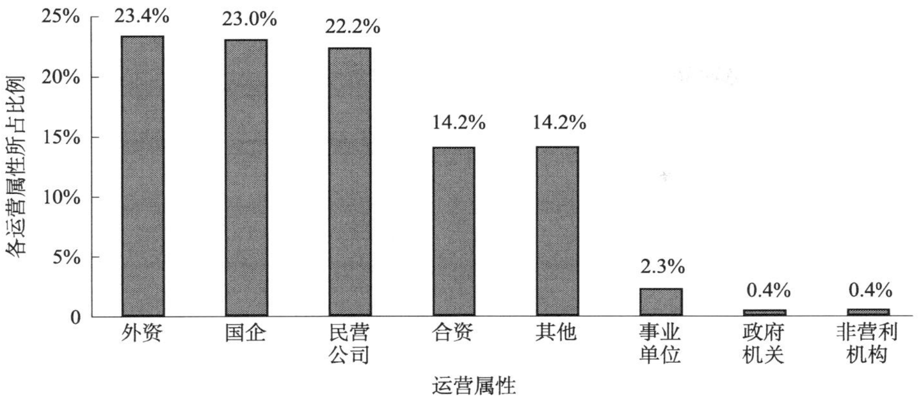

图 2-3　创新人才需求方运营属性

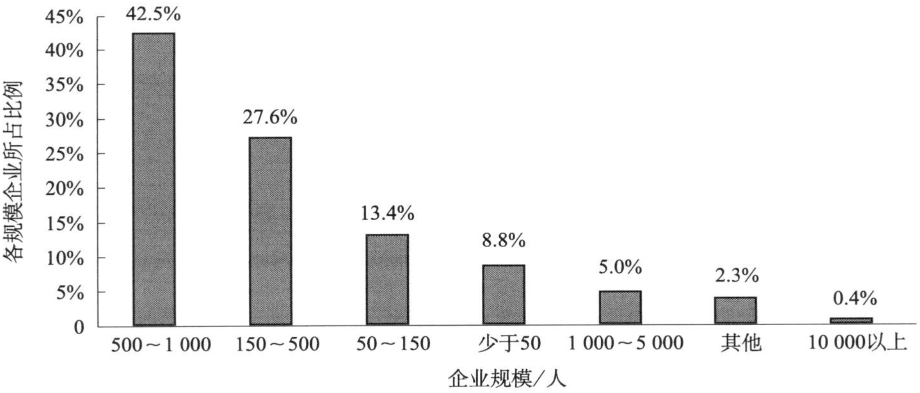

图 2-4　创新人才需求方企业规模

中小企业也是国家技术创新的主体。据资料统计，在美国，中小企业创造的技术创新成果和新技术数量占全国总数的55%以上，高于中小企业就业人数比例。

2. 创新人才需求量分析

图 2-5 展示的是收集到的 261 条信息中，每家企业发布的招聘人数的信息。由图中可以看出，每个企业对创新人才的需求量并不固定，甚至绝大多的企业将招聘人数定为“若干”。出现这种表象的原因可以解释为：企业并不限定招聘人数，以便对符合条件的人进行筛选，使得在招聘工作上更加灵活，在人才选拔上更具全面性，使企业在人才竞争中更具优势。企业这种不确定数量的招聘方式可以让我们体会到当下人才市场中创新人才的需求非常活跃，并且已经成为企业竞相追逐的稀缺资源。另外，对于一小部分企业招聘人数固定的情况

（如 1 或 2 人），说明企业有完整的组织结构和详细的职能分工，针对岗位需要招聘相应人才已达到专人专用的目的。

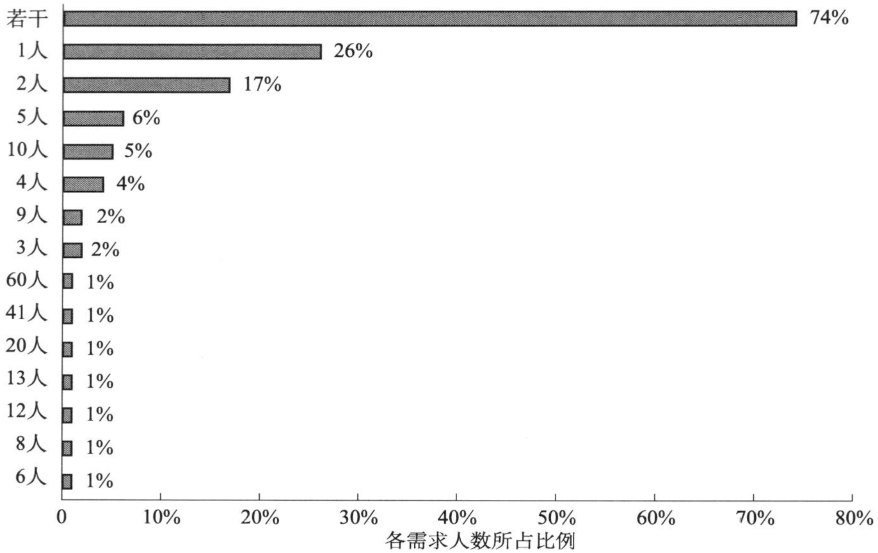

图 2-5　企业发布的招聘人数信息

3. 创新人才需求方对应聘者要求分析

本节从需求方对创新人才的要求来探讨人才市场对创新人才的需求情况，主要从学历、专业和工作经验几个方面来统计分析。

（1）创新人才需求方对应聘者学历的要求。从图 2-6 中可以看出，绝大多数企业对学历的要求是本科以上，要求硕士及以上学历的只占不到 15%，要求大专及以下学历的占 13%。与其他职位相比，企业对创新职位从业人员的学历要求并不高。

面对每年近 700 万的大学毕业生[100]，企业原本可以轻易选择人才的高消费，但是对于创新人才的学历要求仅仅为本科毕业，说明了目前人才市场上创新人员的匮乏。[101]

（2）创新人才需求方对应聘者专业的要求。企业发布的 261 条招聘信息中，有 216 条信息对应聘者的专业有明确的要求，其中要求计算机、经济学和管理学的都在 50 条以上，法学和机械工程在 10 条左右，其他信息分布在其他学科。从图 2-7 中可以看出，企业所在的行业与应聘者的专业是紧密相关的。值得我们注意的是，对专业没有明确要求的招聘信息有 45 条，占据很大的比例，这说明了创新工作的复杂性和灵活性。事实上，企业需要的是能力和素质

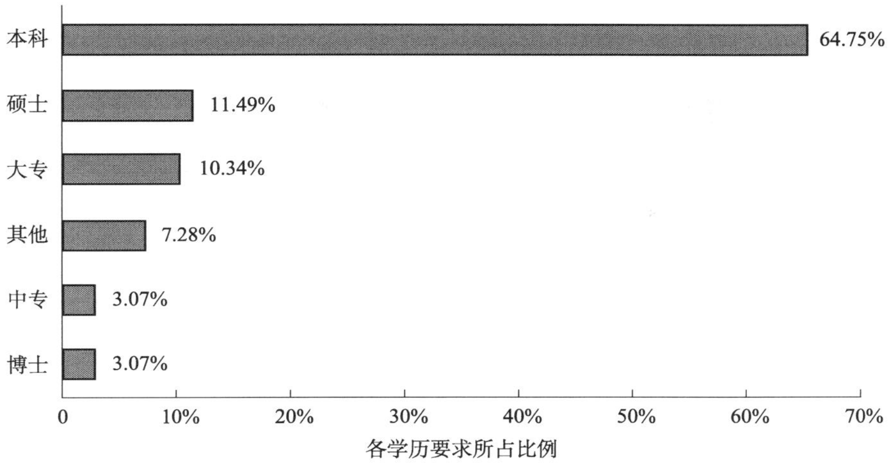

图 2-6　创新人才需求方对应聘者学历的要求

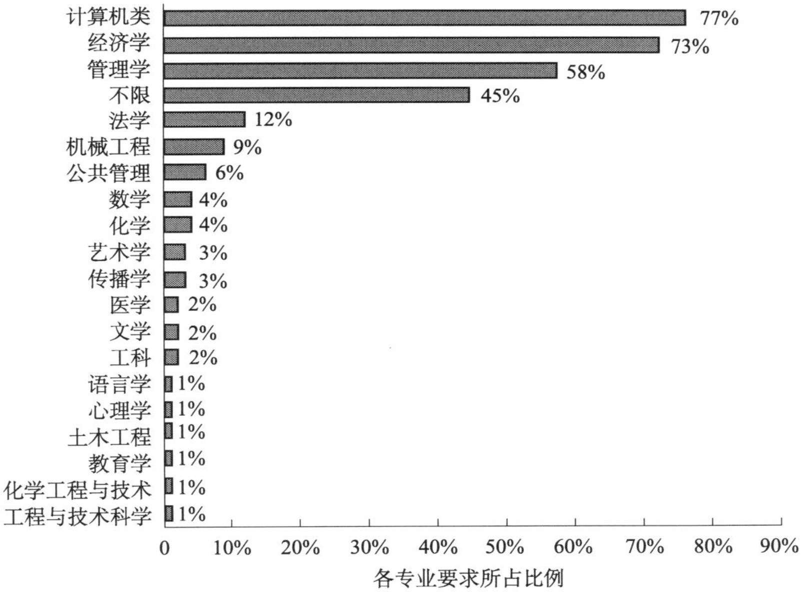

图 2-7　创新人才需求方对应聘者的专业要求

较高的人才，这才导致企业对专业的要求反而没有那么显著。

（3）创新人才需求方对应聘者工作经验的要求。企业对应聘者是否具有工作经验的要求如图 2-8 所示。绝大多数企业还是选择具有工作经验的人员来进行创新性工作。与学历和专业要求相比，企业对工作经验的要求显得更明确。在招聘中，企业可以不需要招聘者具有高学历，甚至也不要求他们具有怎样的专业背景，但是绝大多数企业会提出一定要具有工作经验的要求。这个事实反映了工作经验对于创新工作的重要性，也证明了创新工作的特殊性和它对于隐性知识（能力）的要求。[102]

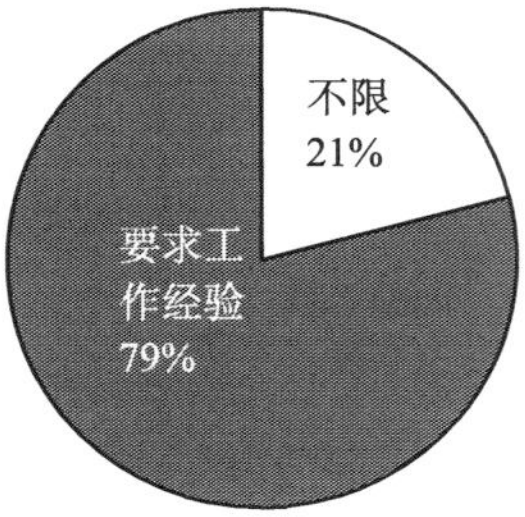

图 2-8　创新人才需求方对应聘者的工作经验要求

4. 创新职位猎头分析

在信息检索和收集过程中，笔者发现由猎头公司发布的猎头信息有 26 条，这些信息都是国内知名企业委托招聘的，招聘企业共有 17 家，分散在全国各地。这 26 条信息中，有 19 条要求应聘者具有本科学历，有 21 条为招聘与创新工作有关的部门经理，有 20 条要求应聘者具有两年以上工作经验。

关于学历要求，一般通过猎头公司进行的招聘要求会更高一些。但是 19 条通过猎头公司进行的招聘信息对学历的要求都是本科以上，从中我们不难体会到企业对创新人才的刚性需求。另外，有 21 条信息的职位描述是部门经理，并且要求有 2 年以上工作经验，这说明我国企业在技术创新方面已经逐步向管理创新阶段发展[103]，对经营管理的创新人才有非常迫切的要求。

5. 基于网络招聘信息的企业创新人才需求现状分析

经过对收集信息包含的各种数据的综合分析可以发现：

（1）目前企业对创新人才的需求量很大。仅从选取的时间节点发布的招聘信息来分析，发现社会对创新人才的需求量的确非常大。我国目前注册的公司超过 1000 万家，可以预见今后企业对创新职位的需求会不断扩大。

（2）创新人才的需求主要集中在资金密集型和技术密集型的中型企业。在传统制造业、服务业等行业表现并不旺盛，有创新人才需求的企业多存在很大的发展空间。

（3）创新工作对应聘者的要求重点从学历向能力偏移。企业对创新工作的要求逐渐向发展创新优势的能力方向倾斜，学历已经不能成为限制创新能力的制约条件，培养素质和能力将是高校毕业生和从业人员面临的新课程。

（4）创新工作覆盖广泛，专业限制趋于淡化。创新职位对应聘者的专业要求几乎涵盖了所有的学科，这可以反映出目前企业的各个部门对创新人才的需求。另外，由于为数不少的“专业不限”要求的出现，创新工作的综合性和灵活性的特点就表现得越发明显了。

6. 基于网络招聘信息的企业创新人才需求问题分析

（1）国有大中型企业创新人才需求不足。目前，国有企业还不能算是技术创新的主体，这突出反映在我国技术创新投入的结构分布上。据统计，1988～1995 年，我国国有大中型企业年技术开发经费支出额占其销售额的比例分别为 1.60％、1.44％、1.38％、1.39％、1.37％、1.39％、1.37％、1.19％，不仅逐年下降，而且远低于发达国家 5％以上的水平。[104]这些数据的背后有其制度上的原因，即与企业的组织结构及企业与国家的关系有关。正是由于国家对国有企业承担无限责任，企业缺乏技术创新投入的压力和动力，在相当长的时间内，国有企业的技术创新主要是由政府推动的，企业的一切创新活动必须纳入政府的计划之中。由于政府的创新决策过长，政府部门难以捕捉到真正的创新机会，加上科技与生产的脱节，导致我国技术创新水平出现了长期处于低下的局面。[105]

企业创新的主体是实施创新行为的人，即创新人才。[106]企业只有大量吸收有创新能力并且敢于创新的人力资源，才会有创新思维、创新设计、创新技术的来源。可见，人力资源是企业的核心竞争力，创新人才是企业创新的源动力。[107]那么，只有对创新人才这类特殊人力资源进行有针对性的管理，实施适合其发展的激励措施，才能对创新人才进行有效管理。唯有这样，企业才能吸引人才、培养人才、留住人才。

我国国有大中型企业正面临着前所未有的挑战，激烈的市场竞争让企业逐步认识到了只有创新才能发展的道理。但不容乐观的是，近些年，由于人力资源市场的不正当竞争及其他一些因素，部分国有大中型企业人力资源管理工作进展得并不顺利，人才流失尤其是技术创新人才的流失现象十分严重，给国有大中型企业造成了严重的经济损失。[108]对此现象进行进一步调查便会发现，多数国有大中型企业对人才的管理还停留在旧的一般管理模式上。对于创新人才，管理者没能规划出一套有针对性的管理措施，甚至有的企业并没有意识到创新人才的特殊性和重要性，依旧实行着传统的靠加大工作强度、增加工作时间的方法来完成生产计划。但事实上，工作强度和时间的增加必然会增加人力资源成本，无法从根本上提高劳动效率，巨大的工作压力还会使工人倦怠，创新人才的才智也得不到发挥，又易对企业产生抱怨的情绪，消极怠工。由此看来，企业必须意识到唯有创新才能求发展的事实，重视创新人才的引进和培养，为创新人才设定特定的职业发展规划，有效地对其进行培养、激励，这样才能提高国有大中型企业的人力资源素质，增强企业的创新能力，使企业在激烈的竞争中处于不败之地。[109]

目前，绝大多数国有大中型企业已经意识到科学管理创新人才的重要性，针对创新人才的特有性质制定了相应的管理机制，完善了自身的人力资源管理体制。但部分国有大中型企业人力资源管理水平相对落后，仍然延续着以前以管理、控制为目的的管理风格，致使创新人才管理的过程中出现了很多不乐观的问题。

① 国有大中型企业创新人才存量少。当前很多国有大中型企业有人才短缺和人员过剩的双重问题存在。看似矛盾的两种现象各自影响着国有大中型企业的发展。一方面，国有大中型企业创新人才短缺，相对于企业总体员工这个庞大的基数，企业创新人才的数量远远不够；另一方面，企业一般水平的工作人员多于劳动力实际需求量，占用企业过多资源，却长期碌碌无为。[110]类似的问题不仅存在于国有大中型企业。有数据表明，我国每百万人口中研究人员数量仅有 852 人，远远少于高收入国家的平均数量 3890.4 人；大学生粗入学率为 22.9%，远低于高收入国家相关数值 67.2%。由此可见，我国高学历、研究型人才基数比发达国家小，这样必然会造成创新人才存量的不足。[111]

② 创新人才管理中柔性管理的力度不够。柔性管理是相对于传统的刚性管理而言的。刚性管理指的是企业依靠严密的组织结构、严密的技术规章和赏罚分明的激励来进行以生产为导向的管理。与刚性管理相反，柔性管理企业作为现代的管理模式，本质上是“以员工为中心”和“以顾客为中心”的管理模式的统一，更强调人在管理中的地位，是一种人性化的管理模式。

国有大中型企业的创新人才通常是个性鲜明的人才，他们的自尊心与独立性很强，不习惯被太多的条条框框控制，不喜欢刚性的、不会随情况变通的管理体制。相比较来看，创新人才更容易接受“以人为本”的柔性管理。此外，创新人才多属于知识型人才，他们所从事的工作中，智力活动占很大比例，这些智力活动很难被量化和考核。如果企业只遵从刚性的考核制度而对创新人才不可量化考核的工作视而不见，那么创新人才的工作业绩将受到很大程度的影响，这势必会降低创新人才的工作热情。有的企业在薪酬管理方面过分的遵循刚性制度，这对创新人才来说也是十分不公平的。创新是一个风险很大的行为，它具有太多的偶然性和不确定性，所以单纯地参考其获得的工作成果或收到的效益来对创新人才的薪酬进行管理不足以充分体现多劳多得的原则。

③ 创新人才管理体制缺乏科学性。进入 21 世纪以来，人力资源管理逐渐

引起了企业管理人员的重视，但有些管理者依然认为企业抓生产、抓市场才最重要，因此即使在企业中设立了相关的人才管理部门，人才管理也并没有受到足够的重视，没能形成一套科学、系统的管理体制。对创新人才的管理是远在人力资源理论提出之后的，人力资源管理尚且存在这样的问题，创新人才的管理就更不能幸免。据统计，我国仅有 51.8％的企业做过岗位分析，仅有 67.7％的企业进行了基于工作分析等简单的人力资源规划体系。可见 50％以上的企业存在着对人力资源管理重视程度不足的问题。很多企业单纯地认为有了人力资源管理部门，有了人力资源管理的相关工作人员，就相当于有了可靠的人才管理体系，却没有意识到如果没有一套科学的绩效考核体系，有效的人力资源管理机制，那人力资源管理部门就形同虚设。不科学的管理体制给创新人才带来了更多的不满。没有合理的绩效考核，创新人才多于常人的付出却得不到鼓励和支持，没有系统的人才职业规划，创新人才的发展得不到保证。这一切都影响着创新人才管理的发展。

总之，企业中太多的硬性控制抑制了创新人才的工作热情，不合理的考核、管理制度使其应得利益得不到保障。所以，企业只有充分地把刚性管理和柔性管理结合起来，才能实现对创新人才的有效管理。

(2) 高校教育与企业的创新需求尚有差距。虽然目前我国对高校学生的培养目标正逐渐转向培养学术型和应用型人才并重，但是由于我国高校学生教育学科划分过细，培养出来的学生知识面过窄，导致毕业生的适应性差。[112]因此，高校学生培养目标有必要向培养复合型高级人才转移，以适应社会需求，促进社会发展。尽管我国目前在提倡培养复合型人才，但是真正进行的速度却很缓慢，我国高校学生教育中的人才培养还比较单一，大多数培养的还是学术研究型人才，不能完全符合社会的发展需求，更不能适应当前的国家创新体系，无法真正做到培养具有竞争力的创新人才，因此这个问题仍然亟待解决。

学术型人才的培养仍然是高校教育的核心目标之一。高校毕竟是培养科技尖端人才的主要阵地，高校教育也仍然是以培养具有创造力、致力于科学研究的学术型人才为其始终坚持的目标。应用型人才的培养仍然是当今高校学生教育的重点。20 世纪 90 年代以来，经济和科技的全球化趋势不断发展，国际竞争日益激烈，知识的更新越来越快，学科的分工越来越细，各行业、各领域所需的专业人才越来越多。这些变化都对应用型人才的培养提出了新的要求，不仅要培养理工科应用型人才，而且要大力培养文科应用型人才，如法律、财经、会计、管理等。[113]但我们的高校学生教育一直是在跟随一个大潮流，只是在效仿一些比较成功的高校，觉得能设立的专业越多越全就越具备科研的能力，其实这样的趋同性反倒失去了自己的个性，彰显不出高校学生的培养特色，从而没有了任何优势。

高校学生教育的目标体系应在主导目标的基础上进行多元化扩展。培养的人才主要以研究型人才为主，但还应兼顾经济发展需要，培养部分高层次的应用型人才，以体现高校学生教育价值多元化的理念。在21世纪，我国人才需求的结构性矛盾是一个突出问题。[114]国家分析报告指出，加入WTO后有几大类关键性人才严重短缺，分别是高层次人才、高科技人才（信息、生命、新材料、再生能源、空间、海洋、环保和软科学八大领域）、高级金融保险人才。另外，公共管理、国际商务、外语、法律、金融保险、旅游心理咨询、研究开发及教育等十类人才也明显紧缺。一方面，外国机构与企业在我国境内和国际上开拓市场，需要各种学历层次的高级人才；另一方面，我们与世界各国企业进行交流与合作也急需各种人才。

我国高校的学生课程设置主要是模仿和借鉴国外课程设置的体系和模式，但是随着我国高校学生教育的发展，具有中国特色的高校学生课程体系也逐步形成。我国高校学生教育多是按一级学科授权，按二级学科招生和制订培养计划，按三级学科确定研究领域。虽然在高校学生的培养模式上分学术学位高校学生与专业学位高校学生，但是在我国高校学生教育的现阶段还是侧重于学术学位高校学生的培养。[115]目前，学术学位高校学生课程教学管理实行的是学分制。课程体系一般由公共必修课、专业基础课、专业课、选修课四大部分组成。现代科学技术发展的一个显著特征是理论科学与技术突破的高度融合化。而动手能力、实际操作能力等恰是沟通知识与技术联系的桥梁和纽带。因此，高校毕业生只占有科学知识而不掌握科学技术，不具备多种能力，将是很难有所成就的。

随着高等教育大众化和世界经济一体化的发展，社会对高层次专业人才的需求日趋多样化。硕士研究生培养模式仍处于相对单一化状态已成为硕士研究生培养面临的突出问题。[116]尤其是目前各高校自定招生的形式，人数虽有大幅度增加，但还未从根本上改变高校学生的层次与类别结构，对应用型硕士高校学生的培养仍沿用传统学术型高校学生的教育模式；仍未从整体连贯性角度对不同类型的高校学生培养目标做出划分和规定，导致高校学生培养标准与模式模糊。无论是学术型高校学生还是应用型高校学生培养，仍坚持传统的学术型培养模式，造成高校学生培养目标与社会需求脱节。

（3）网络招聘服务有效性有待提高。随着网上人才市场的兴起，网上招聘呈上升趋势，市场占有量不断扩大，网上招聘已成为企业招聘的主渠道。然而，在我国网络招聘发展中也存在一些令人担忧的问题。我国整体的网络环境还不成熟，网络技术在国内企业和普通百姓中并不普及。目前适合在网上招聘的工作岗位较单一，那些可能采用网络招聘的企业大都局限在计算机应用普及率较高的行业，招聘对象也多局限于一些文化水平较高的人员。[117]此外，在现有的人群中，使用网络较多的是年轻一族或者是从事高新技术产业的人，这样就使得应聘人群受到限制。摆脱单一的模式，将服务层面继续扩大，才能开辟更大的市场，使网络招聘得到实质性的发展。

另外，目前网络招聘中还存在的职位信息更新不及时、信息不完整、虚假信息多等问题，解决这些问题，除了依靠技术、立法层面的作用外，还需要网络招聘使用者的积极配合和帮助。[118]首先，企业和个人存在对网络招聘了解不充分、操作不规范、利用不充分等问题，由此对网络招聘的效果和效率造成了一定影响。为此，网络招聘用户应该通过各种渠道（如网站使用指南、帮助系统、求助论坛等）学习和掌握使用网络招聘的技巧，切实将网络招聘的效果和优势发挥出来。[119]招聘网站需要就如何更有效地使用网络招聘对企业和个人用户进行多种形式的指导和培训。通过双方共同的重视和努力，改善网络招聘效果。其次，网络招聘用户要树立良好的道德规范和诚信意识，拒绝发布虚假信息，杜绝其他恶意或不良的网络行为，共同净化网络招聘的环境，从而保证网络招聘最大限度的健康和迅速发展。[120,121]

第三章　我国创新人才需求预测

第一节　我国创新人才现状与问题分析

21世纪的国际竞争不仅仅是国家之间的竞争，实际上更重要的是人才之间的竞争，尤其表现为创新人才的竞争。面对全球化浪潮和知识经济时代的来临，多层次、多类型、多规格的高素质创新人才显得尤为重要。

新中国成立后，尤其是改革开放以来，我国人才强国的战略思路日益明晰，中央提出实施科教兴国战略。围绕这一战略，国家先后启动了“211”工程、“985”工程；有关部门实施了“跨世纪优秀人才培养计划”“创新团队国际合作计划”“百人计划”“长江学者奖励计划”等人才培养、集聚计划和项目，进一步加大人才培养、吸引、使用力度。面对激烈的国际竞争，党和国家把人才作为第一资源，进一步提出实施人才战略，并在《国民经济和社会发展第十个五年计划纲要》中，专章强调要“实施人才战略，壮大人才队伍”，我国人才资源开发和人才队伍建设工作进入一个新阶段。

进入新世纪新阶段，党和国家全面部署和大力实施人才强国战略，树立科学人才观，创新人才工作体制机制，以高层次人才为重点的各类人才队伍蓬勃发展，为推动经济社会又好又快发展提供了坚强的人才保证和智力支持。先后实施了“新世纪百千万人才工程”“高层次创造性人才计划”“星火计划”“火炬计划”等创新人才培养、集聚计划和项目；制定并确立了中国青年科技奖、中华技能大奖、中华农业英才奖、全国“杰出专业技术人员”称号、国务院政府特殊津贴等一系列奖励规定。由于这些制度的作用、我国高等教育跨越式发展、高校毕业生数量猛增，带来了我国科技人力资源总量的快速增长，形成了年增长最快、同时也是目前世界上最庞大的科技人力资源队伍。据科技部统计，至2005年年底，我国科技人力资源总量达到4245万人，而《中国科技人力资源发展研究报告（2010）》指出，我国科技人力资源总量已达到5799万人。截止到2012年，我国科技人力资源总量达6960万人，连续六年保持世界第一。2013年，研究开发人员总量368.1万人年，占到世界总量的25.3%，超过美国研发人员总量占世界总量的比例（17%），稳居世界第一。我国R&D人员同期年均增长率为13.5%，是R&D人员增长率最高的国家；每年培养的博士、硕士总量位居世界第一。

与科技实力及人才总量快速扩张形成强烈反差的是，我国在科技创新方面，特别是具有重大突破意义、能够取得国际竞争优势的原始创新方面，仍然没有较大起色。这主要是因为，与发达国家相比，我国创新人才的发展相对比较落后，存在着结构不合理、创新能力不足等突出问题。截至 2011 年，我国人才资源总量达到 1.2 亿人。其中，企业经营管理人才 2979.8 万人，专业技术人才 5550.4 万人，高技能人才 2863.3 万人。每万名劳动力中研发人员达到 33.6 人，高技能人才占技能劳动者比例为 25.6%，人力资本投资占 GDP 比例达到 12.0%，人才对经济增长的贡献率达到 26.6%，高层次人才相对不足的状况并无明显改观。根据国际公认标准，当一个国家的研发强度达不到其 GDP 的 1%时，其技术研发只是处于技术使用阶段；当研发强度在 1%～2%时，其技术研发则处于技术改进阶段；当研发强度大于 2%时，其技术研发才逐步进入技术创新阶段。2011 年，我国共投入研究与试验发展经费 8687 亿元，经费投入与 GDP 之比为 1.84%，总体而言尚处于技术改进阶段。

作为创新主力的企业，垄断国企处于养尊处优的垄断地位，没有创新动力和压力。民营企业、中小企业目前正常经营和生存都步履维艰，根本没有资本和能力创新。早在 2000 年，我国高技术产业的增加值占制造业的比例为 8%，远远低于西方发达国家的 40%；我国出口的高技术产品中有 90%是“三资”企业制造的；我国光纤制造装备、集成电路制造装备的 85%，石油化工制造装备的 80%，数控机床的 70%，医疗装备的 95%都是依赖进口。到 2009 年，我国的科技创新能力仍然相对不足，尤其是高科技领域中的发明专利绝大多数来自国外，如在无线电传输、移动通信、半导体、计算机、西药领域，来自外资企业的发明专利分别占 93%、91%、85%、60%、69%，然而西方发达国家 80%的科研工作由本国的大企业完成。在人才基数如此巨大、科技投入逐年增加的情况下，我国的创新性成果依然处于总量偏少、质量偏低的现状说明我们在创新人才开发方面存在某些问题。同时，人才浪费、人才流失的现象也非常严重。2013 年我国出国留学人数再次刷新历史最高纪录，达到 41.39 万人。根据教育部门发布的统计数据计算，1978～2011 年，我国共送出留学生 224.51 万人，占全球留学生总数的 14%。而留学回国人员总数却只有 81.84 万人，近 65%的中国留学人员选择了移民海外。

可见，创新能力的不足已经成为中国特色社会主义建设的主要制约因素之一。为此，中国于 2007 年明确把“提高自主创新能力，建设创新型国家”作为国家发展战略的核心。创新的关键在人才尤其是创新人才。为加快创新人才发展，中国于 2010 年 6 月颁布实施了《国家中长期人才发展规划纲要（2010—2020 年）》——“创新 2020”人才推进计划。为积极应对国际科技竞争，提高自主创新能力，着眼于培养造就一批世界一流科学家，设立 100 个科学家工作室；瞄准世界科技前沿和高新技术产业，平均每年重点支持和培养 200 名具有发展潜力的中青年科技创新领军人才；着眼于推动企业成为技术创新主体，每年重点扶持 1000 名科技创新创业人才；依托一批国家重大科研项目、国家重点工程和重大建设项目，先期建设 100 个重点领域创新团队；以高校、科研机构和高新技术产业开发区为依托，建设 300 个创新人才培养示范基地。

从国际比较的视角看，中国是一个人口大国而非人力资源强国，面临着创新人才整体素质偏低、能力不高等突出问题；优秀创新科技人才数量远远落后于西方发达国家，尤其是高层次创新人才匮乏；创新人才在城乡、区域、产业、行业间分布不均；创新人才投资不足、发展环境不够优化等问题。可见，作为提升国家竞争力的重要因素，中国创新人才发展面临着严峻挑战。

一、我国研发人力投入强度仍处于落后位置

每百劳动年龄人口中大专以上人数、每万就业人口中 R&D 人员数量、每万就业人口中研究人员数量等指标是反映一个国家劳动力素质和研发人力投入强度的重要指标。虽然我国高等教育规模和科技人力资源总量已经稳居世界第一，但按人口或劳动力人口平均计算，我国的劳动力素质和研发人力投入强度在全球仍处于落后位置。2011 年，我国每百劳动年龄人口中大专以上人数只有 11.3 人，远低于美国（61 人）、俄罗斯（54 人）、日本（41 人）和韩国（35 人）等许多国家。2011 年，我国每万就业人口中 R&D 人员数量只有 37.7 人年，美国（约 136 人年）、日本（145 人年）、韩国（138 人年）和俄罗斯（119 人年）等许多国家均高于我国数倍。2011 年，我国每万就业人口中 R&D 研究人员数量只有 17.2 人年，低于美国（101 人年）、日本（104 人年）、韩国（109 人年）、俄罗斯（63 人年）、土耳其（27 人年），只高于巴西（14 人年）和印度（5 人年）。R&D 人员中研究人员所占比例指标反映了一个国家研发人员队伍的质量。2011 年，我国 R&D 研究人员占 R&D 人员总量的比例为 45.7%，发达国家这一指标普遍在 60%以上。

二、我国科学研究和原始创新的人力投入偏低

2011 年，我国 R&D 人员队伍中，实验发展活动人员达到 233.7 万人年，

占总量的81.1%；基础研究人员19.3万人年，只占总量的6.7%；应用研究人员36.3万人年，占总量的12.2%。基础研究和应用研究人员的比例继续呈现下降趋势。2000年以来，我国试验发展活动人员一直呈现数量和比例双增长态势，所占比例从67.5%增长到81.1%，年均增长率达到12.8%；而科学研究人员总量（基础研究人员和应用研究人员之和）虽然在增长，但比例仍在下降，从2004年最高的33.8%下降到2011年的18.9%，人员总量年均增长率只有5.6%。

企业、研究机构和高等学校是我国R&D活动的三大执行部门。2011年，我国企业R&D人员为216.9万人年，约占75.2%；研究机构R&D人员为31.6万人年，占11.0%；高等学校R&D人员为29.9万人年，占10.4%；其他人员9.9万人年，占3.4%。政府研究机构和高校的R&D人员虽然数量有所增长，但所占比例却持续逐年下降，唯有企业R&D人员数量及其所占比例在不断增长。从R&D人员的分布看，我国科学研究主要依赖高校和研究机构。企业R&D人员中投入实验发展的人员比例高达98.5%，投入科学研究活动的人员比例只有1.5%。企业是技术创新的主体，目前我国的这种研发人员投入分布反映了我国企业原始创新能力低的现状。

三、我国创新人才结构性矛盾突出

我国在创新人才专业、行业、区域、年龄、层次等结构方面很不均衡，不能适应产业结构优化升级、区域经济协调发展及创新人才队伍建设的需要。从专业结构看，2008年全国国有事业、企业单位专业技术人员共2863.6万人，其中教育、卫生、经济、工程等领域专业技术人员占85%，而科学研究人员仅占1.3%；在从事研究与开发的专业技术人员中，新材料、新能源、生物技术、现代医药、环保等门类专业技术人员严重短缺。此外，高校专业设置没有跟上经济社会发展需求，毕业生找不到工作与用人单位找不到需要的人才现象并存。从行业分布看，人才主要聚集在党政机关、国有企事业单位，非公组织、新型经济和社会组织等领域创新人才严重不足；第二、第三产业创新人才集中，现代农业中相对不足。从区域结构看，东部发达地区和大中城市创新人才集中，西部地区相对偏少。比如，目前我国现有科技工作人员和高校在校学生中，75%在沿海发达地区，21%在内陆中部地区，只有不足4%在西部边远民族地区。就创新人才队伍自身而言，在年龄结构上，没有形成老、中、青合理的创新人才梯队，从长远看后继乏人，尤其是以中国科学院院士、中国工程院院士等为代表的高层次创新人才年龄偏大；从素质结构看，在初、中、高人才分布中，初、中级创新人才比例较大，高学历、高层次、复合式创新人才短缺，尤其是高级经营管理人才、科技创新人才匮乏。

四、我国工程领域创新人才的需求紧迫

目前，我国科技人才发展的总体水平与发达国家相比仍存在明显差距，高层次创新科技人才总量不足，尤其是缺乏具有世界一流水平的顶尖科学家和领军人才。我国科学家获国际权威科学奖的人寥寥无几。据有关部门 2008 年统计，在 158 个国际一级学科组织及其 1566 个主要二级组织中，参与领导层的我国科学家只占 2.26%。我国“合格工程师”的数量和整体质量，在参与排名的 55 个主要国家中位列第 48 位。我国“适合全球化要求”的年轻工程师只有 16 万人，不到美国的 1/3，我国国际化工程师占全国工程师的比例不到 8%。

五、我国创新科技人才结构和布局不合理

据中国社会科学院发布的《中国人才发展报告（2010）》显示，我国科技人才队伍中高层次创新人才严重匮乏，主要集中于大中城市，分布在科研院所及教育卫生等公共服务行业，而农村、企业和基层一线创新科技人才匮乏。长期以来，我国一直存在着科研院所人才滞胀与企业人才严重短缺同时并存的现象，工程技术人员仅占专业技术人员的 21.8%，远远低于美国（80%左右）优秀人才集聚在企业的比例。

六、我国创新人才环境亟须改善

从本质上看，创新人才发展不但是个人问题更是一个社会问题。第一，在根本利益诱导方面，一个社会的经济结构、发展水平和制度条件为人才的产生提供了重要的基础，这是因为“游戏”规则的不同将导致产生不同的利益预期进而会影响人才资源配置的不同。第二，一个社会的经济结构和制度背景在一定程度上又为人才发挥作用提供条件和保障。社会制度结构的不同会导致人才利用水平的不同，好的制度会使人才尽其才能，不好的制度会导致人才的极度浪费与无效使用。就我国情况而言，随着社会主义市场经济的深入发展，创新人才政策、法规等正在建立，但是深层次矛盾和问题尚未解决，创新人才环境不够优化。一是在创新人才管理上，条块分割、职能交叉、多头管理的体制尚未根本改变，用人单位和个体的自主权尚未真正落实，管理中“官本位”、行政化倾向仍很严重，创新人才资源配置的市场化、社会化程度不高；二是以品德、知识、能力和业绩为核心的各类创新人才的科学评价标准和评价机制尚不

健全，评价中“重论文、重学历”的导向依然十分严重；三是有利于创新人才成长的选用机制还不够完善，流动中户籍、档案、社会保障等制度性障碍依然存在，激励保障机制尚不健全，等等。

第二节　创新人才影响因素分析

一个国家或地区对于创新人才的未来需求状况受国民经济发展水平、科技投入水平、高等教育发展水平和社会经济发展程度等多方面的综合影响。

一、国民经济发展水平

衡量一个国家或地区经济发展综合水平的指标有国内生产总值（Gross Domestic Product，GDP）、国民生产总值（Gross National Product，GNP）、国民总收入（Gross National Income，GNI）等总量指标。GDP 是指在一定时期内（一个季度或一年），一个国家或地区的经济中所生产出的全部最终产品和劳务的价值。由于它不但可以反映一个国家或地区的经济表现，更可以反映一国的国力与财富，因此成为各国常用的经济发展统计指标。GNP 是指一个国家或地区所有常住单位在一定时期内收入初次分配的最终结果。考虑实际可操作性及分析的有效性，自 2000 年开始，世界银行以 GNI 取代 GNP，并以人均 GNI 为标准，把世界各国分成低收入国家、中低收入国家、中高收入国家、高收入国家四类。

基于人口因素对经济总量指标的影响，世界银行、经济合作与发展组织及联合国教育、科学及文化组织等国际机构和组织日益重视人均指标的衡量作用。常用的人均指标包括人均 GDP、人均 GNI 及基于购买力平价（Purchasing Power Parity，PPP）的人均 GDP 等，从而更为科学、合理地衡量各国或地区的经济发展综合水平，以便于分析比较。

二、科技投入水平

科技投入是衡量一国科技实力的重要指标，也是科技创新的必要保障。政府科技投入是全社会科技投入总量的重要组成部分，基于这一认识，世界各国将政府科技投入的目标与国家发展战略紧密结合，并将其视为对国家未来的投资。

从广义上讲，科技投入包括投入于科学技术发展所需的物质资本与人力资本。其中，物质资本的投入可以直接转化为货币形式，即采用对科学技术发展投入的资本经费来衡量。一般对科技投入经费的研究指标有两种：一种是科技总发展投入的绝对指标，另一种是科技发展投入的相对指标。科技发展总投入的绝对指标是指一国或地区来自社会各个方面的对于科技投入的总和。科技投入的相对指标是指科技投入与其他经济指标之间的一种比例关系。可用的相对指标大致有三种比例关系：一种是科技投入与 GDP 的比例关系，一种是科技投入与 GNP 的比例关系，还有一种是科技财政投入与财政支出的比例关系。其中科技投入占 GDP 或 GNP 的比例是反映和评价一个国家或地区对科技投入水平的通用指标，也是衡量科技投入相对规模的重要标志。目前国际上较通用的衡量科技投入的相对指标是科技投入占 GDP 的比例。政府财政对科技的投入占财政支出的比例反映了一个国家或地区政府对科技发展的重视程度。

一支庞大的、优秀的科研队伍是从事科学研究的人力基础保障。除了科研经费投入外，科技投入还包括对科学基础发展的人力资本投入，即参加科学研究的研究人员数目。根据《欧盟统计年鉴》关于科研人员的统计口径，国际上所指的科研人员除了专人的研究人员之外，还包括所有的博士研究生。

一个国家的科技投入水平主要有以下几项指标：

（1）大中型工业企业研发经费筹集（RRDFLMIE）。主要来源于国家科技拨款（GSTA）、金融机构贷款（LTFI）和自身研发经费内部支出（RDIELMIE），因此大中型工业企业研发经费筹集可以表示为这三个部分的加权之和，即

$$\text{RRDFLMIE}=a\times\text{GSTA}+b\times\text{LTFI}+c\times\text{RDIELMIE}+d \tag{3-1}$$

式中，a，b，c 为加权系数，应该大于 0 且小于 1，d 为修正偏差。根据 2000～2008 年的历史数据，将（3-1）式中四个变量的关系拟合，得出 $a=0.3713$，$b=0.6227$，$c=0.7297$ 和 $d=-405.75$。本书将 a 定义为国家对大中型工业企业的科技投入强度（RNSTILMIE），将 b 定义为金融机构对大中型工业企业科技贷款比例（RLLMIEFI），c 定义为大中型工业企业研发经费内部支出比例（RRDIELMIE），由此得到

$$\begin{aligned}\text{RRDFLMIE}=&\text{RNSTILMIE}\times\text{GSTA}+\text{RLLMIEFI}\times\text{LTFI}\\&+\text{RRDIELMIE}\times\text{RDIELMIE}-405.75\end{aligned} \tag{3-2}$$

（2）大中型工业企业科研能力指数（SRCLMIE）。反映了大中型工业企业的科研能力水平，本书利用该变量作为连接大中型企业现有资源与创新产出的中间变量。SRCLMIE 受到大中型企业研发经费筹集和研发人员的数量（ARDPLMIE）的正向促进作用，而且应该满足研发经费筹集增加一倍时，SRCLMIE 会随之增加但是增幅小于一倍；与研发人员数量的关系同理。研发人员中科

学家和工程师（RSERDPLMIE）应具有带头及指导作用，促使研发人员能力提高，效果上相当于研发人员数量的增加。另外，企业科研能力指数还受到政府相关创新激励政策指数（IEPI）的正向影响，因此本书设计 SRCLMIE 的数学关系式为

$$\mathrm{SRCLMIE}=\sqrt{\mathrm{RRDFLMIE}\times \mathrm{ARDPLMIE}^{1+\mathrm{RSERDPLMIE}}}\times \mathrm{IEPI} \tag{3-3}$$

三、高等教育发展水平

高等教育以其人才和技术优势为一国或地区人口质量的提升、社会文化环境的改善、现代科学技术的创新、经济持续发展的智力需求提供服务。根据韩永强、孙少敏等关于研究型大学与诺贝尔科学奖的相关性研究，以美国为例，自 1901 年以来，美国国内的诺贝尔科学奖的获得者几乎都是研究型大学中的教授。以创新性的知识传播、生产和应用为中心，以产出高水平的科研成果和培养高层次精英人才为目标的研究型大学，是培养创新人才的根据地，在社会发展、经济建设、科技进步、文化繁荣、国家安全等方面，尤其是在建设人力资本强国中发挥着关键性作用，因此高等教育尤其是优质高等教育成为创新人才辈出的重要外部条件。

高等教育毛入学率是反映一国或地区高等教育普及程度的世界通用指标，毛入学率越高，表明高等教育大众化程度越高；高等教育质的提升需要量的积累，研究生高等教育规模是衡量一个国家或地区高等教育发展阶段的基础指标，统计每百万博士生在校生数可以考察一个国家或地区相对其人口规模的博士生教育规模。

科研与社会服务作为高等教育的两大功能，是反映高等教育发展程度与未来趋势的重要指标，教育 R&D 支出占 GDP 的比例、占 R&D 总支出的比例，以及高等教育 R&D 人员数占 R&D 人员总数的比例、博士生在校生数占高等教育 R&D 人员的比例，每个高等教育机构中的 R&D 人员的 R&D 经费数等，从人力投入和资本投入两方面反映了高校科学活动的投入状况。

一个国家的高等教育发展水平主要有以下几项指标：

(1) 高校研发经费筹集（RRDFU）。主要来源于国家科技拨款、金融机构贷款和大中型企业产学研联系（IARLMIE），因此高校研发经费筹集可以表示为这三个部分的加权之和，即

$$\mathrm{RRDFU}=a\times \mathrm{GSTA}+b\times \mathrm{LTFI}+c\times \mathrm{IARLMIE}+d \tag{3-4}$$

式中，a，b，c 为加权系数，应该大于 0 且小于 1，d 为修正偏差。根据 2000～2008 年的历史数据，将上式中四个变量的关系拟合，得出 $a=0.107$，

$b=0.2$，$c=0.4323$ 和 $d=42.879$。本书将 a 定义为国家对高校的科技投入强度（RNSTIU），将 b 定义为金融机构对高校的科技贷款比例（RLUFI），c 定义为产学研联系中高校所占比例（FUIAR），由此得到

$$\text{RRDFU}=\text{RNSTIU}\times\text{GSTA}+\text{RLUFI}\times\text{LTFI}+\text{FUIAR}\times\text{IARLMIE}+42.879 \tag{3-5}$$

（2）高校科研能力指数（SRCU）。与式（3-4）、式（3-5）不同之处在于，除高校研发人员外，在校研究生也是从事研发工作的一个重要群体，因此公式中需要考虑在校研究生数量，即高校在校生人数（USN）×在校研究生比例（RGSAS），由此得到公式如下：

$$\text{SRCU}=\sqrt{(\text{RRDFU}\times\ (\text{USN}\times\text{RGSAS}+\text{ARDPU}^{1+\text{ASE}})}\times\text{IEPI} \tag{3-6}$$

四、社会经济发展程度

知识经济程度越高的国家，其社会经济发展程度越高，在有利于创新人才培养的同时，也越能吸引和凝聚创新人才。因此，一国或地区创新人才的多少与其社会经济发展程度有直接联系；社会经济发展程度越高的国家或地区，其创新人才的规模相对较大。

从社会构成的行业结构来看，就业人口中R&D人员和劳动力人口中R&D人员的比例越高，表明该国或地区从事科学研究的人员越多，知识经济程度越高。同时，每R&D人员的GDP贡献率与每高等教育R&D人员的GDP贡献率反映了一个社会中R&D人员对该社会经济发展的贡献程度，贡献度越高，表明该社会的发展程度越高。

另外，根据世界银行专家的研究，增加教育投资，从而使每个劳动力受教育的平均时间增加1年，GDP就会增加9%，同时巴洛对98个国家在1960～1985年人均GDP增长率的比较分析也表明，教育投资的增长是人均GDP增长的重要原因。因此，考虑到人力资本受劳动力受教育水平这一因素对经济发展的影响。可以将劳动力受教育水平这一指标作为衡量一国或地区社会经济发展程度的指标纳入创新人才与社会经济发展程度的实证分析中。结合创新人才是高层次人才的自身特点，本章将劳动力受教育水平这一指标具体化为劳动力中接受高等教育的比例和劳动力中接受过博士教育的比例2项指标。这2项指标的数值越高，表明该国或地区劳动力的文化层次和受教育程度越高。一个国家或地区劳动力人口整体受教育程度是创新人才辈出的基础条件，同时也是营造、吸引与凝聚创新人才的良好社会环境的关键因素。

第三节　未来需求预测

一、预测模型的构建

基于本章第二节对全国创新人才的国民经济发展水平、科技投入水平、高等教育水平、社会经济发展程序四个方面因素的分析，全国创新人才数量（Total Amount of R&D Personnel in China，TARDPC）是全国从事研究与发展课题活动（基础研究、应用研究试验发展）的人员数量，是全国从事研发活动人员的总数。

以全国创新人才数量作为因变量，初步选取3项作为自变量（表3-1），数据主要来源于《中国统计年鉴》《中国科技统计年鉴》及相关统计公报，均为2000～2012年数据。

表3-1　全国创新人才数量因素列表

创新人才数量因素	变量名	变量说明
大中型工业企业研发人员人数	ARDPLMIE	指在大中型工业企业参加研发项目的人员，以及研发项目的管理人员和直接服务人员按全时人员折算的人年数
研究机构研发人员数量	RDARI	指在研究机构参加研发项目的人员，以及研发项目的管理人员和直接服务人员按全时人员折算的人年数
高校研发人员数量	ARDPU	指在高校参加研发项目的人员，以及研发项目的管理人员和直接服务人员按全时人员折算的人年数

通过matlab对数据进行拟合，我们得到回归方程，建立预测模型如下

$$Y = k + \alpha X_1 + \beta X_2 + \gamma X_3 \tag{3-7}$$

式中，Y为全国创新人才数量（TARDPC）；X_1为大中型工业企业研发人员人数（ARDPLMIE）；X_2为研究机构研发人员数量（RDARI）；X_3为高校研发人员数量（ARDPU）。

其中，α、β、γ为加权系数，应该大于0且小于1，k为修正偏差。根据2000～2012年的历史数据，将式（3-7）中四个变量的关系拟合，得出$\alpha=1.349$，$\beta=0.666$，$\gamma=1$和$k=15.8354$。由此得到：

$$\text{TARDPC}=1.349\times\text{ARDPLMIE}+0.666\times\text{RDARI}+15.8354\times\text{ARDPU}+15.8354 \tag{3-8}$$

二、创新人才需求预测

从创新人才开发综合政策的调整对全国研发人员数量影响的模拟结果来

看，创新人才开发综合政策对全国研发人员数量的影响是正向促进的，并且这种正向促进作用是递增的，且调整强度越大，正向促进作用越显著。综合政策调整的模拟结果较单独调整一个政策对于全国研发人员数量的正向促进作用更为显著，且其增幅较大，波动较小，研发人员总数的这种增势对于我国创新人才匮乏的现状来讲，是一种我们很希望看到的现象。

第四章　我国创新人才开发系统动力学模型研究

第一节　我国创新人才开发系统动力学模型的边界和假设条件

一、模型的边界

在经济学模型中，内生变量是指该模型所要决定的变量，也叫非政策性变量。外生变量指由模型以外的因素所决定的已知变量，它是模型据以建立的外部条件，也叫政策性变量。[122]内生变量可以在模型体系内得到说明，外生变量决定内生变量，而外生变量本身不能在模型体系中得到说明。我国创新人才开发系统边界及主要的内生因素、外生因素和不考虑的忽略因素如图 4-1 描述。

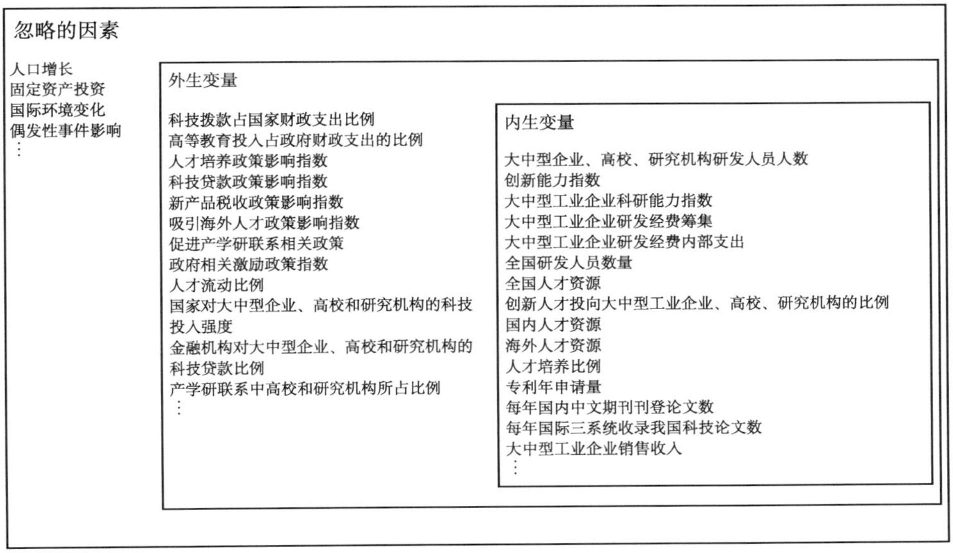

图 4-1　模型的边界

1. 外生变量

外生变量是指在经济机制中受外部因素影响，而由非经济体系内部因素所决定的变量，这种变量通常能够由政策控制，并以之作为政府实现其政策目标的变量。我国创新人才开发系统动力学模型通过国家各方面政策调整对创新人才的数量、质量及绩效产出进行影响，进而由国家经济增长表现出来。因此，本模型的外生变量选取为对创新人才各方面相关的政策，具体包括以下几项。

（1）科技拨款占国家财政支出比例。国家财政科技拨款是用于进行科技活动的专门款项，是企业、高校和研究机构等创新主体部门的主要资金来源之一[123]。国家通过调整“科技拨款占国家财政支出比例”这一政策来控制技术创新的资金数量。通过这一政策也能体现出国家对科技活动的重视程度，对于创新人才开发无论是资金上还是环境上都具有紧密的联系。

（2）高等教育投入占政府财政支出的比例。高校毕业生是创新人才培养的重要来源，该政策主要通过加大高等教育的投入来提高接受高等教育人员的数量，从而提高我国公民的整体文化素质[124]，这对于我国创新人才开发是具有深远意义的。该政策的实施直接影响高校招生数量，也就是通过提高我国人才资源的基数，进而达到提高创新人才数量的目的，因此本模型选取“高等教育投入占国家财政支出的比例”作为影响“高等教育投入”的外生变量，并间接关系到“高校年毕业人数”的增长。

（3）人才培养政策影响指数。人才是指具有一定的专业知识或专门技能，进行创造性劳动并对社会做出贡献的人，是人力资源中能力和素质较高的劳动者。[125]目前资料表明，我国高校毕业生成为人才的比例与国外相比仍然具有相当大的差距，国家通过教育体制、培训机制的改革等政策提高高校毕业生的素质，以使更多的高校毕业生能够成为“人才”资源，进而为创新人才开发提供储备。[126]所以模型选取“人才培养政策影响指数”作为影响“人才培养比例”的外生变量。

（4）科技贷款政策影响指数。科技贷款是创新主体筹集创新经费的另一个主要来源，国家通过降低用于科技的贷款利率、简化科技贷款办理手续、降低贷款抵押额度等措施来保障创新人才进行创新活动的经济来源。这一系列政策实施的结果是创新人才的科技贷款额的提高[127]。本模型通过科技贷款额的数量，即“科技贷款政策影响指数”，来体现相关政策的实施成效。

（5）新产品税收政策影响指数。该政策是指政府为鼓励和扶持创新部门开发新产品而实施的对于富含创新成果的新产品进行税收减免的优惠政策。[128]这一政策的实施对于促进创新成果转化为经济效益和创新主体部门进行研发工作的积极性都具有重要意义，所以本模型选取“新产品税收政策影响指数”来反映国家对于新产品实施的相关政策的综合作用，进而来影响新产品的销售收入。

（6）吸引海外人才政策影响指数。海外人才是我国创新人才的另一个主要来源，国家通过对海外人才实施资金支持、环境配套、平台服务等政策吸引海外人才回国[129]，这些相关政策实施的成效反映在每年海外人才回国的数量，即海外人才回国速率上，因此我们选取“吸引海外人才政策影响指数”作为影响“海外人才增量”的外生变量。

（7）促进产学研联系相关政策。产学研合作是企业与高校、研究机构在优势互补、互惠互利、风险共担、共同发展的基础上开展的多种形式的合作，是优势资源整合的一种先进模式，对促进科技与经济结合具有重要意义。[130]本模型选取“促进产学研联系相关政策”作为外生变量来影响企业与高校、研究机构间资金、创新成果的流动和转换，产学研联系促进企业获得更多的创新成果来投入到生产中，也为高校和研究机构将创新成果转化为经济效益提供便利。

（8）政府相关激励政策指数。政府对于创新人才的激励政策是指针对创新人才个体实施的为提高其经济地位和社会地位等方面给予的优惠政策。政府激励政策涉及创业的启动资金、办公场地、配套资金、税收、居住、配偶与子女教育等诸多方面，政策实施旨在为创新人才进行创新活动提供便利和保障，提高创新人才的积极性，从而获得更多的创新成果。[131]该模型通过“政府相关激励政策指数”这一外生变量对企业、高校和研究机构的科研能力指数进行影响，进而对创新人才的绩效产出进行控制。

（9）人才流动比例。人才流动是生产社会化、科学技术整体化的客观要求，是社会按照人才的价值规律和社会要求所进行的空间动态调节。[132]促进创新人才流动对于我国合理利用创新人才资源和创新产出的最大化都具有重要意义。我国创新人才主要在企业、高校和研究机构这三个创新主体部门间流动，而且这种流动是相互的，本模型中的“人才流动比例”是指创新人才在三个主体部门中的相对流动比例，通过这种相对的流动可以反映出创新人才向某个创新主体聚集的趋势和程度。

（10）国家对大中型企业、高校和研究机构的科技投入强度。创新主体部门的创新经费筹集主要来源于国家科技拨款、企业研发投入和金融机构科技贷款，这三种创新经费来源按照一定的比例分配到企业、高校和研究机构，我们根据对历史数据的分析和拟合，可以得出国家科技拨款分别分配到企业、高校和研究机构的比例的规律，并且将其定义为常数。

（11）金融机构对大中型企业、高校和研究机构的科技贷款比例。与“国家对大中型企业、高校和研究机构的科技投入强度”类似，“金融机构对大中型企业、高校和研究机构的科技贷款比例”反映的是科技贷款分配到企业、高校和研究机构的比例，我们也将其拟合并定义为常数。

（12）产学研联系中高校和研究机构所占比例。与外生变量“（10）”和

“(11)”类似，“产学研联系中高校和研究机构所占比例”反映的是企业研发投入分配到高校和研究机构的比例，我们也根据拟合结果将其定义为常数。

2. 内生变量

内生变量是指在经济机制内部由纯粹的经济因素所决定的变量，它是不为政策所左右的，是由模型决定的，同时也对模型系统产生影响。[133]我国创新人才开发系统动力学模型主要通过创新人才的数量、质量、绩效产出和对经济增长的贡献等几方面来表现我国创新人才开发的发展和变化情况。所以模型的主要内生变量如下文列举，其他内生变量由于篇幅限制在附录Ⅰ中详细说明。

(1) 大中型企业、高校、研究机构研发人员人数。指在大中型工业企业、高校、研究机构中参加研发项目的人员，以及研发项目的管理人员和直接服务人员按全时人员折算的人年数，它表现了我国创新人才在各创新主体部门中的分布情况。

(2) 创新能力指数。反映了企业将专利、科技论文等创新成果转化为新产品的能力，大中型工业企业研发人员人均研发经费、研发人员所占比例、研发人员中科学家和工程师所占比例，以及创新活动产出对创新能力指数都有正向促进作用。

(3) 大中型工业企业科研能力指数。对大中型工业企业科研能力的量化值，是反映大中型工业企业关于创新成果产出速率的指标，数值越大表示企业的创新产出越快。高校和科研机构科研能力指数同理。

(4) 大中型工业企业研发经费筹集。指大中型工业企业从事科学技术活动所获得的收入，包括企业自身投入、政府拨款、技术及试制产品收入、贷款和其他收入，不包括代管经费和转拨外单位经费。高校和科研机构研发经费筹集同理。

(5) 大中型工业企业研发经费内部支出。指从自有资金中提取或接受其他企业委托的、科研院所和高校等事业单位接受企业委托获得的，计划用于科研和技术开发的经费。不包括来自政府、金融机构及国外的计划用于科技活动的资金。这一内生变量是企业的一种自主行为，不受政府政策直接影响，因此不作为模型政策模拟的对象。

(6) 全国研发人员数量。是全国从事研发活动人员的总数，是企业、高校、研究机构和其他部门的研发人员数的总和，该模型通过历史数据中企业、高校、研究机构这三个创新主体部门的研发人员数之和占研发人员总数的比例来拟合出全国研发人员人数。

(7) 全国人才资源。包括国内培养的具有创新潜质的人才和留学归国人员。全国人才资源被分配到企业、高校和研究机构，从事研发活动的那部分人才资源就成为我国创新人才的主要构成部分。

(8) 创新人才投向大中型工业企业、高校、研究机构的比例。是指全国人才资源中分别投向大中型工业企业、高校、研究机构，并从事研发活动的人员的比例。

(9) 国内人才资源。是指国内培养的具有创新潜质的人才总数。国内人才资源和海外人才资源之和共同构成全国人才资源。

(10) 海外人才资源。是历年海外留学归国人员总人数，是全国人才资源的另一个主要来源。

(11) 人才培养比例。是指在高校毕业生中具有创新意识或创新潜力的人才的比例，它反映了我国高等教育的质量和高校毕业生的素质，是“国内人才资源”的直接影响因素。

(12) 专利年申请量。专利作为创新人才产出成果的主要指标，被选取为内生变量来衡量创新人才的产出绩效。

(13) 每年国内中文期刊刊登论文数。每年在选定的1000多种国内科技期刊上刊登的论文总数，这些期刊是根据一定的评价指标和专家们的意见来确定的。

(14) 每年国际三系统收录我国科技论文数。指每年国外SCI、ISTP、EI三种检索工具收录的我国论文总数。

(15) 大中型工业企业销售收入。主要反映了创新成果对于经济增长的贡献，具体是指大中型工业企业销售产品和提供劳务等主要经营业务取得的业务总额。

二、模型的假设条件

模型假设条件是模型成立的必要条件，不满足以下假设条件的特殊情况另行处理。

(1) 创新人才开发处于稳定的社会经济环境，不考虑自然灾害、经济危机等不可抗力因素对国家政策和经济体制运行的影响。

(2) 创新人才开发体系是一个连续的运行过程。

(3) 创新人才开发系统动力模型的构建考虑了我国的国情和政策特点，所以仅限于我国内部。

(4) 模型中关于创新人才的数量等相关数据用数据库中的“研发人员”及“研发人员相关数据”借代。由于创新人才的含义包罗广泛，凡是具有创新性的人才都可以被称作创新人才，但是对经济增长具有贡献的创新人才主要是在进行研发工作的研发人员，他们既包括企业研发部门的科研人员，也包括科研机构中进行科研的科学工作者，还包括高等院校内进行学术研究的教师和学生，他们共同的特点是都是通过研发工作产生和获得创新产出进而为经济增长做出贡献，所以从研究创新人才与经济增长之间的关系这一纬度考虑，创新人才与数据库中的研发人员是等同的。

（5）模型中“人才资源”是指有潜质成为创新人才的人才总数，它是相对于创新人才培养率来说的，是创新人才培养率的基数。

（6）模型中“人才培养比例”定义为2000～2008年专业技术人员占高校总毕业人数的比例，预测中设定为常数，表示有一定比例的高校毕业生能成为具有创新潜质的“人才资源”。

（7）模型中“海外人员”全部被认为是进行研发工作的人才，直接被分配到企业、高校和科研机构的研发部门。据统计，到我国就业的海外人员主要是从事专业技术研究的[134]，所以可以直接将海外人员纳入研发人员，也就是创新人才中来处理。

（8）模型中“专利淘汰率”为每年1/3，“中文期刊知识淘汰率”为每年1/3，“国际期刊知识淘汰率”为每年1/5。知识淘汰周期是指知识更新一次所用的时间，是衡量世界总体发展速度的重要指标，随着社会的发展，知识淘汰周期越来越短。联合国教育、科学及文化组织曾经做过一项研究，结论是：信息通信技术带来了人类知识更新速度的加速。在18世纪时，知识更新周期为80～90年，19世纪到20世纪初，缩短为30年，20世纪60～70年代，一般学科的知识更新周期为5～10年，而到了20世纪80～90年代，许多学科的知识更新周期缩短为5年（即知识淘汰率为每年1/5），而进入21世纪时，许多学科的知识更新周期已缩短至2～3年。所以，模型将以上3项设为常数。

第二节　我国创新人才开发系统概念框架

对于创新人才开发系统建模的分析应该首先建立一个要素功能明确、逻辑关系严谨的理论框架。通过对创新人才开发相关文献的整理、分析，对我国创新人才开发实际存在的问题进行总结、解剖，本书以创新人才开发体系运行作为实践本体，分析创新人才开发体系的运行机理，提炼出反映创新人才开发体系运行关系的“创新人才开发环境”（体制、政策等）、“创新人才开发载体”（经费、人员、机构等）和“创新人才开发产出”（论文、专利、新产品等）三个功能子块。在建立创新人才开发理论框架之前，首先需要明确各个功能子块的创新主体，我国创新人才开发体系主体包括政府、企业、高校、科研机构四个部分：政府通过对创新人才开发体系的宏观调控来制定创新政策和引导资源的流动方向；企业、高校和科研机构是政府创新政策实施的主要对象，也是创新人才开发的实践操作者和创新产出的创造者，其中创新产出的最主要来源是企业。

一、创新人才开发环境子块

创新人才开发环境子块是创新人才进行创新活动的社会支持系统，主要由政策环境和社会环境两部分组成。政策环境主要是指国家针对创新人才的创新活动制定的政策支持和法律保障，主要包括政府的科技投入、国家金融科技贷款、产学研联系、知识产权保护、创新人才流动等相关政策、法规；社会环境主要是指企业、高校和科研机构针对创新人才开发而进行的资金投入、激励机制、创新资源使用、创新成果转化等方面的举措。创新人才开发环境子块在创新人才开发过程中起到了极其重要的推动作用。一方面，在国家健全法律制度、提倡法制社会的背景下，营造了有利于创新人才进行创新活动的良好氛围；另一方面，创新资源的合理分配能够保证创新人才的产出最大化，最大限度地将创新产出转化为社会经济效益。

二、创新人才开发动力子块

创新人才开发动力子块主要通过政府、企业、高校和科研机构等内部的研发投入和产学研联系等方面描述创新人才开发的内部动力，它是创新人才开发环境子系统研发投入的具体实施和操作者，也是绩效产生的主要动力源泉。创新人才开发动力子块反映了创新人才将研发经费等创新资源转化为创新能力的过程，从数量和质量上体现了创新人才开发进程的发展动态。政府、企业、高校、科研机构等都是孤立的创新主体，创新人才的创新活动能够促使创新资源在各个创新主体之间流动，进而从点状的独立主体形成了网状的体系，也构成了动态的创新资源传递过程，在这个流动的过程中，创新资源的投入转化为创新人才的创新能力，创新能力又进一步转化为创新绩效，带来持续的创新动力。

三、创新人才开发绩效子块

创新人才开发绩效子块将创新人才开发动力子块提供的研发资金总额转化

为创新产出和科技进步的绩效形式，并且把科技创新转化为收入和利润重新投入到创新人才开发经济大环境中去。该子系统主要反映了创新人才开发成果产出水平，主要衡量指标有专利申请量、科技论文发表量、新产品销售收入等，专利申请和论文发表量是创新人才开发环境子块作用于创新人才开发动力子块所形成的创新能力的实体显示，新产品、新技术等的产生和应月是创新人才能力市场价值的具体体现，也是创新人才开发体系运行效果和能力的最终测度标准。所以将这些因素作为创新人才的创新成果的显示性要素，是为了说明创新人才的创新能力不仅体现为科学和技术成果的生产上，还应体现在对科技发展的提升力和对市场价值创造力的贡献上。

四、各功能子块之间的关系

本书将创新人才开发体系划分为环境、动力、产出三个功能子块是为了更清晰地描述创新人才开发的过程和各影响因素之间的关系，并不是说这三个子块是被割裂的、各自独立的三个部分，恰恰相反，这三个子系统之间相互联系、相互影响、相互制约，每个子系统的运行既取决于它自身内部的结构，又取决于它与外部的联系（图 4-2）。

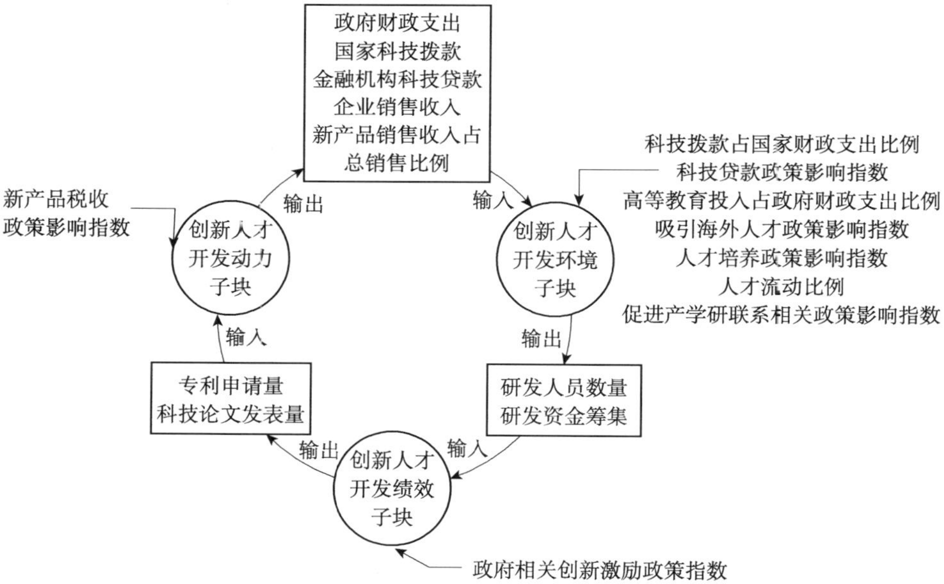

图 4-2　创新人才开发功能子块的结构关系

创新人才开发环境子块为动力子块提供了物质和政策的支撑。一方面创新资源投入到创新人才研发活动过程中，进而直接提高创新人才的产出；创新环境的改善能够提高创新人才的创新效率，间接促成创新产出的提高。创新人才开发动力子块对绩效子块具有直接的影响作用，创新产出需要物质和知识的支撑，动力子块恰恰起到了这个支撑的作用，它将环境子块投入的创新资源积累、转化为绩效子块中知识和技术创新的形式，通过创新人才的人力资本和创新产出表现出来，最后就可以以最直接的量化成果体现出创新人才的创新成果和对经济增长的影响。创新人才开发环境子块不仅将绩效子块产生的创新产出转化为创新主体的效益和经济增长，而且还通过相关政策、法规对创新产出进行保护，创新主体的知识产权得到维护，对促进创新人才进行创新活动产生必要的保障。同时，创新人才开发绩效子块又反作用于动力子块和环境，创新产出的绩效直接影响动力子块中创新人才进行创新活动的积极性和环境子块中创新主体的创新意愿，进而影响创新主体对创新资源的投入和创新政策的制定和实施。

五、我国创新人才开发系统动力学模型框架

通过上文对创新人才开发各功能子块及其关系的描述，我们可以构建出我国创新人才开发系统动力学模型的基本框架，如图 4-3 所示。

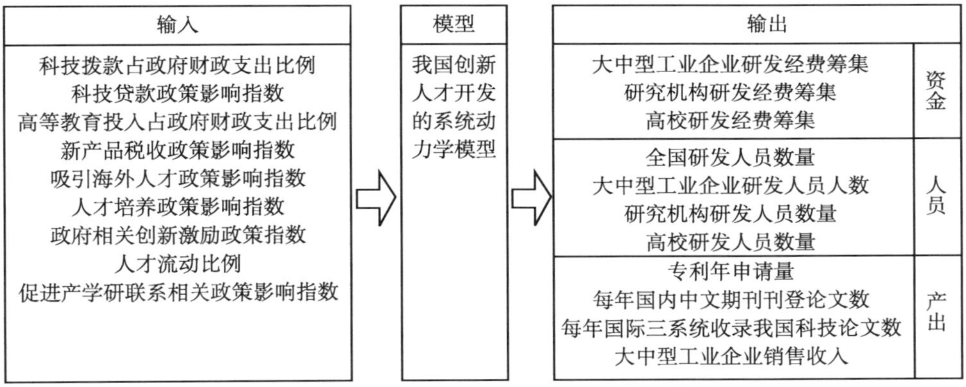

图 4-3　我国创新人才开发系统动力学模型框架

从图 4-3 中我们可以看出，外生变量作为模型的输入通过政策调整来对模型进行控制，模型运行的最终结果也就是模型的输出主要通过我国创新人才的资金、人员和产出三个方面表现。本书应用模型运行的基本过程是通过对每一个输入变量（即外生政策）不同幅度的调整，观测模型的各个输出变量会产生怎样的变化，通过分析输出变量变化的灵敏性和显著性，来甄别哪些输入变量（即外生政策）对于哪些输出变量具有显著的影响关系，为我国创新人才开发有针对性的输出要求提供政策调整的依据。最后我们会将所有输入变量（即外

生政策）同时进行综合政策调整，模拟我国创新人才开发的实际情况，最终得出综合政策调整下输出变量所受的影响和变化。对于上述过程的具体政策模拟将在第五章详细介绍。

第三节　创新人才开发系统动力学模型

一、模型的因果关系图

根据以上对创新人才开发各功能子块的因素和关系的讨论，建立了创新人才开发体系运行的一般因果关系图。通过因果关系图我们可以更清楚地描述系统中各个因素的影响关系及各个反馈回路的构成和作用机理。创新人才开发环境子块、动力子块和绩效子块的因果关系如图 4-4～图 4-6 所示，其中箭头上的“＋”，表示回路为正反馈回路，它的特点是能够产生自身运动的加强过程，在此过程中运动或动作引起的后果将回授，使原来的趋势得到加强；箭头上的“－”表示回路为负反馈回路，其特点是能自动寻求给定的目标，未到达目标时将不断做出响应。[135,136]

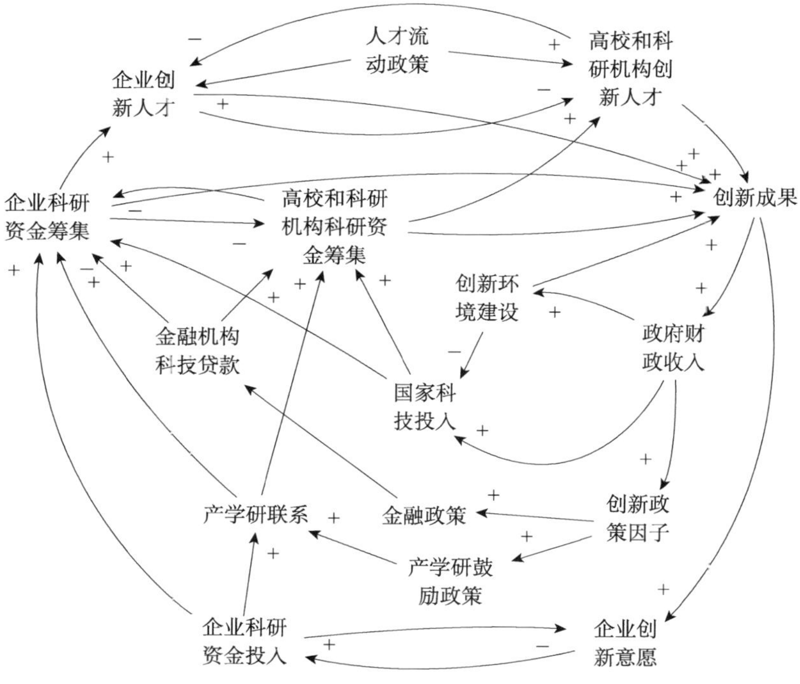

图 4-4　创新人才开发环境子块

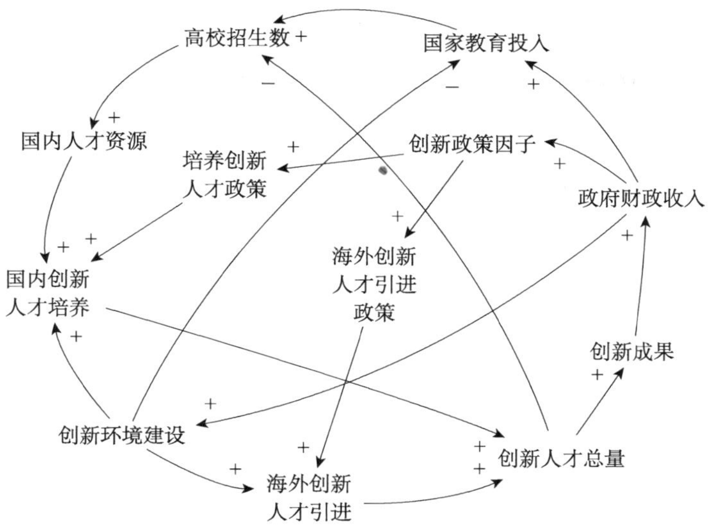

图 4-5 创新人才开发动力子块

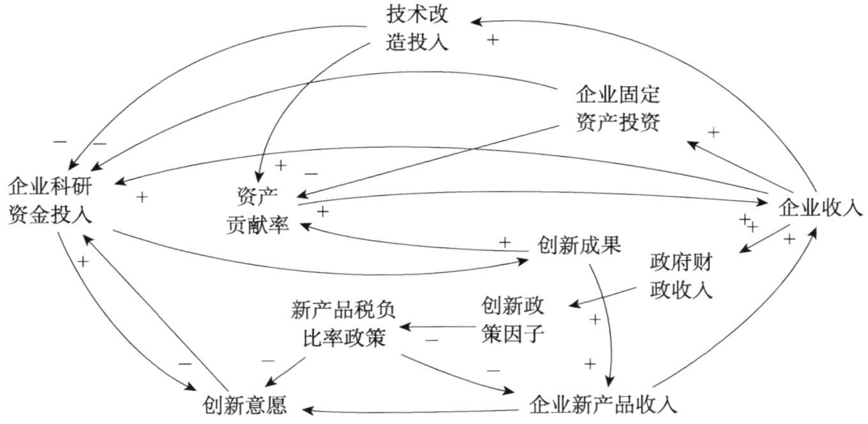

图 4-6 创新人才开发绩效子块

我们将创新人才开发环境子块因果关系图、创新人才开发动力子块因果关系图和创新人才开发绩效子块因果关系图按照图 4-2 所示的接口进行整合，即创新人才开发环境子块通过研发人员数量和研发资金筹集与创新人才开发绩效子块链接；创新人才开发绩效子块通过专利申请量和科技论文发表量与创新人才开发动力子块链接；创新人才开发动力子块通过政府财政支出、国家科技拨款、金融机构科技贷款、企业销售收入、新产品销售收入占总销售比例等因素与创新人才开发环境子块相链接。于是，我们可以得到体系完整的我国创新人才开发系统动力学模型的因果关系图，如图 4-7 所示。

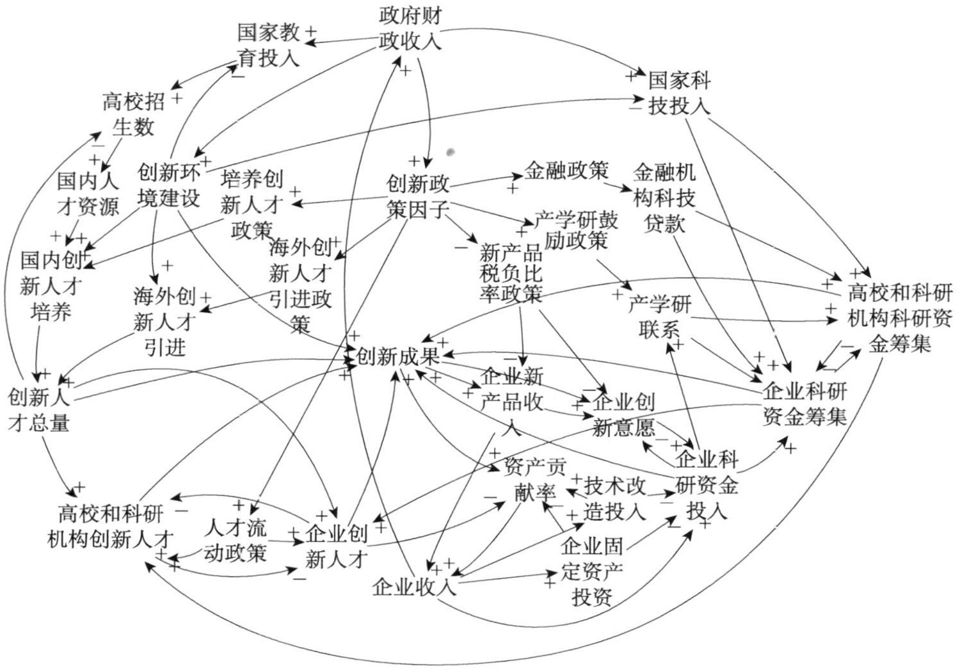

图 4-7 我国创新人才开发系统动力学模型的因果关系图

二、模型的系统动力学流图

1. 因果关系图

创新人才开发系统动力学模型因果关系图主要描述了反馈结构的基本关系，但是却不能表示不同性质的变量之间的数量关系，于是我们建立了我国创新人才开发系统动力学流图，如图 4-8 所示。

系统动力学流图主要描述了影响反馈系统的动态性能的累积效应。在反馈系统中包含连续的、类似流体流动和积累的过程，为了描述累积作用的连续性和时效性，我们引入状态变量和速率变量，状态变量是系统在过去时间内的累积结果，速率变量描述状态变量变化的快慢，随着时间的推移，速率变量使状态变量的值增加或减少。

2. 状态变量

我国创新人才开发系统动力学流图的状态变量主要有以下几个。

（1）专利申请总量。是每年专利申请数和专利淘汰量的累积，通过专利申请总量来反映我国创新人才的创新产出绩效。由于专利被发明之后并非能直接投入到科技和生活中，往往存在一定的延时，另外，以前申请的专利对后来的

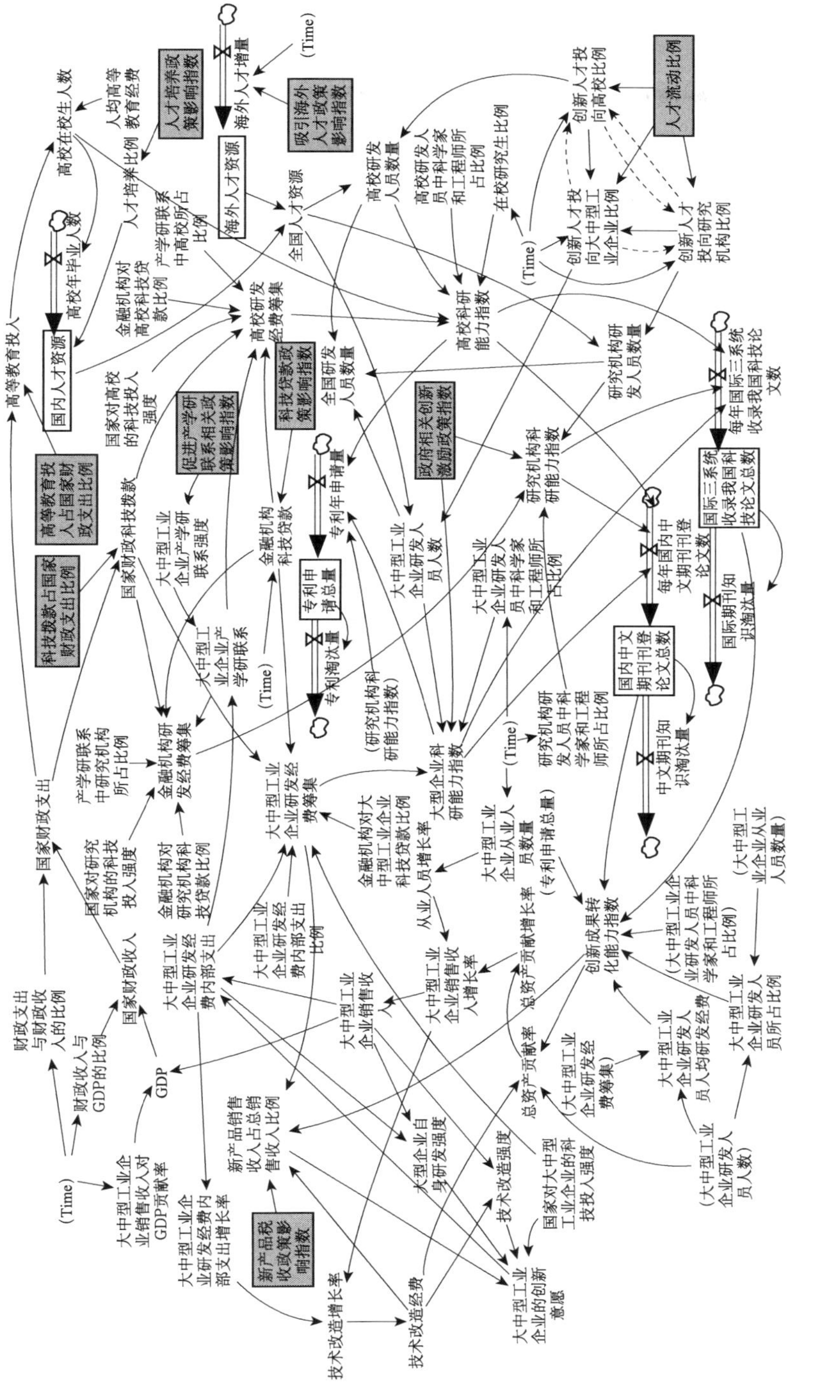

图4-8　我国创新人才开发系统动力学模型流图

专利发明都会造成影响，所以单单利用每年的专利申请数描述创新人才的创新产出是片面的，专利申请总量这一状态变量的设置表现出专利是如何持续影响创新产出和经济进步的。

（2）国内中文期刊刊登论文总数和国际三大检索系统（SCI、EI、ISTP）收录我国科技论文数。是每年我国科技论文数和科技论文淘汰量的累积。与专利申请总量类似，科技论文对创新和经济的影响也具有一定的时效性，所以累积持续时间内的科技论文在国内和国外的发表总数也是反映我国创新人才的创新产出绩效的另一个重要方面。

（3）高校在校生人数。是高校年入学人数和高校年毕业人数的累积。高校在校生人数直接影响了高校的科研能力，也体现了我国教育体制对创新人才开发的影响。

（4）国内培养人才总数。是高校年毕业人数的累积。每年高校毕业生进入社会以后，持续成为我国教育体制下培养出的人才，他们的累积——国内培养人才总数，将直接影响国内培养的研发人员的数量。

（5）海外人才总数。是海外人才每年人数的累积。除了我国教育体制下培养的科研人才以外，海外人才的输入也是我国创新人才很重要的组成部分，他们既带来了国外先进的理论和技术，为我国知识创新和技术创新输入新鲜能量，也为我国创新人才与国外交流提供了良好的平台。

（6）通过以上状态变量的累积过程建立起了系统的连续性的概念。我们可以利用我国创新人才开发系统动力学流图分析与推断反馈结构所综合的动态特性，为下一步建立计算机模拟方程提供了依据。

另外需要说明的是，“人才流动比例”这一外生政策对于创新人才配置进行调整时会产生三种结果，即创新人才从高校和研究机构向企业流动、从企业和高校向研究机构流动、从企业和研究机构向高校流动。这三种情况在图 4-8 中用虚线表示，说明三种情况并非同时存在，每次运行只采用一条虚线连接的路径。

3. 主要变量的含义

图 4-8 所示模型中主要变量的含义如表 4-1 所示，其他变量的含义说明见附录Ⅰ。

表 4-1　系统动力学模型变量含义

变量中文名称	缩写	在模型中的含义
政府相关创新激励政策指数	IEPI	表示政府相关创新激励政策的执行效果，主要对各部门的创新能力有正向促进作用

续表

变量中文名称	缩写	在模型中的含义
吸引海外人才政策影响指数	EPR	表示吸引海外人才相关政策的执行效果，主要对留学回国人员数量有正向促进作用
科技贷款政策影响指数	ILTP	表示科技贷款政策的执行效果，主要对金融机构的科技贷款的总额有正向促进作用
人才培养政策影响指数	EPPT	表示人才培养相关政策的执行效果，主要对高校毕业生中的人才比例有正向促进作用
新产品税收政策影响指数	ITPNP	表示税收政策的执行效果，主要通过对新产品的减税达到刺激新产品研发的目的
促进产学研联系相关政策影响指数	EPEIAR	表示促进产学研联系的相关政策的执行效果，主要对产学研的资金有正向促进作用
大中型工业企业产学研联系	IARLMIE	大中型工业企业用于产学研联系的资金总额
大中型工业企业销售收入	SILMIE	大中型工业企业销售产品和提供劳务等主要经营业务取得的业务总额
大中型工业企业研发经费筹集	RRDFLMIE	大中型工业企业从事科学技术活动所获得的收入，包括企业自身投入、政府拨款、技术及试制产品收入、贷款和其他收入，不包括代管经费和转拨外单位经费
大中型工业企业研发经费内部支出	RDIELMIE	指从自有资金中提取或接受其他企业委托的、科研院所和高校等事业单位接受企业委托获得的，计划用于科研和技术开发的经费。不包括来自政府、金融机构及国外的计划用于科技活动的资金
大中型工业企业研发人员人数	ARDPLMIE	指在大中型工业企业参加研发项目的人员，以及研发项目的管理人员和直接服务人员按全时人员折算的人年数
在校研究生比例	RGSAS	在校研究生数量与研究生加本科生数量之比
高等教育投入	HEI	国家财政对高等教育的支出
高校年毕业人数	AGSN	在报告年度毕业的本科生数与研究生数之和
高校研发经费筹集	RRDFU	高校从事科学技术活动所获得的收入，包括政府拨款、技术，以及试制产品收入、贷款和其他收入，不包括代管经费和转拨外单位经费
高校研发人员数量	ARDPU	指在高校参加研发项目的人员，以及研发项目的管理人员和直接服务人员按全时人员折算的人年数
国家财政科技拨款	GSTA	国家财政科技拨款分为中央财政科技拨款和地方财政科技拨款。中央政府和地方政府通过科学事业费、科技三项费、科研基建费等形式拨出巨额款项支持科技发展
国内人才资源	DTR	国内培养的具有创新潜质的人才总数
国内生产总值	GDP	在报告年度内，我国经济中所生产出的全部最终产品和劳务的价值
海外人才增量	AR	海外留学人员在报告年度的归国数量
海外人才资源	Ret	历年海外留学归国人员总人数
技术改造经费	FTR	指大中型工业企业在报告年度进行技术改造而发生的费用支出

续表

变量中文名称	缩写	在模型中的含义
金融机构科技贷款	LTFI	金融机构的总科技贷款额
全国研发人员数量	TARDPC	全国从事研究与发展课题活动（基础研究、应用研究试验发展）的人员数量
人才培养比例	RTGU	在高校毕业生中具有创新意识或创新潜力的人才的比例
人才流动比例	RFT	在不同部门间流动的人才所占比例
新产品销售收入占总销售收入比例	RSTNPTST	大中型工业企业新产品销售收入占主营业务收入的比例
研究机构研发经费筹集	RRDFRI	研究机构从事科学技术活动所获得的收入，包括政府拨款、技术及试制产品收入、贷款和其他收入，不包括代管经费和转拨外单位经费
研究机构研发人员数量	RDARI	指在研究机构参加研发项目的人员，以及研发项目的管理人员和直接服务人员按全时人员折算的人年数
专利年申请量	APAA	每年专利的申请量
专利申请总量	PAA	具有应用价值的专利总量，等于历年专利申请量总数减去淘汰量总数
每年国内中文期刊刊登论文数	ACSTP	每年在选定的1000多种国内科技期刊上刊登的论文总数，这些期刊是根据一定的评价指标和专家们的意见确定的
国内中文期刊刊登论文总数	TAPPCJ	截至报告年度年初，具有参考价值的中文期刊总量，等于历年中文期刊刊登总数减去淘汰量总数
每年国际三系统收录我国科技论文数	ACSTPISEI	每年国外SCI、ISTP、EI三种检索工具收录的我国论文总数
国际三系统收录我国科技论文总数	TAPPSEI	截至报告年度年初，国外SCI、ISTP、EI三种检索工具收录的我国论文总数，不包括由于知识更新的淘汰量

三、模型主要数学关系式

图4-8所示系统动力学流图模型的主要数学关系式及设计理由描述如下，其他数学关系式见附录Ⅱ。

1. 大中型工业企业研发经费筹集（RRDFLMIE）

主要来源于国家科技拨款（GSTA）、金融机构贷款（LTFI）和自身研发经费内部支出（RDIELMIE），因此大中型工业企业研发经费筹集（RRDFLMIE）可以表示为这三个部分的加权之和，即

$$\text{RRDFLMIE}=a\times\text{GSTA}+b\times\text{LTFI}+c\times\text{RDIELMIE}+d \tag{4-1}$$

式中，a，b，c为加权系数，应该大于0且小于1，d为修正偏差。根据2000～2008年的历史数据，将式（4-1）中四个变量的关系拟合，得出$a=0.3713$，$b=0.6227$，$c=0.7297$和$d=-405.75$。本书将a定义为国家对大中

型工业企业的科技投入强度（RNSTILMIE），将 b 定义为金融机构对大中型工业企业科技贷款比例（RLLMIEFI），c 定义为大中型工业企业研发经费内部支出比例（RRDIELMIE），由此得到：

$$\text{RRDFLMIE}=\text{RNSTILMIE}\times\text{GSTA}+\text{RLLMIEFI}\times\text{LTFI}+\text{RRDIELMIE}\times\text{RDIELMIE}-405.75 \quad (4\text{-}2)$$

2. 高校研发经费筹集（RRDFU）

主要来源于国家科技拨款（GSTA）、金融机构贷款（LTFI）和大中型企业产学研联系（IARLMIE），因此高校研发经费筹集（RRDFU）可以表示为这三个部分的加权之和，即

$$\text{RRDFU}=a\times\text{GSTA}+b\times\text{LTFI}+c\times\text{IARLMIE}+d \quad (4\text{-}3)$$

式中，a，b，c 为加权系数，应该大于 0 且小于 1，d 为修正偏差。根据 2000～2008 年的历史数据，将式（4-3）中四个变量的关系拟合，得出 $a=0.107$，$b=0.2$，$c=0.4323$ 和 $d=42.879$。本书将 a 定义为国家对高校的科技投入强度（RNSTIU），将 b 定义为金融机构对高校的科技贷款比例（RLUFI），c 定义为产学研联系中高校所占比例（FUIAR），由此得到：

$$\text{RRDFU}=\text{RNSTIU}\times\text{GSTA}+\text{RLUFI}\times\text{LTFI}+\text{FUIAR}\times\text{IARLMIE}+42.879 \quad (4\text{-}4)$$

3. 研究机构研发经费筹集（RRDFRI）

主要来源于国家科技拨款（GSTA）、金融机构贷款（LTFI）和大中型企业产学研联系（IARLMIE），因此研究机构研发经费筹集（RRDFU）可以表示为这三个部分的加权之和，即

$$\text{RRDFRI}=a\times\text{GSTA}+b\times\text{LTFI}+c\times\text{IARLMIE}+d \quad (4\text{-}5)$$

式中，a，b，c 为加权系数，应该大于 0 且小于 1，d 为偏差。根据 2000～2008 年的历史数据，将式（4-5）中四个变量的关系拟合，得出 $a=0.2121$，$b=0.0835$，$c=0.5677$ 和 $d=374.09$。本书将 a 定义为国家对研究机构的科技投入强度（RNSTIRI），将 b 定义为金融机构对研究机构的科技贷款比例（RLRIFI），c 定义为产学研联系中研究机构所占比例（FRIIAR），由此得到：

$$\text{RRDFRI}=\text{RNSTIRI}\times\text{GSTA}+\text{RLRIFI}\times\text{LTFI}+\text{FRIIAR}\times\text{IARLMIE}+374.09 \quad (4\text{-}6)$$

4. 大中型工业企业科研能力指数（SRCLMIE）

反映了大中型工业企业的科研能力水平，本书利用该变量作为连接大中型企业现有资源与创新产出的中间变量。SRCLMIE 受到大中型企业研发经费筹集（RRDFLMIE）和研发人员的数量（ARDPLMIE）的正向促进作用，而且

应该满足研发经费筹集（RRDFLMIE）增加一倍时，SRCLMIE 会随之增加但是增幅小于一倍；与研发人员数量的关系同理。研发人员中科学家和工程师（RSERDPLMIE）应具有带头及指导作用，促使研发人员能力提高，效果上相当于研发人员数量的增加。另外，企业科研能力指数还受到政府相关创新激励政策指数（IEPI）的正向影响，因此本书设计 SRCLMIE 的数学关系式为：

$$\mathrm{SRCLMIE}=\sqrt{\mathrm{RRDFLMIE}\times\mathrm{ARDPLMIE}^{1+\mathrm{RSERDPLMIE}}}\times\mathrm{IEPI} \quad (4\text{-}7)$$

5. 研究机构科研能力指数（SRCRI）

与大中型工业企业科研能力指数（SRCLMIE）同理，即

$$\mathrm{SRCRI}=\sqrt{\mathrm{RRDFRI}\times\mathrm{RDARI}^{1+\mathrm{RSERDPRI}}}\times\mathrm{IEPI} \quad (4\text{-}8)$$

6. 高校科研能力指数（SRCU）

与式（4-7）、式（4-8）不同之处在于，除高校研发人员外，在校研究生也是从事研发工作的一个重要群体，因此公式中需要考虑在校研究生数量，即高校在校生人数（USN）×在校研究生比例（RGSAS），由此得到公式如下

$$\mathrm{SRCU}=\sqrt{\mathrm{RRDFU}\times(\mathrm{USN}\times\mathrm{RGSAS}+\mathrm{ARDPU}^{1+\mathrm{ASE}})}\times\mathrm{IEPI} \quad (4\text{-}9)$$

7. 专利年申请量（APAA）

主要来源于企业、研究机构和高校这三个创新主体，通过创新主体的科研能力指数（SRCLMIE、SRCRI、SRCU）将研发资金和研发人员等相关资源转化为创新产出。因此，APAA 可以定义为 SRCLMIE、SRCRI、SRCU 的加权之和，即

$$\mathrm{APAA}=a\times\mathrm{SRCLMIE}+b\times\mathrm{SRCRI}+c\times\mathrm{SRCU}+d \quad (4\text{-}10)$$

式中，a，b，c 可以视为三个科研能力指数的影响系数。本书利用 2000～2008 年的专利年申请量的历史数据与三个创新主体的科研能力指数（SRCLMIE、SRCRI、SRCU）进行拟合，得到 $a=120.2$，$b=109.1$，$c=82.2$，$d=33\,443$。通过影响系数可以发现大中型工业企业（SRCLMIE）对专利年申请量（APAA）的影响最大，与实际情况相符。最终公式为

$$\mathrm{APAA}=120.2\times\mathrm{SRCLMIE}+109.1\times\mathrm{SRCRI}+82.2\times\mathrm{SRCU}+33\,443 \quad (4\text{-}11)$$

8. 每年国内中文期刊刊登论文数（ACSTP）

与专利年申请量（APAA）同理。由式（4-12）可以看出，高校（SRCU）对每年国内中文期刊刊登论文数（ACSTP）的影响最大，研究机构（SRCRI）次之，这与实际情况相符。

$$\mathrm{ACSTP}=3.2\times\mathrm{SRCLMIE}+235.2\times\mathrm{SRCRI}+341.7\times\mathrm{SRCU}+55\,182 \quad (4\text{-}12)$$

9. 每年国际三系统收录我国科技论文数（ACSTPISEI）

与专利年申请量（APAA）同理。由式（4-13）可以看出高校（SRCU）对每年国内中文期刊刊登论文数（ACSTP）的影响最大，研究机构（SRCRI）次之，这与实际情况相符。

$$\text{ACSTPISEI}=1.8\times \text{SRCLMIE}+139.5\times \text{SRCRI}+198.1\times \text{SRCU}-30\,132 \tag{4-13}$$

10. 创新成果转化指数（ICI）

反映了大中型工业企业研发人员利用已有的创新产出成果开发新产品的能力，创新产出成果主要包括专利和科技论文总数（PAA、TAPPSEI 和 TAPPCJ），研发人员人均研发经费（RFPCRDPLMIE）对创新成果转化指数（ICI）具有正向促进作用，但并不是同比增长关系，因此公式（4-14）中要乘以 RFPCRDPLMIE 的对数。另外研发人员所占比例（RRDPLMIE）和研发人员中科学家和工程师（RSERDPLMIE）所占比例对 ICI 也具有正向促进作用，因此本书设计 ICI 的公式为

$$\begin{aligned}\text{ICI}=&(\ln(\text{PAA})+\ln(\text{TAPPSEI})+\ln(\text{TAPPCJ}))\\&\times\ln(\text{RFPCRDPLMIE})\times \text{RRDPLMIE}\times \text{RSERDPLMIE}\end{aligned} \tag{4-14}$$

11. 大中型工业企业的创新意愿（IWLMIE）

反映了企业进行创新活动的动力，表现在企业对创新活动投入更大的资金和人员的积极程度上。前一年的新产品销售收入占总销售收入比例（RSTNPTST）的增加会刺激企业投入更多资源进行创新活动。国家对大中型工业企业的科技投入强度的增加，也会正向促进企业的创新意愿。而前一年企业对于创新的资源支出越多，越会减弱企业的创新意愿，即前一年的技术改造强度（TRR）和自身研发强度（SRDRLMIE）对 IWLMIE 起到反向促进作用，最终得到公式

$$\text{IWLMIE}=\ln\frac{\text{DELAY1(RNSTILMIE,1)}\times\text{DELAY1I(RSTNPTST,1,0.157)}}{\text{DELAY1I(TRR,1,0.011)}\times\text{DELAY1I(SRDRLMIE,1,0.019 862)}} \tag{4-15}$$

12. 大中型工业企业研发经费内部支出（RDIELMIE）

是企业将前一年的销售收入的一部分作为当年的创新活动投入经费，主要用于企业内部研发投入和用于购买高校、科研机构创新成果的产学研联系经费。因此 RDIELMIE 受当年创新意愿（IWLMIE）和前一年产品销售收入（SILMIE）的正向影响，另外受前一年 RDIELMIE 的反向促进作用。根据柯布-道格拉斯生产函数[72]设计公式

$$RDIELMIE = a \times IWLMIE^{b} \times DELAY\ (SILMIE)^{c} \times DELAY\ (DRIELMIE)^{d} \tag{4-16}$$

式中，a 为修正系数，根据上述分析，b 和 c 应大于零，d 应小于零。将两边取对数得：

$$\ln(RDIELMIE) = a + b \times \ln(IWLMIE) + c \times \ln[DELAY(SILMIE)] + d \times \ln[DELAY(RDIELMIE)] \tag{4-17}$$

通过 2000～2008 年真实数据线性拟合，得出 $a = -2.8178$，$b = 1.2644$，$c = 0.8126$，$d = -0.0861$，最终得出式（4-18），其中 261 278 为 SILMIE 的初始值，5189.5 为 RDIELMIE 的初始值。

$$\begin{aligned} RDIELMIE = \exp\{ & -2.8178 + 1.2644 \times \ln(IWLMIE) \\ & + 0.8126 \times \ln[DELAY1I(SILMIE, 1, 261278)] \\ & - 0.0861 \times \ln[DELAY1I(RDIELMIE, 1, 5189.5)]\} \end{aligned} \tag{4-18}$$

第四节　创新人才开发系统动力学模型的模拟仿真与模型检验

对于模型的结构和适应性检验，由于构建模型的 Vensim 软件本身就具有方程检验和量纲检验的功能，仿真过程中模型能够顺利通过，就说明已经通过了结构和适应性检验。接下来我们将对模型进行统计检验，主要方法就是将仿真结果与系统过去的历史数据进行比较，通过相对误差的分析来检验模型的可靠性和稳定性。

本模型设定 2000 年为基年。运行时间为 2000～2008 年。将 2000 年的数据作为初始数据，运行过程中各变量之间以本章第三节及附录Ⅱ中的数学关系模型整体运行，整体运行的结果作为各变量在 2001～2008 年各年的数值，将其与实际历史数据进行比较，并对其准确性进行分析。

由于受篇幅限制，本书无法将所有变量的模拟检验过程和结构一一进行描述，所以我们选取创新人才的资金投入、分配格局、绩效产出和对经济增长的影响等几个关键方面的要素进行详细的统计分析，并检验其结果。

一、创新人才开发资金投入相关变量模拟检验

创新人才开发资金投入主要体现在大中型企业、高校和科研机构三个部门的研发经费的筹集情况上，我们将运行模拟 2000～2008 年的大中型企业、高校和科研机构研发经费筹集额的拟合值，将其与实际值进行对比并计算其误差的百分比，以此来作为变量统计检验的依据，如图 4-9～图 4-11 所示。

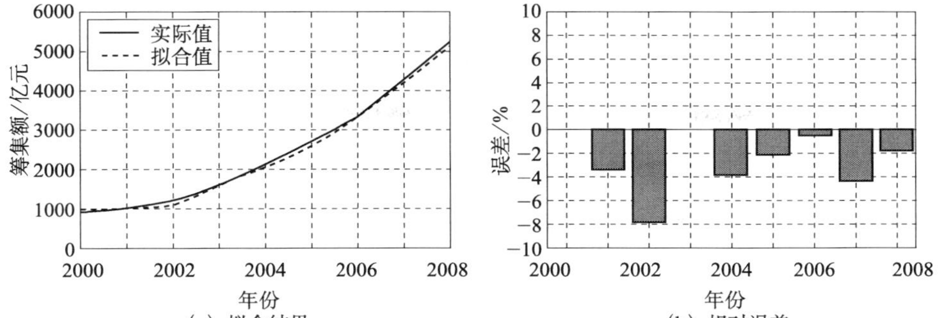

（a）拟合结果　（b）相对误差

图 4-9　大中型工业企业研发经费的拟合结果与相对误差

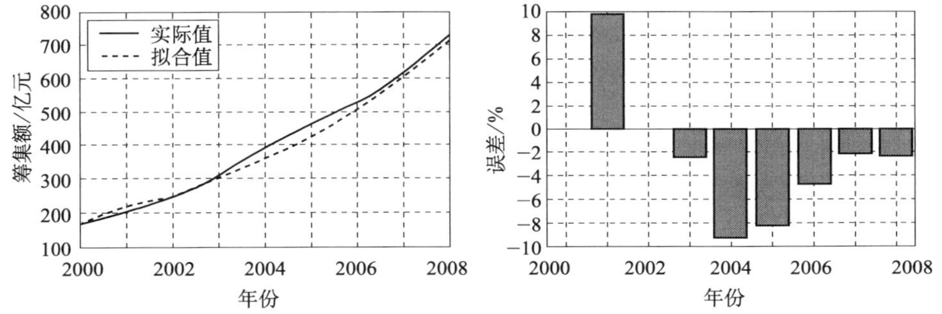

（a）拟合结果　（b）相对误差

图 4-10　高校研发经费的拟合结果与相对误差

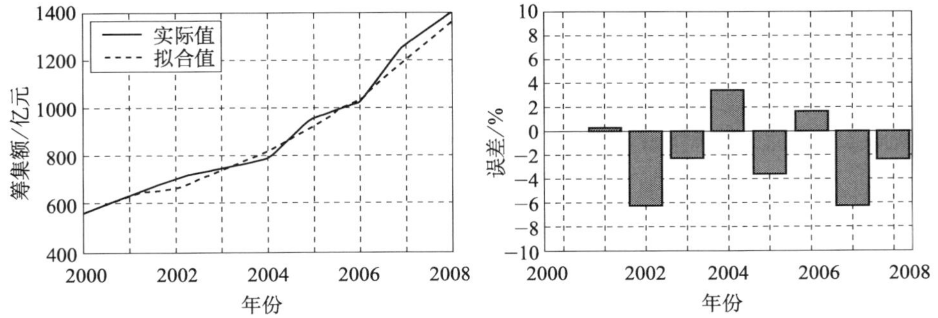

（a）拟合结果　（b）相对误差

图 4-11　研究机构研发经费的拟合结果与相对误差

从图中可以看出，运行模拟 2000～2008 年的大中型企业、高校和科研机构研发经费筹集额的拟合值与实际值曲线基本吻合，误差均在 10％以内。

二、创新人才分配格局相关变量模拟检验

创新人才的分配格局是指在国家政策和市场需求的引导下，创新人才被分

配在大中型企业、高校和科研机构这三个主要部门进行创新活动的一种社会局势。创新人才的分配格局是影响创新人才获得最大创新产出的重要影响因素，本书将运行模拟 2000～2008 年大中型企业、高校和研究机构研发人员数量的拟合值，将其与实际值进行对比并且计算其误差的百分比，如图 4-12～图 4-14 所示。

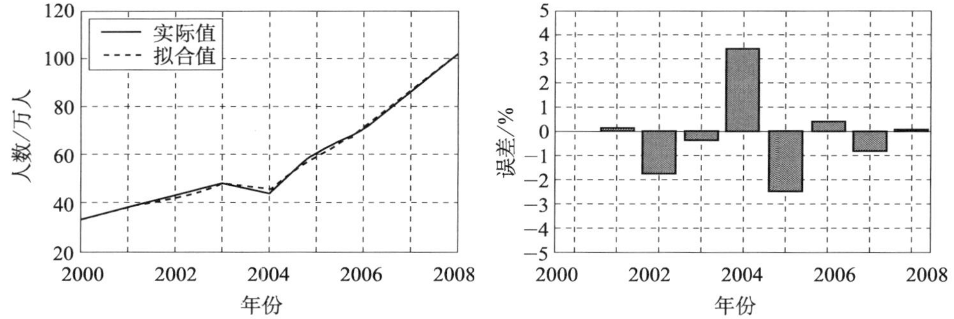

(a) 拟合结果　　(b) 相对误差

图 4-12　大中型工业企业研发人员的拟合结果与相对误差

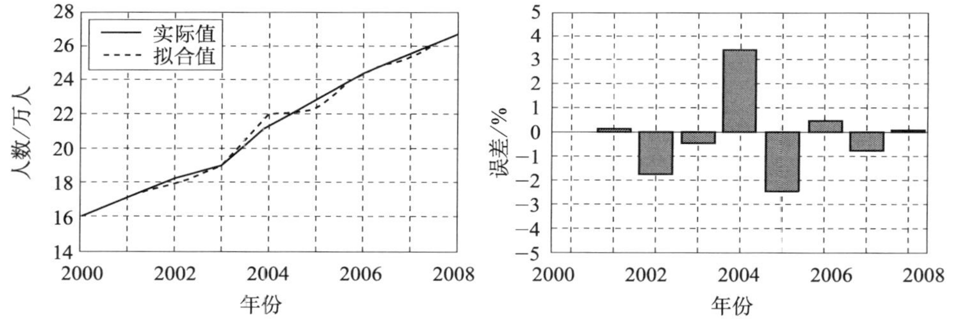

(a) 拟合结果　　(b) 相对误差

图 4-13　高校研发人员的拟合结果与相对误差

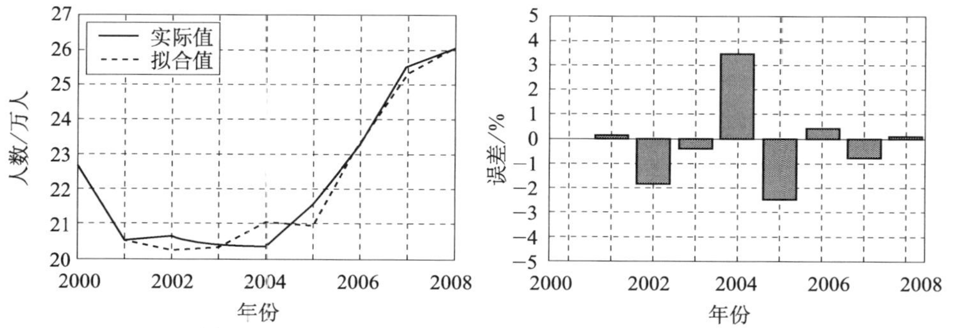

(a) 拟合结果　　(b) 相对误差

图 4-14　研究机构研发人员的拟合结果与相对误差

从图 4-12～图 4-14 中可以看出，运行模拟 2000～2008 年大中型企业、高校和研究机构研发人员数量的拟合值与实际值变化趋势一致、曲线基本吻合，误差均在 5%以内。

三、创新人才绩效产出相关变量模拟检验

创新人才绩效产出主要由专利申请量和论文发表量来衡量，这两个指标是衡量创新人才创新产出的主要指标。本书将运行模拟 2000～2008 年专利年申请量、每年国内中文期刊刊登论文数、每年国际三系统收录我国科技论文数的拟合值，将其与实际值进行对比，并且计算其误差的百分比，如图 4-15～图 4-17 所示。

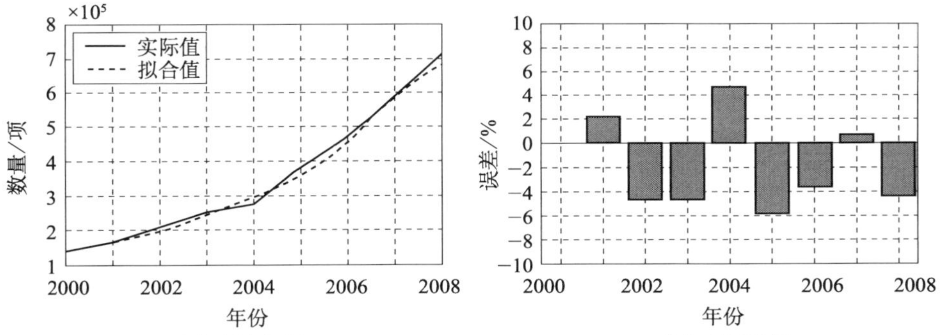

(a) 拟合结果　　(b) 相对误差

图 4-15　专利年申请量的拟合结果与相对误差

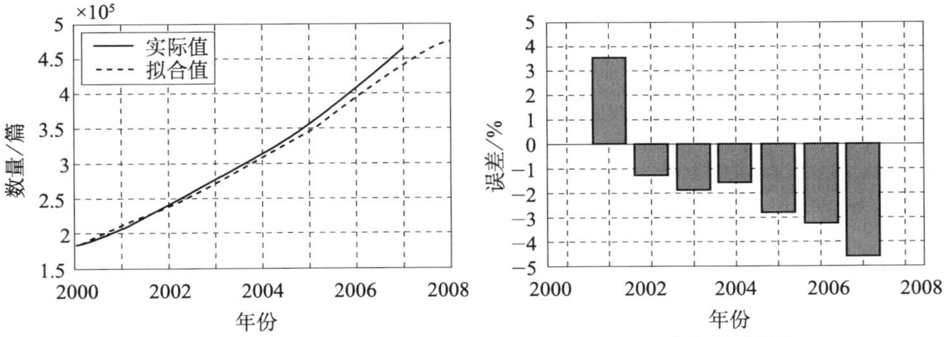

(a) 拟合结果　　(b) 相对误差

图 4-16　每年国内中文期刊刊登论文数的拟合结果与相对误差

从图 4-15～图 4-17 中可以看出，运行模拟 2000～2008 年专利年申请量、每年国内中文期刊刊登论文数、每年国际三系统收录我国科技论文数的拟合值与实际值变化趋势一致、曲线基本吻合，误差均在 10%以内。需要说明的是，

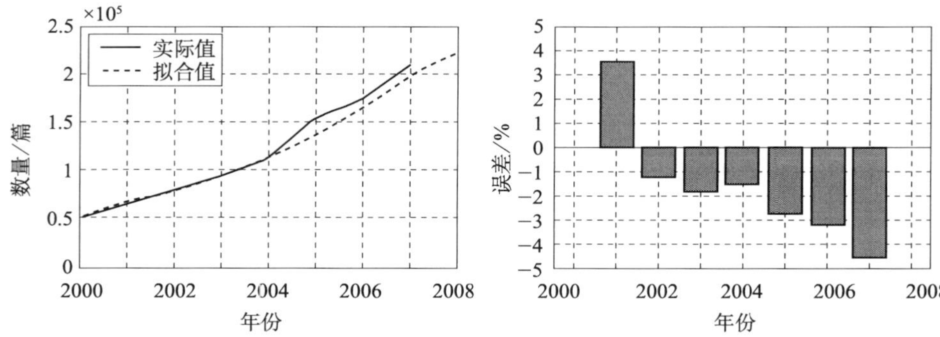

(a) 拟合结果 (b) 相对误差

图 4-17 每年国际三系统收录我国科技论文数的拟合结果与相对误差

由于 2008 年的每年国内中文期刊刊登论文数、每年国际三系统收录我国科技论文数的统计数据尚未公布，所以模拟结果只能取 2000～2007 年的数据进行观察，但是不影响最终的检验结果。

四、创新人才对经济增长影响模拟检验

创新人才进行创新活动的终极目标就是促进经济增长，具体体现在大中型工业企业销售收入和新产品销售收入占总销售收入的比例两个方面。大中型工业企业销售收入是影响我国 GDP 的主要因素，所以它的变化从某种意义上能够反映经济增长的变化情况；新产品销售收入占总销售收入的比例主要体现在大中型工业企业销售收入中由创新人才进行的创新活动而带来的那部分经济效益，研究它能清晰地看出创新人才对经济增长的影响程度。本书将运行模拟 2000～2008 年大中型工业企业销售收入和新产品销售收入占总销售收入比例的拟合值，将其与实际值进行对比，并且计算其误差的百分比，如图 4-18 和图 4-19 所示。

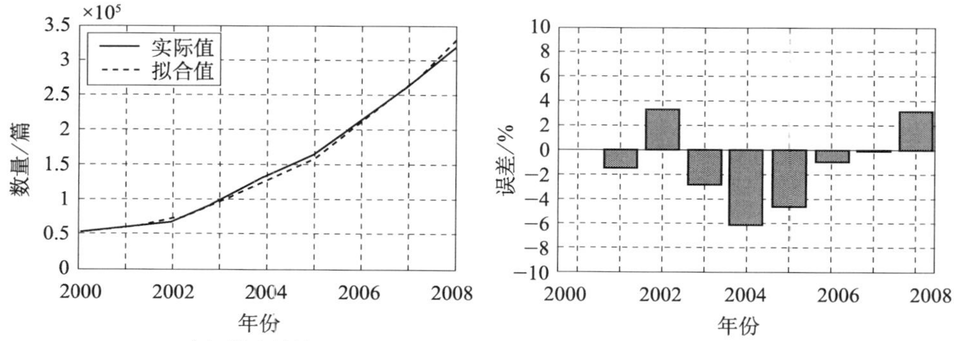

(a) 拟合结果 (b) 相对误差

图 4-18 大中型工业企业销售的收入拟合结果与相对误差

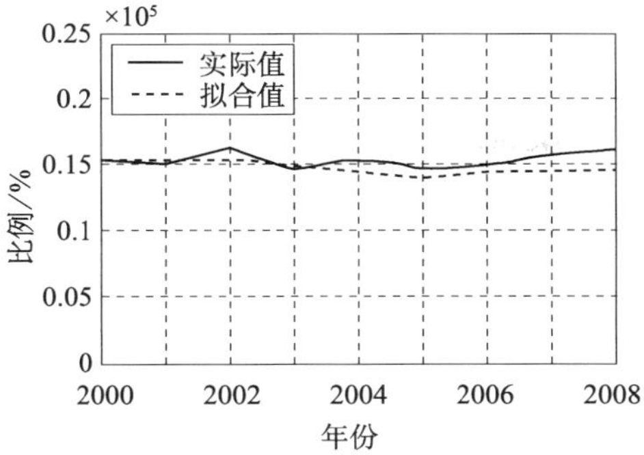

(a) 拟合结果

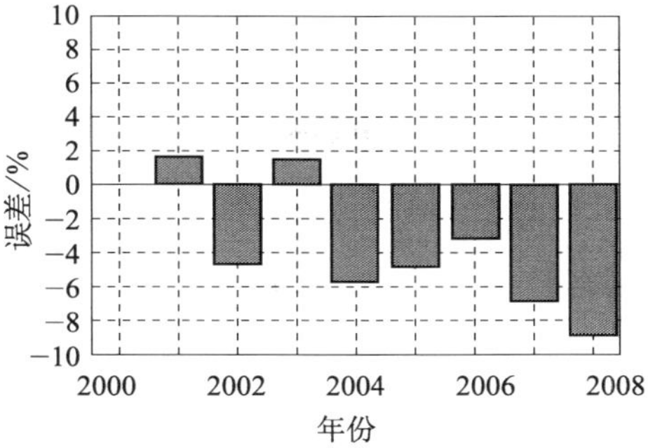

(b) 相对误差

图 4-19　新产品销售收入占总销售收入比例的拟合结果与相对误差

从图 4-18、图 4-19 中可以看出，运行模拟 2000～2008 年大中型工业企业销售收入和新产品销售收入占总销售收入比例的拟合值与实际值变化趋势一致、曲线基本吻合，误差均在 10％以内。

五、模型模拟检验的结论

通过对模型进行模拟运行得到的 2000～2008 年数据与实际数值比较可以看出，模型运行的结果是接近实际数值的，绝大部分误差在 5％以内。

根据系统动力学的观点，任何模型的运行行为和输出的仿真数据都不可能完全等同于实际的结构和行为[135]，只要能够真实地反映系统的变化趋势并且能在合理范围内回答所要研究的问题，就可以说明模型结构的正确性和信度的有效性。

本模型建模的目的是要反映创新人才开发的研发投入、创新产出与经济增长之间的一种内在联系，并力求以量化的结果准确地反映这种联系，而且从仿真模拟的运行结果来看，相对误差是在信度范围之内的。根据系统动力学的方法，通过对我国创新人才开发系统动力学模型的结构、行为适合性和数据统计等方面与实际系统是否一致的检验分析，可以说本模型是可靠和稳定的，比较准确地反映了我国创新人才开发体系的基本结构和运行机制，并且与实际情况是基本吻合的。因此，可以用于对未来一段时间内我国创新人才开发问题进行政策预测模拟，为政府决策提供定性和定量的参考依据。

第五章　我国创新人才开发系统动力学模型政策模拟

我国创新人才开发系统动力学模型的政策模拟以 2007 年数据为基年，数据取自各相关统计年鉴及公报。[6,137]在政策模拟中主要调整的政策有科技拨款占国家财政支出的比例、高等教育投入占国家财政支出的比例、人才培养政策、科技贷款政策、新产品税收政策、吸引海外人才政策、促进产学研联系相关政策、政府相关创新激励政策和人才分配格局政策等，本书将分别调整每个单一政策，观察每一个政策对创新人才开发资金投入（包括企业、高校和研究机构的研发经费筹集额）、创新人才的数量（指全国研发人员总数）、创新人才绩效产出（包括专利年申请量、每年国内期刊刊登论文数、每年国际三系统收录我国科技论文数）和创新人才对经济增长的贡献（指大中型企业销售收入）等因素的影响，并根据调整政策程度的大小纵向比较产生影响的差异程度，从而甄别出哪些政策对与其相应的因素存在灵敏的、显著的因果关系，最终通过合理的政策调节来有效解决我国创新人才开发存在的问题。具体做法：利用构建的创新人才开发系统动力学模型预测 2014～2020 年的各变量发展趋势，然后对政策进行调整，分别观测保持原来发展趋势和在其基础上提高 5％、10％、20％（个别政策调整数值略有差别）后预测结果会产生怎样的变化，通过分析其变化的显著程度来甄别哪些政策的调整对其具有紧密的影响作用。[138]需要说明的是，在实际情况中，国家不太可能对某个政策进行每年提高 20％的调整，这只是一种极限条件下的假设，目的是将影响因素的反映程度尽量放大，以期能够更清晰地掌握其相关性并分析其原因。

第一节　科技拨款占国家财政支出的比例对我国创新人才开发的影响

国家财政科技拨款是用于进行科技活动的专门款项，是企业、高校和研究机构等创新主体部门的主要资金来源之一，国家通过调整“科技拨款占国家财政支出比例”这一政策来控制技术创新的资金数量。通过这一政策也能体现出国家对科技活动的重视程度，对于创新人才开发无论是资金上还是环境上都具有紧密的联系。国家财政科技拨款是支持开展科技活动的投入，也是生产性的投入。根据联合国教育、科学及文化组织的定义，结合我国国情，科技活动的全部内容应包括研究与发展活动、科技成果的转化和应用活动、科技服务活动三大部分。[139]

在政策模拟中，通过调整科技拨款占国家财政支出的比例的大小（保持原来发展趋势和在其基础上提高 5%、10%、20%）来观测创新人才开发资金投入（包括企业、高校和研究机构的研发经费筹集额）、创新人才的数量（指全国研发人员总数）、创新人才绩效产出（包括专利年申请量、每年国内期刊刊登论文数、每年国际三系统收录我国科技论文数）和创新人才对经济增长的贡献（指大中型企业销售收入）等因素变化的灵敏性和显著性，具体模拟结果如图 5-1～图 5-8 所示。其中，图（a）反映了 2008～2020 年被观测因素因政策调整而产生变化的曲线；图（b）描述了被观测因素的同期比较增长率，反映政策调整幅度对每年数据的影响。

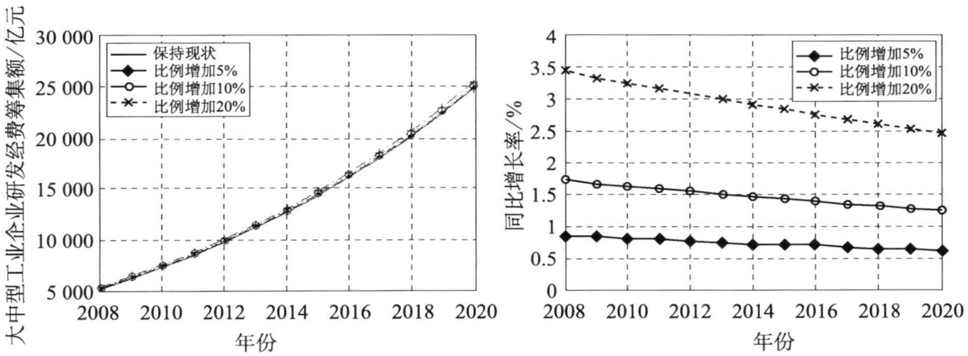

(a) 变化曲线　　(b) 同期比较增长率

图 5-1　科技拨款占国家财政支出的比例对大中型企业研发经费筹集额的影响

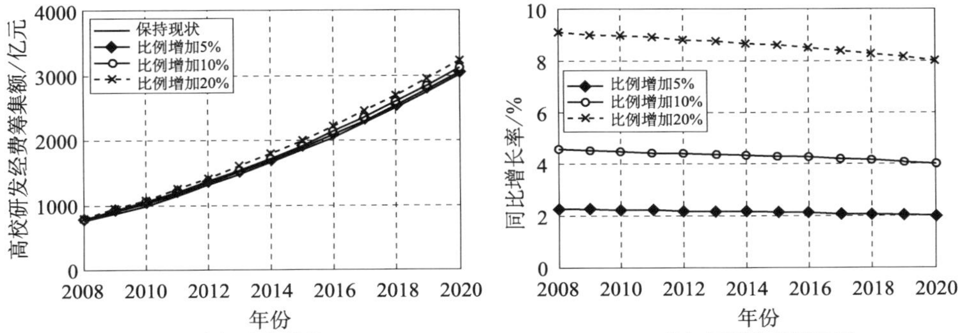

(a) 变化曲线　　(b) 同期比较增长率

图 5-2　科技拨款占国家财政支出的比例对高校研发经费筹集额的影响

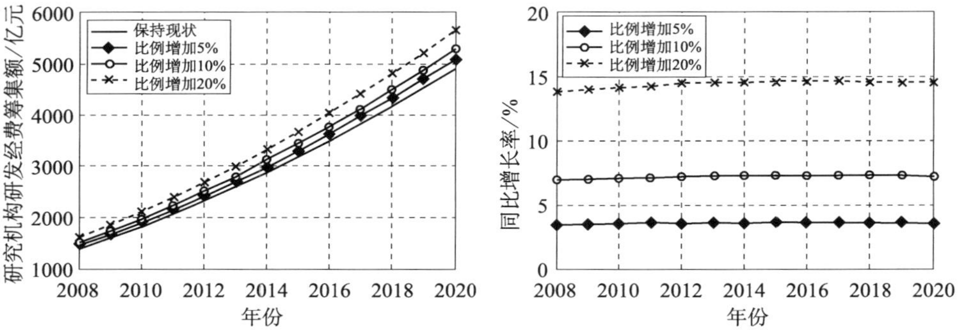

(a) 变化曲线　　(b) 同期比较增长率

图 5-3　科技拨款占国家财政支出的比例对研究机构研发经费筹集额的影响

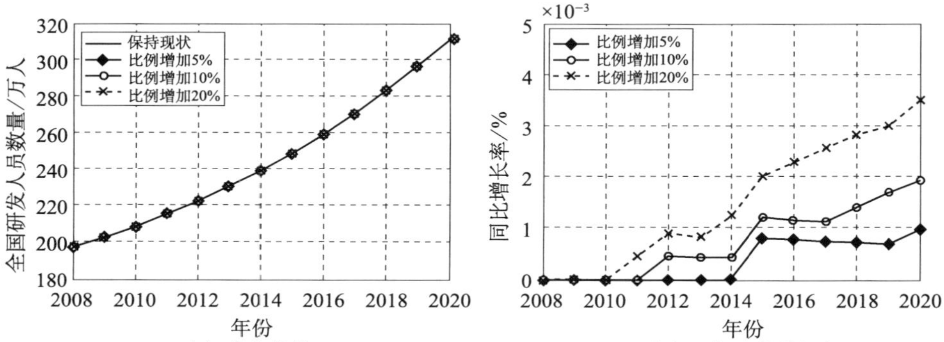

(a) 变化曲线　　(b) 同期比较增长率

图 5-4　科技拨款占国家财政支出的比例对全国研发人员数量的影响

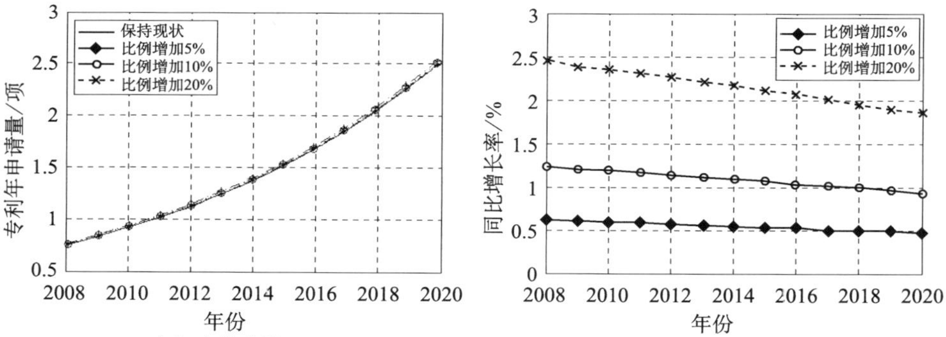

(a) 变化曲线　　(b) 同期比较增长率

图 5-5　科技拨款占国家财政支出的比例对专利年申请量的影响

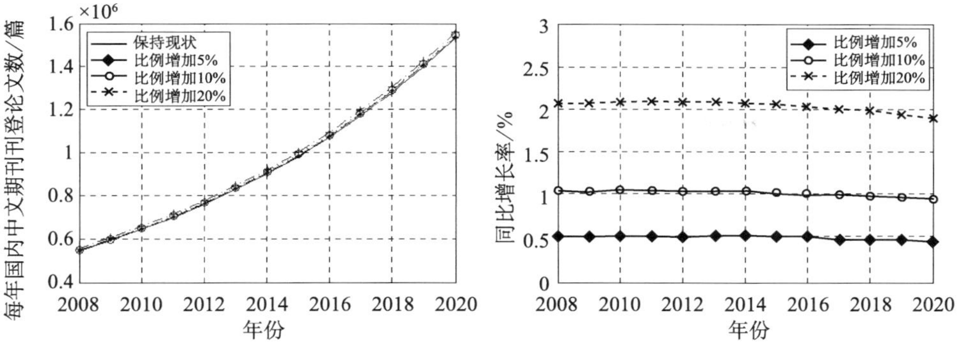

(a) 变化曲线　　(b) 同期比较增长率

图 5-6 科技拨款占国家财政支出的比例对国内期刊刊登论文数的影响

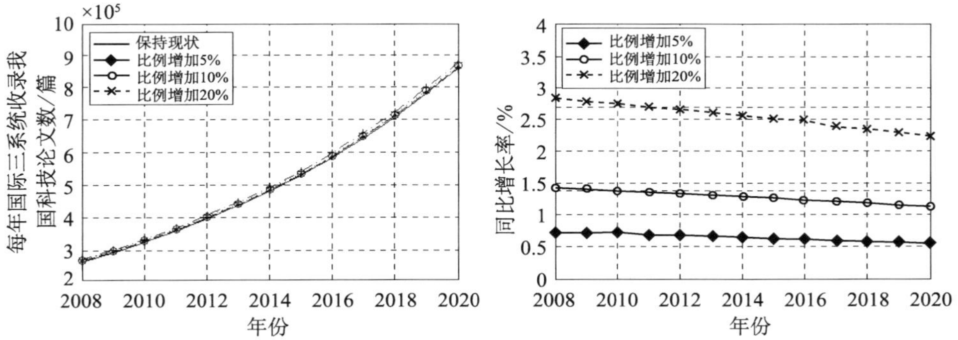

(a) 变化曲线　　(b) 同期比较增长率

图 5-7 科技拨款占国家财政支出的比例对国际三系统收录我国科技论文数的影响

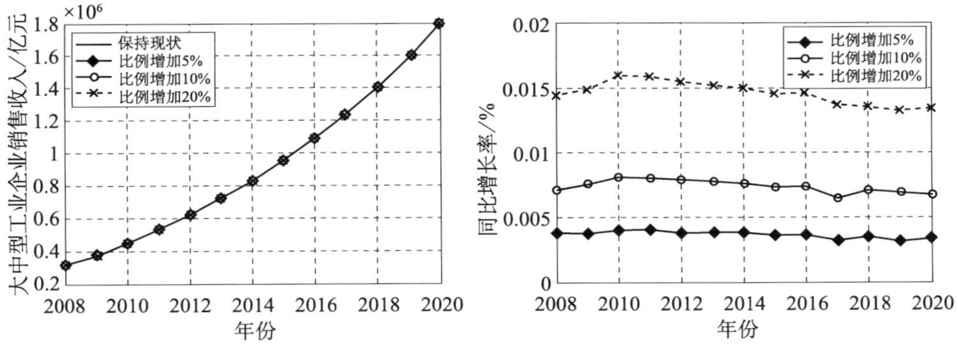

(a) 变化曲线　　(b) 同期比较增长率

图 5-8 科技拨款占国家财政支出的比例对大中型工业企业销售收入的影响

从科技拨款占国家财政支出的比例对创新人才开发资金投入影响的模拟结果来看（图 5-1～图 5-3），科技拨款占国家财政支出的比例的变化对大中型企业、高校和研究机构的研发经费筹集额均具有正向促进作用。但随着时间的推移，科技拨款的正向促进作用略微呈衰减态势，且趋于平缓，但是以不同幅度调整科技拨款占国家财政支出的比例所引起的变化幅度差异还是明显的，所以可以说明研发经费筹集对科技拨款具有较直接的反映，增加科技拨款可以有效地促进研发经费的筹集。

这一变化产生的原因主要有以下几点：首先，作为研发经费的主要来源之一，国家科技拨款对创新主体部门的研发经费筹集有很重要的作用，所以科技拨款增加就会使大中型企业、高校和研究机构的研发筹集经费随之提高；其次，科技拨款占国家财政支出的比例增加不仅说明了科技拨款本身的数值的提升，而且这一比例也反映了国家对科技研发的重视和创新在国家政策中的地位，国家从宏观层面上的关注必然会引起企业、高校和研究机构对研发投入的积极投入，其作用的效果就是大中型企业、高校和研究机构的研发筹集经费的大幅提高；再次，随着时间的推移，企业、高校和研发部门研发投入的积极性会逐渐衰退，从而导致研发筹集经费增速逐渐减慢，增幅逐渐减缓。[140]

从科技拨款占国家财政支出的比例对全国研发人员数量影响的模拟结果来看（图 5-4），科技拨款占国家财政支出的比例的变化对全国研发人员的数量是正向促进的，但是这种正向促进在政策最初实施的时候并不明显，但是随着时间的推移，这种正向促进作用逐渐显现出来。这说明科技拨款占国家财政支出的比例对全国研发人员数量有正向的促进作用，但是近期的促进作用并不明显，要持续增加科技拨款占国家财政支出的比例，对于全国研发人员数量可以产生长远的影响。

对于这一变化，究其原因是科技拨款可以提高各个创新主体部门的科研经费，这对研发人员的开发和培养具有促进作用，所以全国研发人员数量对研发人员对科技拨款占国家财政支出的比例具有正向影响；但是，研发人员的产生对科技拨款具有一定的延时效应，科技拨款并不能立竿见影地提高研发人员的数量，研发人员的培养是一个长期的、持续的过程，只有长远的增加科技拨款占国家财政支出的比例才有可能对研发人员产生明显的促进作用。

从科技拨款占国家财政支出的比例对创新人才产出影响的模拟结果来看（图 5-5～图 5-7），科技拨款占国家财政支出的比例对每年专利申请量、国内期刊刊登论文数和国际三系统收录我国科技论文数的影响是正向促进的。随着时间的推移，科技拨款的正向促进作用略微呈衰减态势，且趋于平缓。但是以不同幅度（5%、10%和 20%）调整科技拨款占国家财政支出的比例所引起的变化幅度差异还是明显的，所以可以说明研发经费筹集对专利、论文等创新产出具有较直接的影响，增加科技拨款可以有效地促进创新人才的创新产出。

产生这一系列变化的原因有：国家科技拨款占国家财政支出的比例提高会导致企业、高校和研究机构筹集的科研经费增加，这些创新主体部门科研经费的增加会直接提高创新人才的成果产出；随着研发资金筹集的增幅衰减（图 5-1～图 5-3），创新产出也会随之衰减，最终趋于平缓。

从科技拨款占国家财政支出的比例对创新人才对经济增长贡献的影响模拟结果来看（图 5-8），科技拨款占国家财政支出的比例对大中型工业企业销售收入具有正向促进的作用，这种作用在政策调整初期影响较激烈，但随着时间的推移逐渐衰退，最终趋于平缓。但是以不同幅度调整科技拨款占国家财政支出的比例所引起的变化幅度差异还是明显的，所以可以说明研发经费筹集对大中型工业企业销售收入具有较直接的反映，但这种影响关系到 2020 年最大也只有 0.015％。这说明科技拨款占国家财政支出的比例对大中型工业企业销售收入在近期的促进作用并不明显，远期的作用也趋于平缓。但是值得注意的是，其在政策调整初期具有较强烈的影响。

这一现象的产生可能有以下原因：由于专利、论文等的创新产出转化为经济效应有一定的延时，所以政策调整刚刚实施时（2008～2010 年），对企业销售收入的促进作用并不明显，但是在政策调整初期（2010～2012 年），由于大量创新成果被应用于实际产品中，所以会导致企业销售收入的激增，但是随着其他竞争对手对创新核心技术的掌握和市场需求的变化等因素，企业销售收入又逐渐恢复平缓。这就说明企业销售收入的增加是受到许多因素的影响而产生的，增加国家科技拨款只是其中一个影响因素，一味地单独依靠国家提高科技拨款占国家财政支出的比例来获得企业销售收入的增加是不可取的；但是从科技拨款对企业销售收入的正向影响效应可以看出，创新人才和其通过创新活动而获得的产出是影响企业销售收入的重要因素。

综合以上模拟结果，我们可以得出如下结论，“科技拨款占国家财政支出的比例”这一政策的调整，对创新人才开发资金投入（包括企业、高校和研究机构的研发经费筹集额）、创新人才的数量（指全国研发人员总数）、创新人才绩效产出（包括专利年申请量、每年国内期刊刊登论文数、每年国际三系统收录我国科技论文数）和创新人才对经济增长的贡献（指大中型企业销售收入）等因素均具有正向的促进作用，但是作用的显著程度不尽相同。针对提高创新人才开发资金投入（包括企业、高校和研究机构的研发经费筹集额）和创新人才绩效产出（包括专利年申请量、每年国内期刊刊登论文数、每年国际三系统收录我国科技论文数）寻求变革方案时，“科技拨款占国家财政支出的比例”是值得考虑的政策因素；而对于创新人才的数量（指全国研发人员总数），科技拨款占国家财政支出的比例在近期内的影响较不显著，但是对于长远战略的考虑还是具有一定价值的；创新人才对经济增长的贡献（指大中型企业销售收入）对科技拨款占国家财政支出的比例反映较为复杂，对于政策初期的销售收入激增应该引起有关部门的重视，但是也不能忽视其迅速的衰减过程，想要单独依靠国家提高科技拨款占国家财政支出的比例来获得企业销售收入的增加是不可取的。

第二节　高等教育投入占国家财政支出的比例对创新人才开发的影响

教育投入是支撑国家长远发展的基础性、战略性投资，是教育事业的物质基础，是公共财政的重要职能。[141]高等教育投入是国家教育投入中最能体现创新和研发的部分，它是直接关系到我国高校在校生、毕业生和国内人才资源的资金投入，所以研究高等教育投入占国家财政支出的比例对于创新人才开发具有深远的意义。

在政策模拟中，通过调整高等教育投入占国家财政支出的大小（分别是保持2007年水平，每年提高5%、10%和20%）来观测创新人才开发资金投入（包括企业、高校和研究机构的研发经费筹集额）、创新人才的数量（指全国研发人员总数）、创新人才绩效产出（包括专利年申请量、每年国内期刊刊登论文数、每年国际三系统收录我国科技论文数）和创新人才对经济增长的贡献（指大中型企业销售收入）等因素变化的灵敏性和显著性，具体模拟结果如图5-9～图5-16所示。其中，图（a）反映了2008～2020年被观测因素因政策调整而产生变化的曲线；图（b）描述了被观测因素的同期比较增长率，反映了政策调整幅度对每年数据的影响。

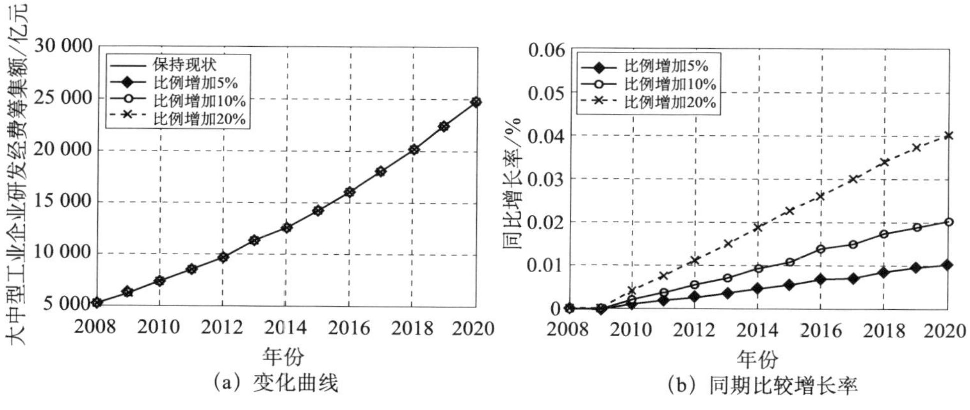

图5-9　高等教育投入占国家财政支出的比例对大中型企业研发经费筹集额的影响

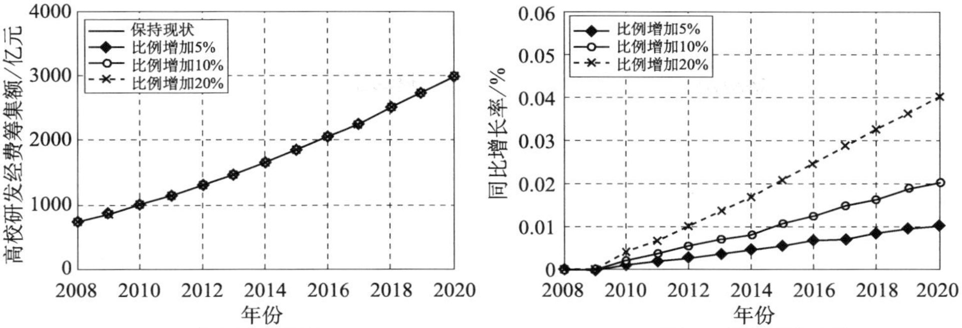

(a) 变化曲线　　(b) 同期比较增长率

图 5-10　高等教育投入占国家财政支出的比例对高校研发经费筹集额的影响

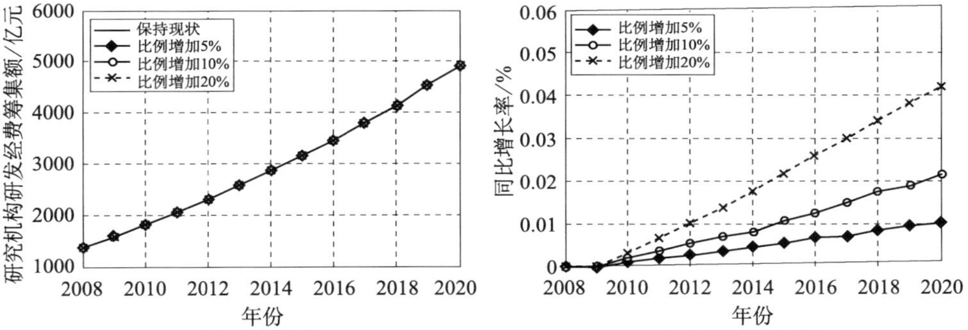

(a) 变化曲线　　(b) 同期比较增长率

图 5-11　高等教育投入占国家财政支出的比例对研究机构研发经费筹集额的影响

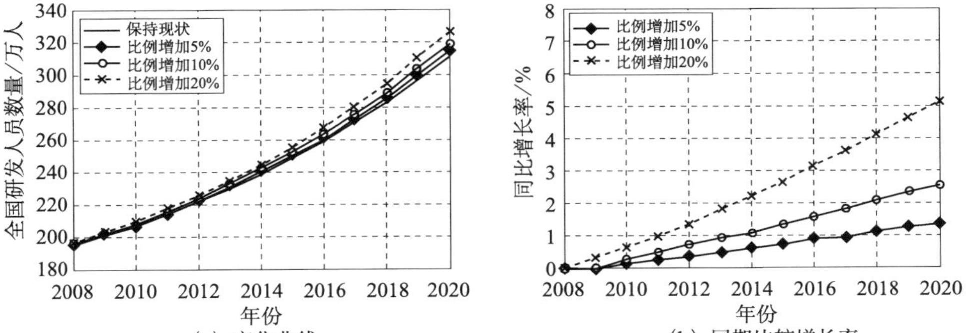

(a) 变化曲线　　(b) 同期比较增长率

图 5-12　高等教育投入占国家财政支出的比例对全国研发人员数量的影响

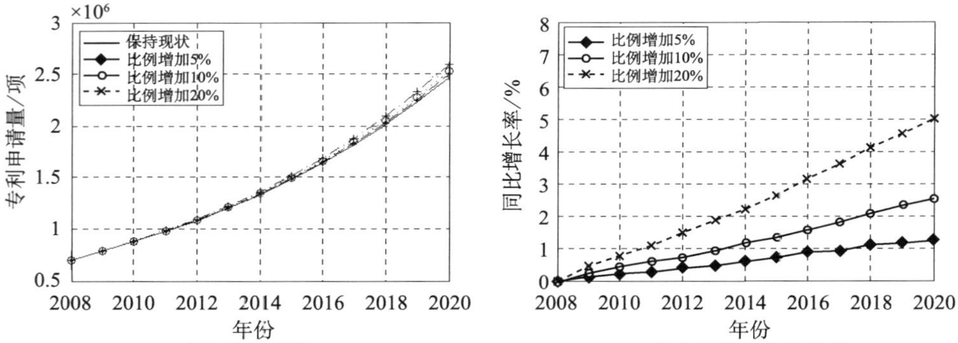

(a) 变化曲线　　(b) 同期比较增长率

图 5-13　高等教育投入占国家财政支出的比例对专利年申请量的影响

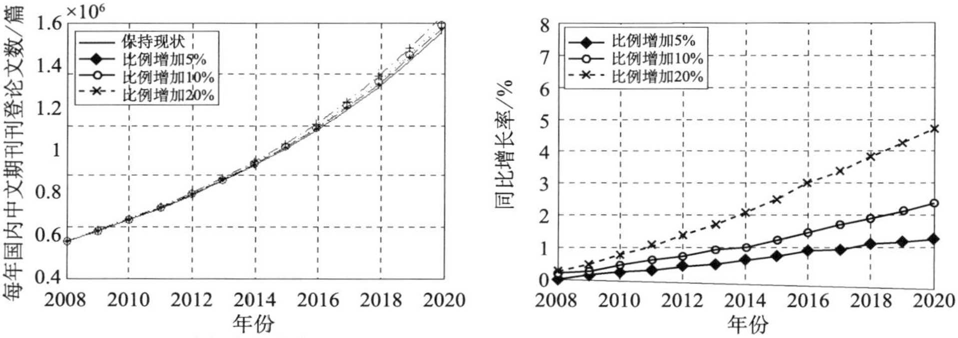

(a) 变化曲线　　(b) 同期比较增长率

图 5-14　高等教育投入占国家财政支出的比例对国内期刊刊登论文数的影响

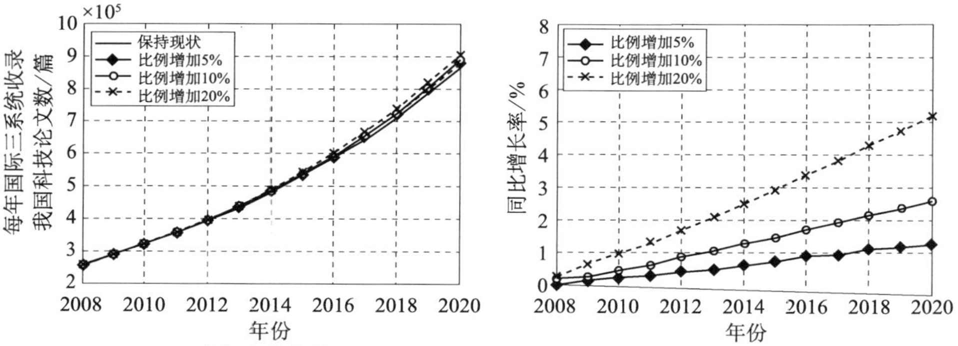

(a) 变化曲线　　(b) 同期比较增长率

图 5-15　高等教育投入占国家财政支出的比例对国际三系统收录我国科技论文数的影响

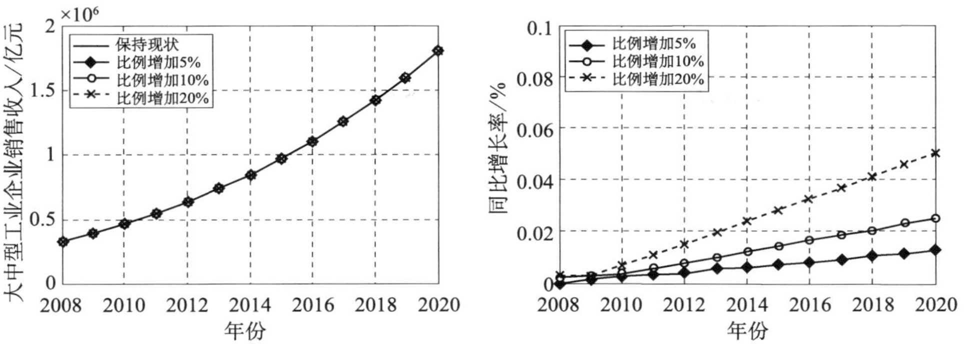

(a) 变化曲线　　(b) 同期比较增长率

图 5-16　高等教育投入占国家财政支出的比例对大中型工业企业销售收入的影响

从高等教育投入占国家财政支出的比例对创新人才开发资金投入影响的模拟结果来看（图 5-9～图 5-11），高等教育投入占国家财政支出的比例对企业、高校和研究机构的研发经费筹集额均呈现正向促进作用，但是这种正向促进作用在政策最初实施的时候并不明显。随着时间的推移，这种正向促进作用逐渐显现出来，但这种影响关系到 2020 年最大也只有 0.04％。这说明高等教育投入占国家财政支出的比例对企业、高校和研究机构的研发经费筹集有正向促进作用，但是近期的促进作用并不明显，只有持续增加高等教育投入占国家财政支出的比例，才能对企业、高校和研究机构的研发经费的筹集产生长远的影响。

这一变化的原因是高等教育投入增加直接影响着我国培养人才数量的提高，从而间接影响我国开发的创新人才的数量，创新人才数量的增加会提高创新主体部门对研发经费的要求，企业、高校和研究机构会想尽一切办法尽可能多的筹集研发资金来满足创新人才的需要，以达到其获得更多创新成果的目的，但是创新主体部门自筹研发经费毕竟是总筹集研发经费的一小部分，所以其影响程度并不明显；另外，高等教育投入作为国家教育投入的一个独立部分，其投入比例的增加必然会导致教育投入其他支出比例的减少，所以单单靠增大高等教育投入而忽视基础教育的作用是一种违背可持续发展的做法。[142] 所以，在期望通过提高高等教育投入比例来增加企业、高校和研究机构的研发经费筹集额时，应该从多方面慎重考虑。

从高等教育投入占国家财政支出的比例对全国研发人员数量影响的模拟结果来看（图 5-12），高等教育投入占国家财政支出的比例对全国研发人员数量的影响是正向促进的，并且这种正向促进作用是递增的。因此我们可以认为，随着时间的推移，高等教育投入占国家财政支出的比例越大，其对全国研发人员数量的累积作用的贡献就越明显。

这种现象的原因可以用高等教育的性质来解释。我国公认的对高等教育性质的表述是：高等教育是在完全中等教育的基础上进行的专业教育，是培养高级专门人才的社会活动。[143]既然高等教育投入与高级专门人才的培养有如此直接的关系，而且高级专门人才是开发研发人员的储备库，那么加大高等教育投入占国家财政支出的比例对我国研发人员数量的增加起促进作用就顺理成章了。但是需要注意的是，在政策调整初期，研发人员的增长态势并不明显，这是因为研发人员培养的过程对于高等教育投入具有一定的延时效应，所以我国要想持续保持研发人员的增长，在国际上拥有人才竞争优势，对高等教育的投入绝对不可以只是一个短期实施的政策，而是需要长期坚持的长远战略。

从高等教育投入占国家财政支出的比例对创新人才产出影响的模拟结果来看（图 5-13～图 5-15），高等教育投入占国家财政支出的比例对每年专利申请量、国内期刊刊登论文数和国际三系统收录我国科技论文数的影响均是正向促进的，并且这种正向促进作用是递增的。因此我们可以认为，随着时间的推移，高等教育投入占国家财政支出的比例越大，其对创新人才产出的累积作用的贡献就越明显。

这种现象的原因产生于高等教育投入对研发人员数量的正向促进影响。研发人员数量增加，产出的创新成果就会随之增加，这是可以解释的。但是值得注意的是，在政策调整初期，创新产出的增长态势并不明显，这是因为研发人员培养的过程对于高等教育投入具有一定的延时效应，随之而来的是创新产出对高等教育投入也存在延时效应，所以我国要想持续保持每年专利申请量、国内期刊刊登论文数和国际三系统收录我国科技论文数的增长，对于高等教育的投入绝对不可以只是一个短期实施的政策，而是需要长期坚持的长远战略。

从高等教育投入占国家财政支出的比例对创新人才、对经济增长贡献的影响模拟结果来看（图 5-16），高等教育投入占国家财政支出的比例对大中型工业企业销售收入呈现正向促进作用，虽然这种正向促进作用在政策最初实施的时候并不明显，但是随着时间的推移，这种正向促进作用逐渐显现出来，但这种影响关系到 2020 年最大时也只有 0.05%。这说明高等教育投入占国家财政支出的比例对大中型工业企业销售收入有正向的促进作用，但是短期的促进作用并不明显，只有持续增加高等教育投入占国家财政支出的比例，才能对大中型工业企业销售收入产生长远影响。

这一变化的原因可以做如下说明：高等教育投入对创新产出具有正向促进

作用，企业中创新人才的创新产出（包括专利和科技论文等）对企业销售收入具有正向促进作用，所以高等教育投入对企业销售收入的正向促进作用就可以解释了；但是在创新产出由于政策的调整增幅很大时，企业的销售收入增幅却不明显，这是因为企业的销售收入是受很多因素影响的，虽然高等教育投入的调整能够提高创新成果的产出，但是从创新成果转化为销售收入还有很长一段时间的延迟，并不能在短期内显现效益，但是由二者的正向促进关系可以相信高等教育投入政策的调整对企业长期发展和远期利润有客观的价值。

综合以上模拟结果我们可以得出如下结论："高等教育投入占国家财政支出的比例"这一政策的调整，对创新人才开发资金投入（包括企业、高校和研究机构的研发经费筹集额）、创新人才的数量（指全国研发人员总数）、创新人才绩效产出（包括专利年申请量、每年国内期刊刊登论文数、每年国际三系统收录我国科技论文数）和创新人才对经济增长的贡献（指大中型企业销售收入）等因素均具有正向的促进作用，但是作用的显著程度不相同。针对提高创新人才的数量（指全国研发人员总数）和创新人才绩效产出（包括专利年申请量、每年国内期刊刊登论文数、每年国际三系统收录我国科技论文数）寻求变革方案时，"高等教育投入占国家财政支出的比例"是值得考虑的政策因素；而对于创新人才开发资金投入（包括企业、高校和研究机构的研发经费筹集额）和创新人才对经济增长的贡献（指大中型企业销售收入），高等教育投入占国家财政支出的比例在短期内的影响较不显著，但是对于长远战略的考虑还是具有一定价值的。

第三节　人才培养政策对我国创新人才开发的影响

人才培养政策是指国家通过人才教育体制、培训机制等相关政策措施提高我国高校毕业生的素质，使高校毕业生能够更大比例地成为"人才资源"，即提高了"人才培养比例"，使"国内人才资源"增加，从而提高具有创新能力或潜力的人才资源的数量，最终实现通过增大创新人才培养的基数来实现提高创新人才数量的目的。但是，人才培养的相关政策在量化上存在一定的难度，本书通过人才培养政策实施的结果来表现政策实施的成效，即通过培养的"国内人才资源"的数量比原预测的数量增加20%、40%和60%来体现人才培养政策的强化。另外需要说明的是，人才培养政策的预测过程中，政策调整的比例（增加20%、40%、60%）比其他政策的调整比例（5%、10%、20%）相对幅度要大一些。首先，这是由我国目前高校毕业生创新能力低、"人才培养比例”不乐观的现状所决定的，只有大力调整人才培养的相关政策，解决这一创新人才开发的瓶颈问题，才能使我国创新人才的培养有良好的发展前景；其次，对于类似科技拨款和教育投入等国家经济政策的相关调整，因为要考虑到全国各方面经济的均衡态势，避免因过度的政治调整而造成经济格局的较大动荡，所以其调整幅度受到一定限制。由于政策所涉及的范畴不同，其调整的幅度略有差异，以下类似情况不再做详细赘述。

在政策模拟中，通过调整人才培养政策（保持原来发展趋势和在其基础上提高 20%、40%、60%）来观测创新人才开发资金投入（包括企业、高校和研究机构的研发经费筹集额）、创新人才的数量（指全国研发人员总数）、创新人才绩效产出（包括专利年申请量、每年国内期刊刊登论文数、每年国际三系统收录我国科技论文数）和创新人才对经济增长的贡献（指大中型企业销售收入）等因素变化的灵敏性和显著性，具体模拟结果如图 5-17～图 5-24 所示。

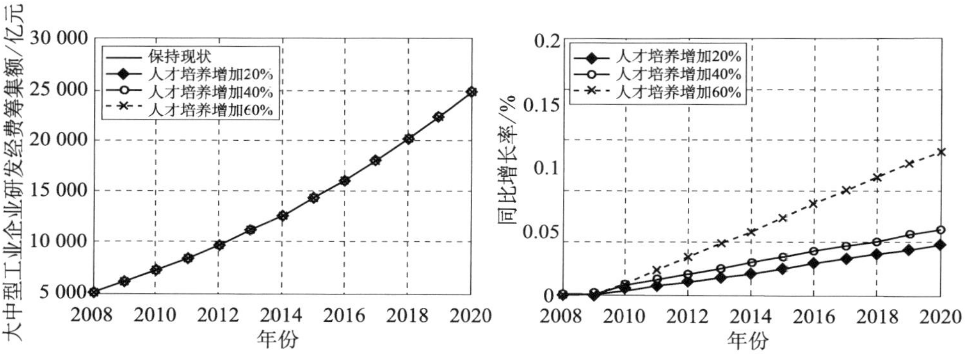

(a) 变化曲线　　(b) 同期比较增长率

图 5-17　人才培养政策对大中型企业研发经费筹集额的影响

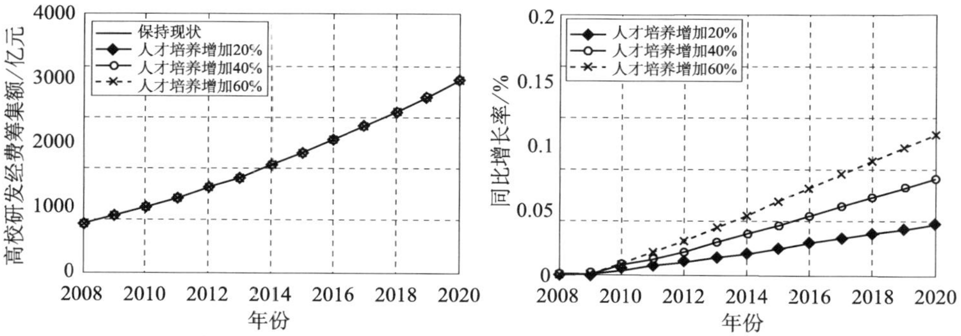

(a) 变化曲线　　(b) 同期比较增长率

图 5-18　人才培养政策对高校研发经费筹集额的影响

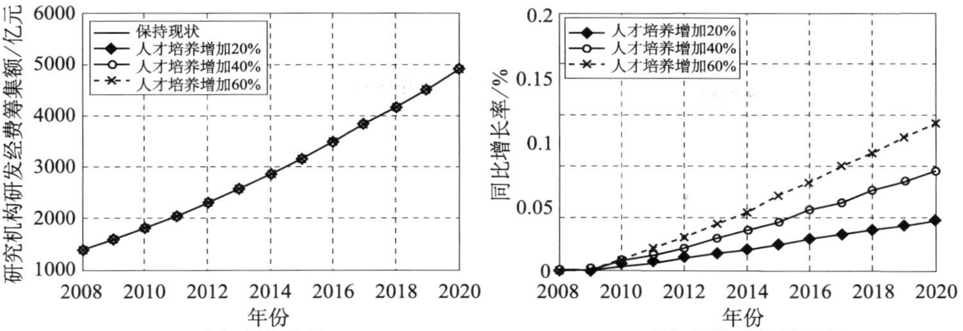

(a) 变化曲线　　(b) 同期比较增长率

图 5-19　人才培养政策对研究机构研发经费筹集额的影响

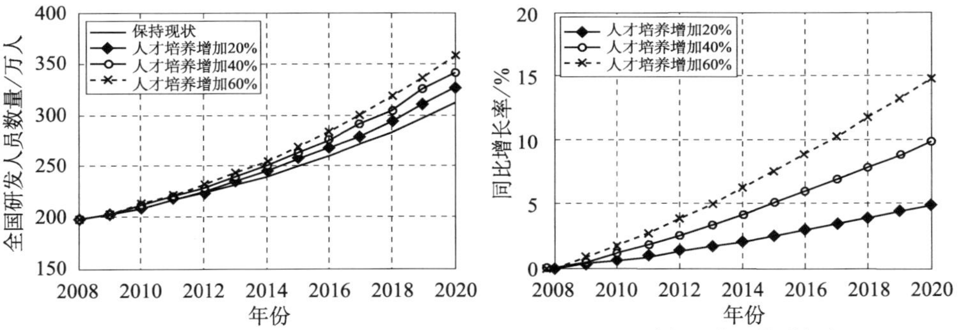

(a) 变化曲线　　(b) 同期比较增长率

图 5-20　人才培养政策对全国研发人员数量的影响

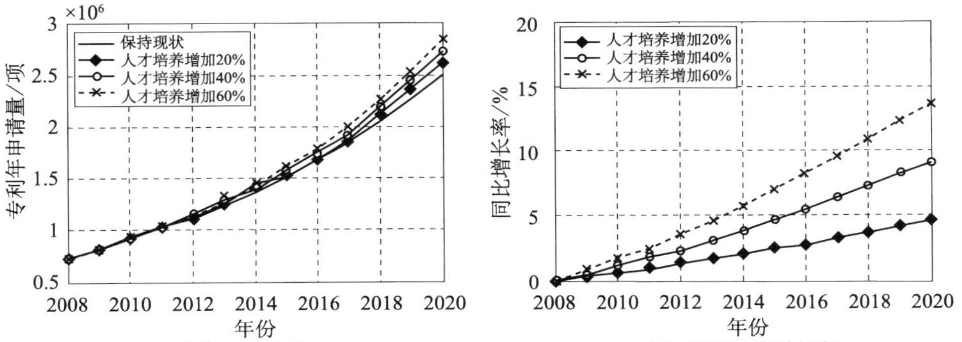

(a) 变化曲线　　(b) 同期比较增长率

图 5-21　人才培养政策对专利年申请量的影响

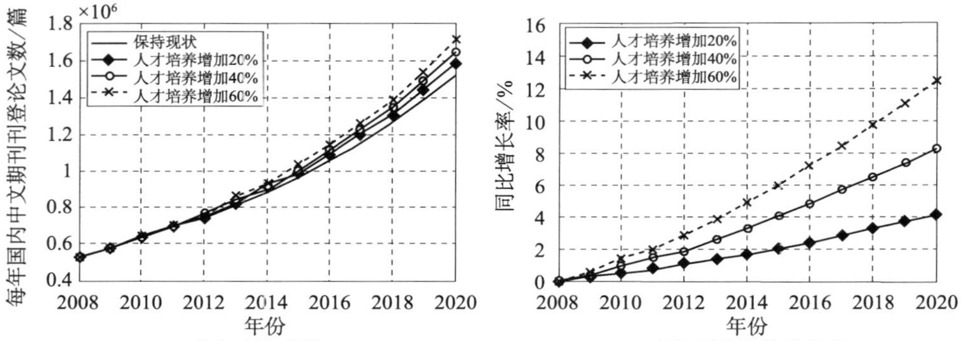

(a) 变化曲线　　(b) 同期比较增长率

图 5-22　人才培养政策对国内期刊刊登论文数的影响

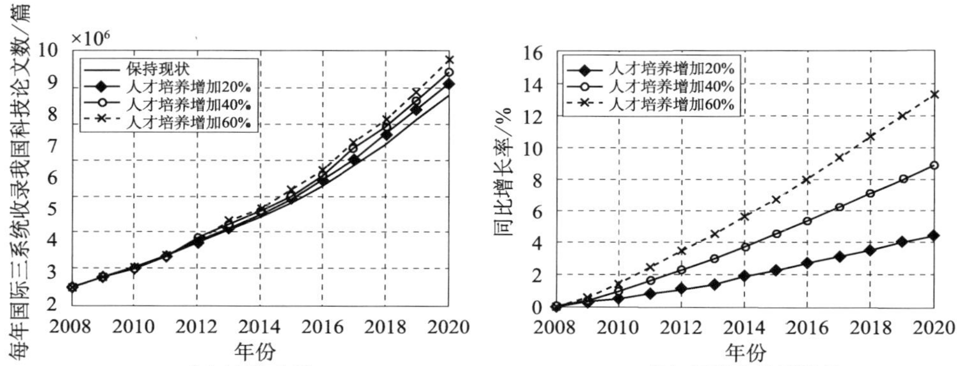

(a) 变化曲线　　(b) 同期比较增长率

图 5-23　人才培养政策对国际三系统收录我国科技论文数的影响

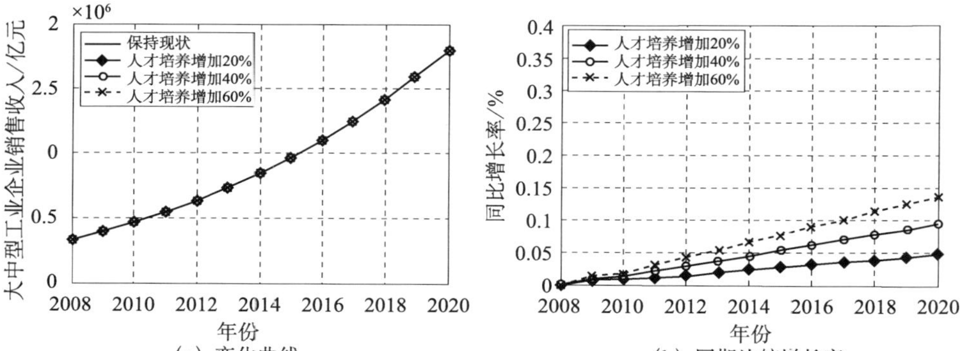

(a) 变化曲线　　(b) 同期比较增长率

图 5-24　人才培养政策对大中型工业企业销售收入的影响

从人才培养政策的调整对创新人才开发资金投入影响的模拟结果来看（图 5-17～图 5-19），人才培养政策对企业、高校和研究机构的研发经费筹集额均呈现正向促进作用，且三个创新主体部门的影响程度近似相同。这种正向促进作用在政策最初实施的时候并不明显，随着时间的推移，这种正向促进作用逐渐显现出来，但这种影响关系到 2020 年最大时也只有 0.11%。这说明人才培养政策的调整对企业、高校和研究机构的研发经费筹集有正向的促进作用，但是短期的促进作用并不明显。只有持续加大人才培养政策的调整，才能对企业、高校和研究机构的研发经费的筹集产生长远影响。

人才培养政策的调整对企业、高校和研究机构的研发经费筹集的这种并不明显的促进作用主要由以下两点决定：首先，人才培养政策的调整和实施提高了我国高校毕业生成为人才资源的比例，从而增加了创新人才的数量，这一变化必定会引发创新主体对研发经费的投入，以满足创新人才进行创新活动，获得尽可能多的创新产出，所以二者为正向促进关系；其次，与人才培养政策的主要内容有关，这些政策的调整大都是注重对人才的培养过程，与经费筹集等经济因素并不存在紧密的直接关系，加之人才培养政策的实施到创新产出过程的延时性，所以二者的正向促进关系并不明显。

从人才培养政策的调整对全国研发人员数量影响的模拟结果来看（图 5-20），人才培养政策对全国研发人员数量的影响是正向促进的，并且这种正向促进作用是递增的。因此我们可以认为，随着时间的推移，人才培养政策的力度越大，其对全国研发人员数量的累积作用的贡献就越明显。

正如前文所述，人才培养政策是针对人才进行的，国家培养出的具有创新能力和潜力的人才资源增多了，也就意味着创新人才开发的基数增大了，那么研发人员的数量增多的原因就可以解释了。值得注意的是，在政策调整初期，研发人员的增长态势并不明显，但是随着时间的推移其增幅越来越大。这是因为研发人员培养的过程对于人才培养政策的调整具有一定的延时效应，从“人才培养比例”提高到“国内人才资源”增加，再到研发人员数量的提高需要一定的时间，所以我国要想持续保持研发人员的增长，在国际上拥有人才竞争优势，对于人才培养政策强度的调整绝对不只是一个短期实施的过程，而是需要长期坚持的长远战略。

从人才培养政策的调整对创新人才产出影响的模拟结果来看（图 5-21～图 5-23），人才培养政策对每年专利申请量、国内期刊刊登论文数和国际三系统收录我国科技论文数的影响均是正向促进的，并且这种正向促进作用是递增的。因此我们可以认为，随着时间的推移，创新产出成果的最大增幅可达 12% 以上，说明人才培养政策调整的强度越大，对创新人才产出的累积作用的贡献就越明显，并且其对创新人才产出的影响是较其他政策更明显的。

产生这种现象的原因在于，人才培养政策对研发人员数量具有正向促进影响，人才资源的增加导致研发人员数量提高，产出的创新成果就会随之增加；对于其增幅明显的现象，更能从量化数据上证明创新人才对创新成果指数增长的巨大作用。[144]但是在政策调整初期，创新产出的增长态势并不明显，原因如前文所述。研发人员培养的过程对于人才培养政策具有一定的延时效应，随之而来的是创新产出对人才培养政策也存在延时效应，所以我国要想持续保持每年专利申请量、国内期刊刊登论文数和国际三系统收录我国科技论文数的增长，对人才培养政策强度的调整需要一个长期坚持的长远战略。

从人才培养政策的调整对创新人才对经济增长贡献的影响模拟结果来看（图 5-24），人才培养政策的调整对大中型工业企业销售收入呈现正向促进的作用。但是这种正向促进在政策最初实施的时候并不明显。随着时间的推移，这种正向促进作用逐渐显现出来，但这种影响关系到 2020 年最大时也只有 0.15％。这说明人才培养政策的调整对大中型工业企业销售收入有正向的促进作用，但是近期的促进作用并不明显，只有持续加强人才培养政策的调整，才能对大中型工业企业销售收入产生长远影响。

这一变化的原因可以做如下说明：如上文所述，人才培养政策的调整对创新产出具有正向促进作用，企业中创新人才的创新产出（包括专利和科技论文等）对企业销售收入具有正向促进作用，所以人才培养政策的调整对企业销售收入的正向促进作用就可以解释了；但是在创新产出由于政策的调整增幅很大时，企业的销售收入增幅却不明显，这是因为企业的销售收入是受很多因素影响的，虽然人才培养政策的调整能够提高创新成果的产出，但是从创新成果转化为销售收入还有很长一段时间的延迟，并不能在短期内显现效益，但是由二者的正向促进关系，可以相信人才培养政策的调整对企业长期发展和远期利润有客观的价值。

综合以上模拟结果，我们可以得出如下结论："人才培养政策"的调整对创新人才开发资金投入（包括企业、高校和研究机构的研发经费筹集额）、创新人才的数量（指全国研发人员总数）、创新人才绩效产出（包括专利年申请量、每年国内期刊刊登论文数、每年国际三系统收录我国科技论文数）和创新人才对经济增长的贡献（指大中型企业销售收入）等因素均具有正向的促进作用，但是作用的显著程度不相同。针对提高创新人才的数量（指全国研发人员总数）和创新人才绩效产出（包括专利年申请量、每年国内期刊刊登论文数、每年国际三系统收录我国科技论文数）寻求变革方案时，"人才培养政策"是值得考虑的因素；而对于创新人才开发资金投入（包括企业、高校和研究机构的研发经费筹集额）和创新人才对经济增长的贡献（指大中型企业销售收入），人才培养政策的调整在近期内的影响较不显著，但是对于长远战略的考虑还是具有一定价值的。

第四节　科技贷款政策对我国创新人才开发的影响

科技贷款政策是指国家针对科技活动而提供的专门的贷款政策，它是研发经费筹集的另一个主要方面之一。虽然目前所占比例很小，但也是值得考虑的政策因素。

在政策模拟中，通过调整科技贷款政策（保持原来发展趋势和在其基础上提高5%、10%、20%）来观测创新人才开发资金投入（包括企业、高校和研究机构的研发经费筹集额）、创新人才的数量（指全国研发人员总数）、创新人才绩效产出（包括专利年申请量、每年国内期刊刊登论文数、每年国际三系统收录我国科技论文数）和创新人才对经济增长的贡献（指大中型企业销售收入）等因素变化的灵敏性和显著性，具体模拟结果如图5-25～图5-32所示。

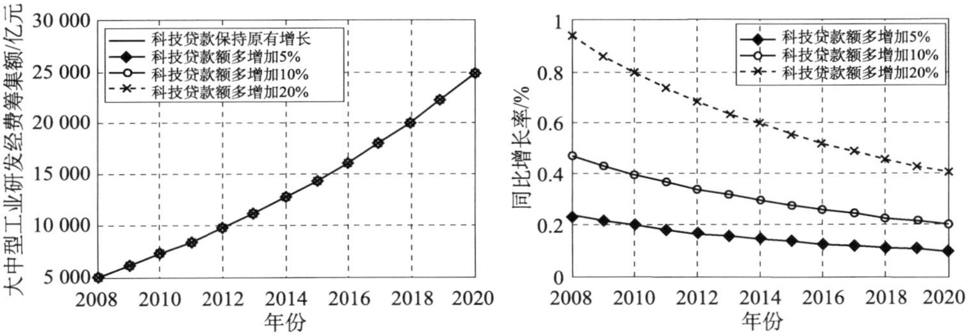

(a) 变化曲线　　　　(b) 同期比较增长率

图5-25　科技贷款政策对大中型企业研发经费筹集额的影响

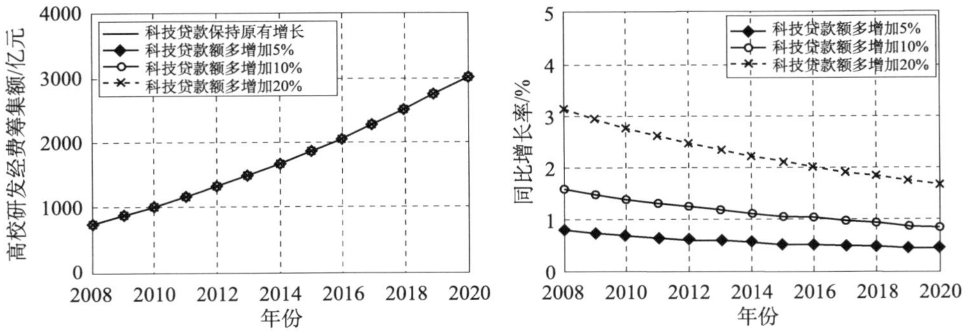

(a) 变化曲线　　　　(b) 同期比较增长率

图5-26　科技贷款政策对高校研发经费筹集额的影响

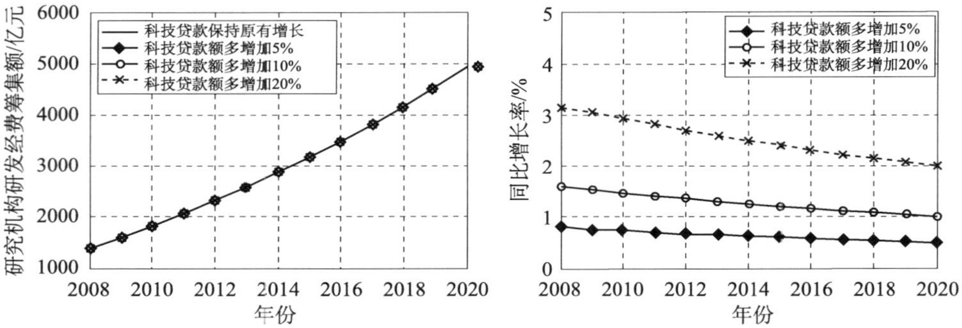

(a) 变化曲线　　(b) 同期比较增长率

图 5-27　科技贷款政策对研究机构研发经费筹集额的影响

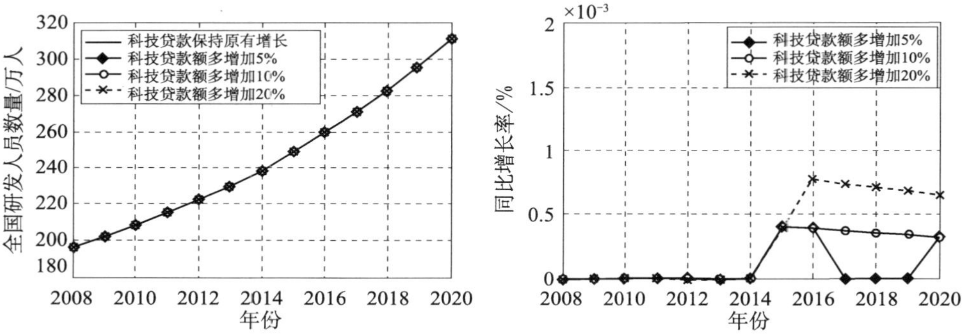

(a) 变化曲线　　(b) 同期比较增长率

图 5-28　科技贷款政策对全国研发人员数量的影响

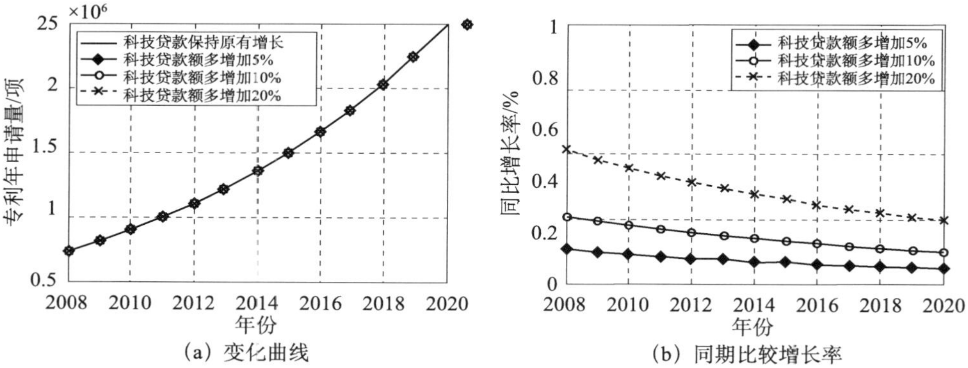

(a) 变化曲线　　(b) 同期比较增长率

图 5-29　科技贷款政策对专利年申请量的影响

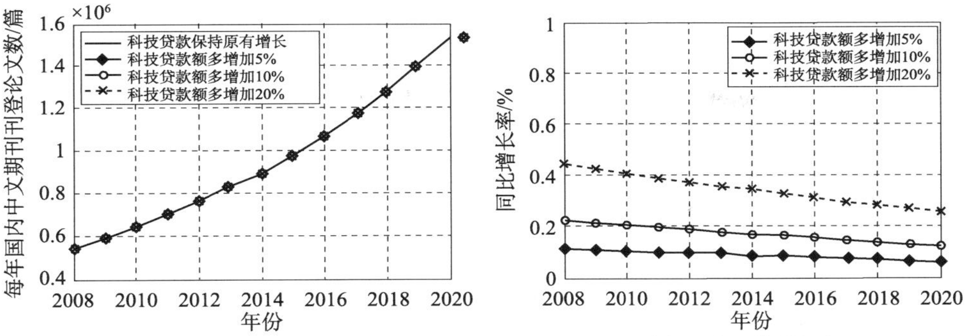

(a) 变化曲线　　(b) 同期比较增长率

图 5-30　科技贷款政策对国内期刊刊登论文数的影响

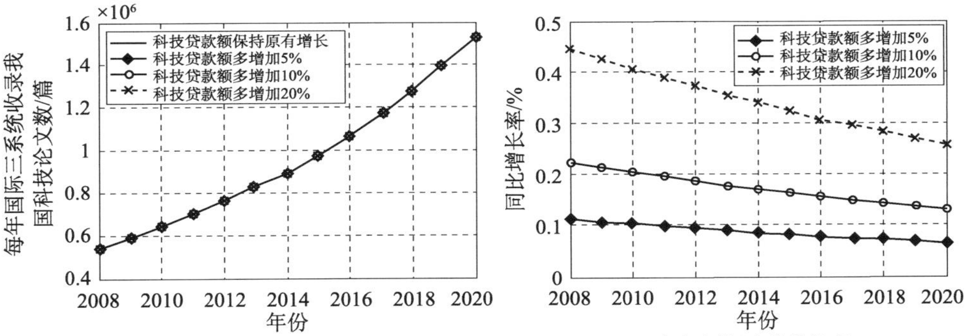

(a) 变化曲线　　(b) 同期比较增长率

图 5-31　科技贷款政策对国际三系统收录我国科技论文数的影响

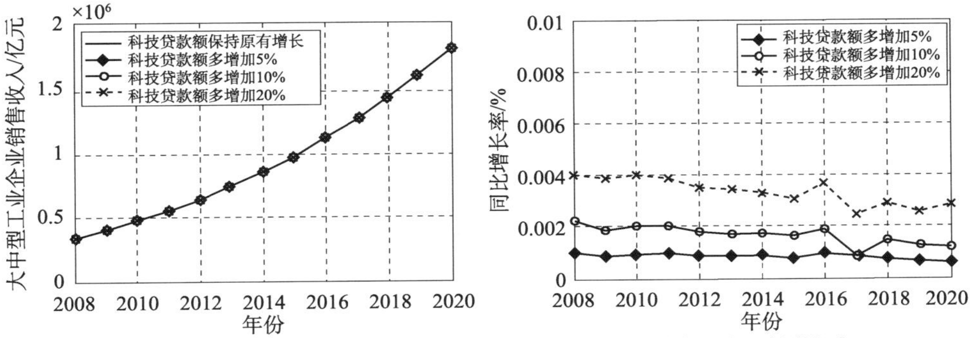

(a) 变化曲线　　(b) 同期比较增长率

图 5-32　科技贷款政策对大中型工业企业销售收入的影响

从科技贷款政策的调整对创新人才开发资金投入影响的模拟结果来看（图 5-25～图 5-27），科技贷款款额的增加对企业、高校和研究机构的研发经费筹集额均呈现正向促进的作用，但随着时间的推移，这种正向促进作用呈衰减态势，且趋于平缓，但是以不同幅度（5%、10%、20%）调整科技贷款款额所引起的变化幅度相对差异还是明显的，可以说明科技贷款政策的调整对企业、高校和研究机构的研发经费筹集的影响具有较直接的反映，但是其变化的绝对值并不大。这个变化以高校研发经费筹集最显著，最大也仅有3%的增幅，所以说科技贷款政策对于研发经费的筹集作用还是有限的。

产生这一系列变化有以下原因：首先，研发经费筹集主要有三个来源，包括国家科技拨款、创新主体部门自筹研发经费和国家科技贷款[137]。作为研发经费的主要来源之一，科技贷款款额的提高必然会导致研发经费筹集额的提高；但是，国家科技贷款在三个主要经费来源中所占的比例又最小，这就导致了在很小的基数上进行有限程度的政策调整，其变化的结果肯定是微弱的。

从科技贷款政策的调整对全国研发人员数量影响的模拟结果来看（图5-28），科技贷款政策对全国研发人员数量的影响是正向促进的，并且这种正向促进作用是递增的。因此我们可以认为，随着时间的推移，科技贷款政策的力度越大，其对全国研发人员数量的累积作用的贡献就越明显。但是，在政策实施初期，全国研发人员数量并没有变化，而后来的变化也比较微弱。这是因为科技贷款政策虽然可以吸引部分人才进行创新活动，但是由于其基数较小，且研发经费筹集的变化较不明显，所以科技贷款政策在有限范围内的调整只能引发研发人员数量微弱的正向变化。

从科技贷款政策的调整对创新人才的创新产出和经济增长贡献的影响模拟结果来看（图5-29～图5-32），人才培养政策的调整对专利、论文和企业销售收入呈现正向促进作用，随着时间的推移，这种正向促进作用呈衰减态势，且趋于平缓。以不同幅度（5%、10%、20%）调整科技贷款款额所引起的变化幅度相对差异还是明显的，但是其变化的绝对值并不大。这说明科技贷款政策的调整对大中型工业企业销售收入有正向的促进作用，但是促进作用并不明显。产生这一现象也是由于科技贷款对研发经费筹集和研发人员数量的影响微弱所造成的。

综合以上模拟结果，我们可以得出如下结论："科技贷款政策"的调整对创新人才开发资金投入（包括企业、高校和研究机构的研发经费筹集额）、创新人才的数量（指全国研发人员总数）、创新人才绩效产出（包括专利年申请量、每年国内期刊刊登论文数、每年国际三系统收录我国科技论文数）和创新人才对经济增长的贡献（指大中型企业销售收入）等因素均具有正向促进作用，但是作用的显著程度均有限，甚至可以说影响很微弱。但是我们不能够忽视科技贷款对于创新人才开发的作用。因为作为研发经费的主要来源之一，科技贷款对创新活动的实施有深远的影响和意义。通过科技贷款政策与其他政策相互配合，对提高创新人才的积极性和企业进行创新投入的影响因素，科技贷款在未来的政策调整中具有很大的发展空间。

第五节　新产品税收政策对我国创新人才开发的影响

新产品税收政策是指国家为了促进技术创新而针对新产品采取的限制税收的保护政策，充分体现了国家对新产品的鼓励与支持，也是国家注重创新和创新人才的另一重要举措。与人才培养政策类似，新产品税收政策是一系列政策手段的集合，对其进行量化存在一定的难度。所以本书选取新产品税收政策调整的结果来反映政策实施的成效，即通过新产品销售占所有产品的比例按照原来预测趋势发展、比例增加1%、2%和3%时作为控制的指标，来观测创新人才相关因素的变化情况。需要说明的是，由于新产品销售收入占总销售收入的比例在2000～2008年变化幅度非常小，为了保证经济均衡发展，避免经济格局的较大动荡，本书对新产品税收政策的影响幅度也仅限定在1%、2%和3%的范围内进行操作。

在政策模拟中，通过调整新产品税收政策（保持原来发展趋势和在其基础上提高1%、2%、3%）来观测创新人才开发资金投入（包括企业、高校和研究机构的研发经费筹集额）、创新人才的数量（指全国研发人员总数）、创新人才绩效产出（包括专利年申请量、每年国内期刊刊登论文数、每年国际三系统收录我国科技论文数）和创新人才对经济增长的贡献（指大中型企业销售收入）等因素变化的灵敏性和显著性，具体模拟结果如图5-33～图5-38所示。

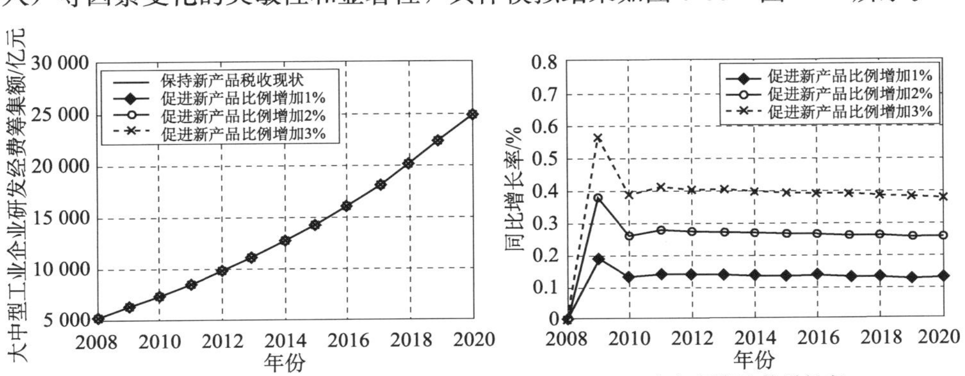

(a) 变化曲线　　(b) 同期比较增长率

图5-33　新产品税收政策对大中型企业研发经费筹集额的影响

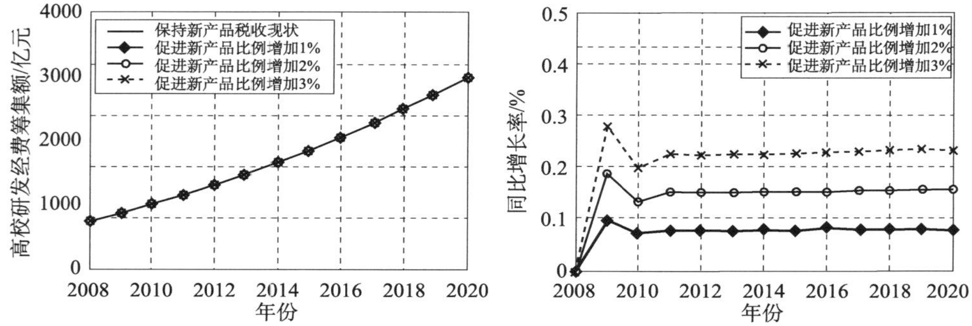

(a) 变化曲线　　(b) 同期比较增长率

图 5-34　新产品税收政策对高校研发经费筹集额的影响

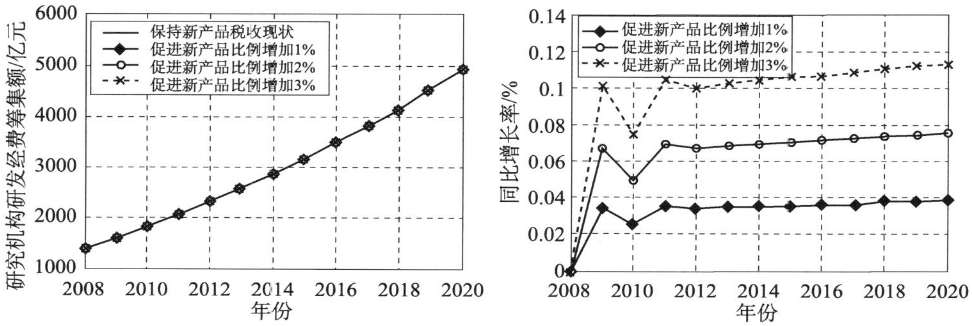

(a) 变化曲线　　(b) 同期比较增长率

图 5-35　新产品税收政策对研究机构研发经费筹集额的影响

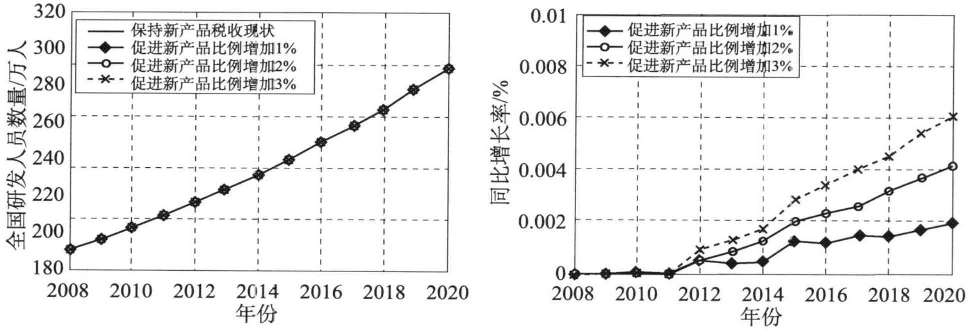

(a) 变化曲线　　(b) 同期比较增长率

图 5-36　新产品税收政策对全国研发人员数量的影响

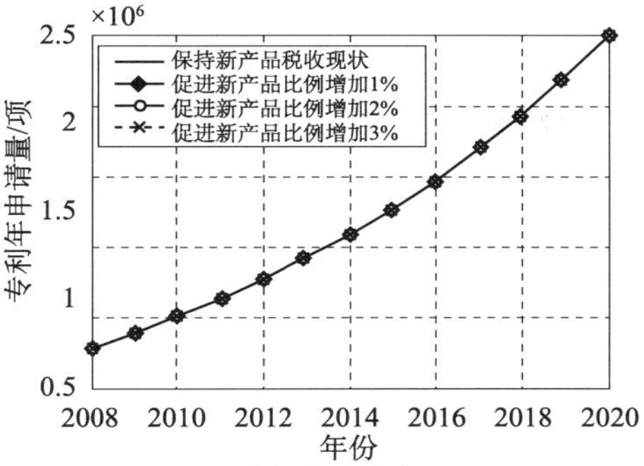

(a) 变化曲线

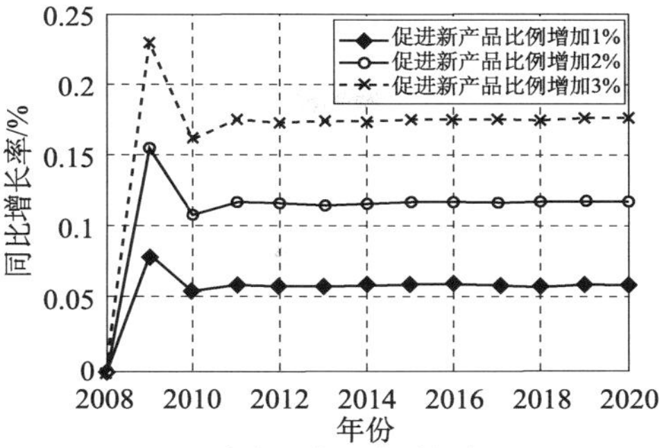

(b) 同期比较增长率

图 5-37 新产品税收政策对专利年申请量的影响

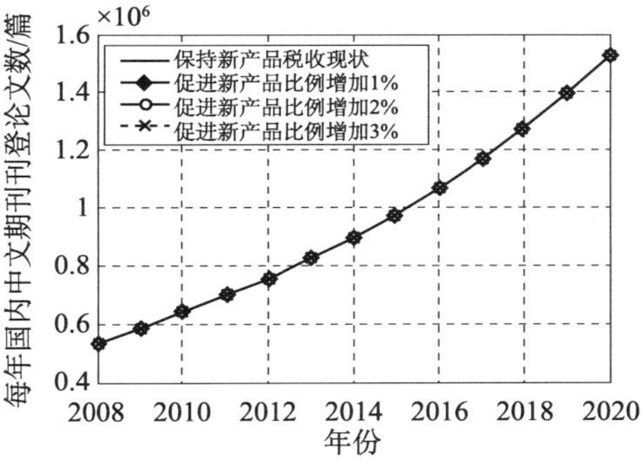

(a) 变化曲线

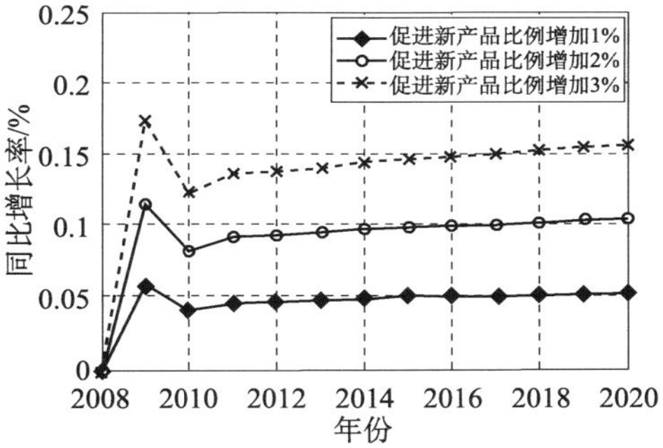

(b) 同期比较增长率

图 5-38 新产品税收政策对国内期刊刊登论文数的影响

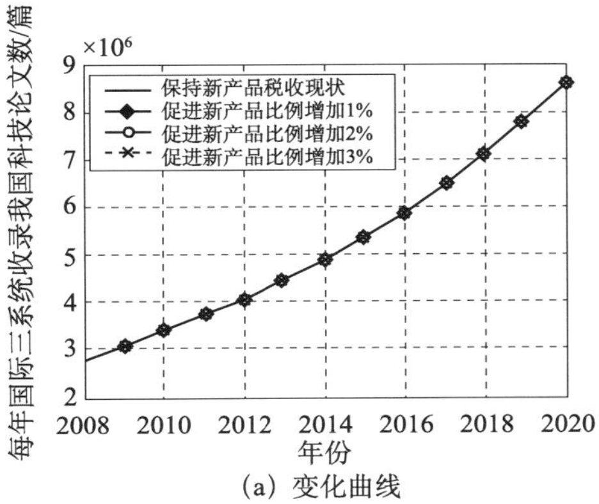

(a) 变化曲线

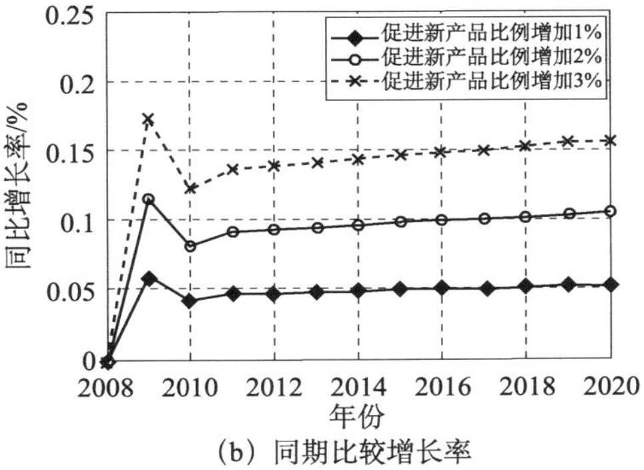

(b) 同期比较增长率

图 5-39 新产品税收政策对国际三系统收录我国科技论文数的影响

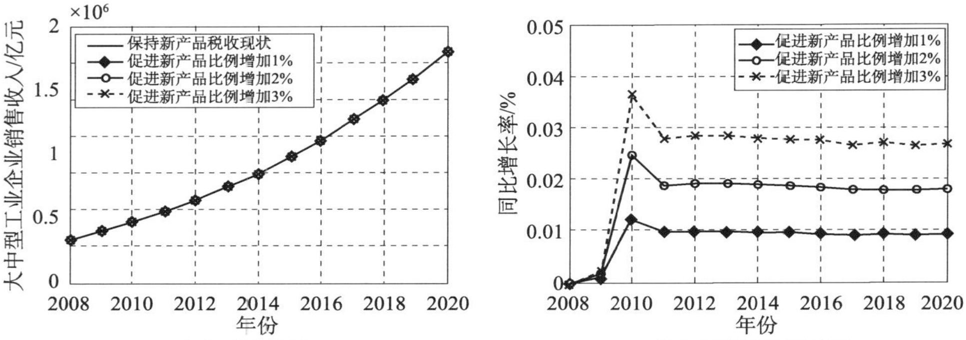

(a) 变化曲线　　(b) 同期比较增长率

图 5-40　新产品税收政策对大中型工业企业销售收入的影响

从新产品税收政策对创新人才开发资金投入影响的模拟结果来看（图 5-33～图 5-35），新产品税收政策的调整对大中型企业、高校和研究机构的研发经费筹集额均具有正向促进作用，然而，在政策实施初期，研发经费会有较大幅度的激增，但是又会迅速回落，最终趋于平缓。新产品税收政策对科技拨款具有较为直接的反映，但是由于调整幅度有限（最高仅有 3%）所以其反映的绝对比例数值并不大，说明了增加新产品税收政策的调整可以促进研发经费的筹集，但是效果有限。

新产品税收政策的调整对大中型企业、高校和研究机构的研发经费筹集额均具有正向促进作用，是因为国家税收政策的调整使新产品在市场竞争中更具有优势，会带来更多的经济效益，这样创新主体部门对富含创新成果的新产品就会充满获取的欲望，他们会为了尽可能多地获得新产品而增加研发经费；政策调整的初期，是新产品在市场价格上最具优势的时期，创新主体部门会竞相追逐，但这种绝对的优势由于竞争对手的效仿和市场需求的变化又会很快衰退，这时税收对创新主体部门的吸引力也会随之迅速降低，最终趋于平缓，所以会引起政策调整过程中的波动。

从新产品税收政策对全国研发人员数量影响的模拟结果来看（图 5-36），新产品税收政策对全国研发人员数量的影响是正向促进的，但是这种正向促进在政策最初实施的时候并不明显。随着时间的推移，这种正向促进作用逐渐显现出来，但这种影响关系到 2020 年最大时也只有 0.006%。这说明新产品税收政策对全国研发人员数量的正向促进作用在短期内并不明显，只有持续调整新产品税收政策，才能对全国研发人员数量产生长远影响。

新产品税收政策对于创新人才开发来说无疑是一种有效的激励，由于税收政策的调整，新产品的优势更加明显，研发主体部门对新产品的追求最终会反映为对创新人才的追求，这种追求必然会导致研发人员数量的上升；但是新产品税收政策对研发经费筹集的影响程度有限，再加之研发经费对研发人员的产生具有延时的效应，所以新产品税收政策对研发人员数量的影响起初并不明显，后阶段的正向促进作用的变化幅度也很微弱。

从新产品税收政策对创新人才产出成果影响的模拟结果来看（图 5-37～图 5-39），新产品税收政策的调整对每年专利申请量、国内期刊刊登论文数和国际三系统收录我国科技论文数均具有正向促进作用。在政策实施初期，创新产出会有较大幅度的激增，但是又会迅速回落，最终趋于平缓。

新产品税收政策的调整对创新人才产出成果具有正向促进作用，是因为国家对新产品税收政策的调整，其直接的对象就是专利、科技论文等创新成果转化成的商品，所以会导致创新成果数量随之增加，以满足产生更多新产品的需求；但是，政策调整初期是新产品在市场价格上最具优势的时期，也是对新产品需求最强烈的时期，所以相应地导致对创新成果的需求也随之增加，但是随着竞争对手的效仿和市场需求的变化，这种需求又会很快衰退，这时税收对创新主体部门的吸引力也会随之迅速降低，最终趋于平缓，所以会引起政策调整过程中的波动。

从新产品税收政策对大中型工业企业销售收入影响的模拟结果来看（图 5-40），新产品税收政策的调整对大中型工业企业销售收入具有正向促进作用。在政策实施初期，其反映程度并不明显。随着时间的推移，短期内大中型工业企业销售收入会有较大幅度的激增，但是又会迅速回落，最终趋于平缓。

新产品税收政策的调整对大中型工业企业销售收入具有正向促进作用，是因为国家对新产品税收政策的调整使新产品的市场价格具有很大的优势，随之而来的是新产品销售收入的提高，所以企业销售收入也会相应提高；但是由于新产品销售收入对税收政策调整的延迟作用，在政策调整初期，企业销售收入反映程度并不明显；随着新产品投入市场并带来可观利润，企业销售收入会在短时间内产生激增，由于竞争对手的效仿和市场需求的变化，这种需求又会很快衰退，这时税收对创新主体部门的吸引力也会随之迅速降低，最终趋于平缓，所以会引起政策调整过程中的波动。总的来说，由于新产品税收政策调整的幅度有限，大中型工业企业销售收入变化的绝对幅度也略显微弱。

综合以上模拟结果，我们可以得出如下结论：“新产品税收政策”的调整对创新人才开发资金投入（包括企业、高校和研究机构的研发经费筹集额）、创新人才的数量（指全国研发人员总数）、创新人才绩效产出（包括专利年申请量、每年国内期刊刊登论文数、每年国际三系统收录我国科技论文数）和创新人才对经济增长的贡献（指大中型企业销售收入）等因素均具有正向促进作用。但是由于新产品税收政策调整的幅度有限，其反映的显著程度的绝对值均不太显著。但是我们不能忽视新产品税收政策对创新人才开发的激励作用，因为新产品税收政策作为国家对创新和创新人才重视程度的一种体现，其对创新活动的实施有深远的影响和意义。通过新产品税收政策与其他政策相互配合，可以提高创新人才的积极性、刺激创新主体部门加大创新投入，新产品税收政策在未来的政策调整中具有很大的发展空间。

第六节　吸引海外人才政策对我国创新人才开发的影响

吸引海外人才政策作为我国创新人才开发的重要举措，是对海外留学归国人员制定的就业、激励、社会保障等措施。由于吸引海外人才政策在量化上存在一定的难度，本书通过吸引海外人才政策实施的结果来表现政策实施的成效，即通过对吸引海外人才的数量比原预测的数量增加10%、20%、40%来体现吸引海外人才政策的变化。

在政策模拟中，通过调整吸引海外人才政策（保持原来发展趋势和在其基础上提高10%、20%、40%）来观测创新人才开发资金投入（包括企业、高校和研究机构的研发经费筹集额）、创新人才的数量（指全国研发人员总数）、创新人才绩效产出（包括专利年申请量、每年国内期刊刊登论文数、每年国际三系统收录我国科技论文数）和创新人才对经济增长的贡献（指大中型企业销售收入）等因素变化的灵敏性和显著性，具体模拟结果如图5-41～图5-48所示。

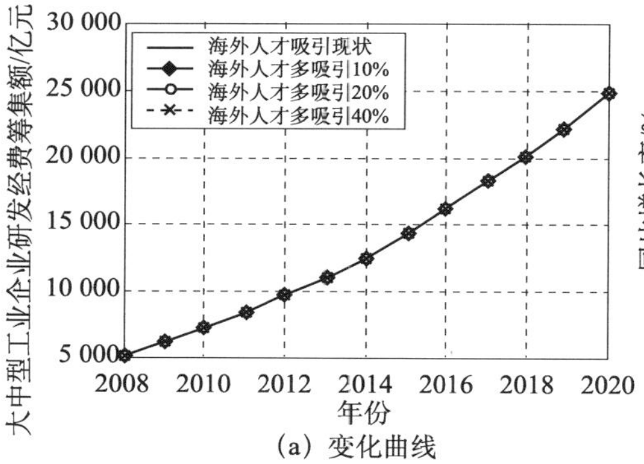

(a) 变化曲线

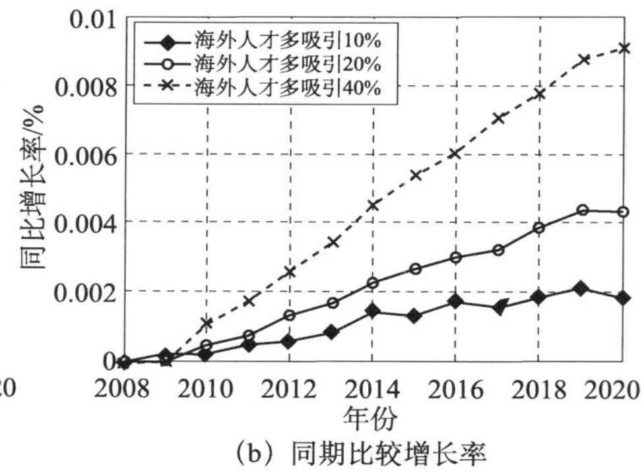

(b) 同期比较增长率

图5-41　吸引海外人才政策对大中型企业研发经费筹集额的影响

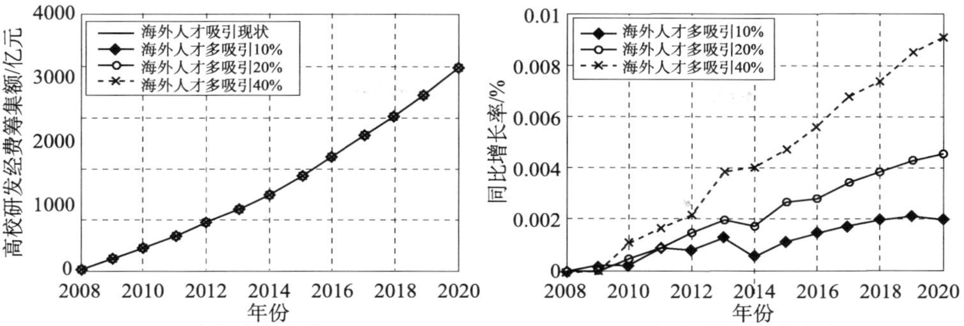

(a) 变化曲线　　(b) 同期比较增长率

图 5-42　吸引海外人才政策对高校研发经费筹集额的影响

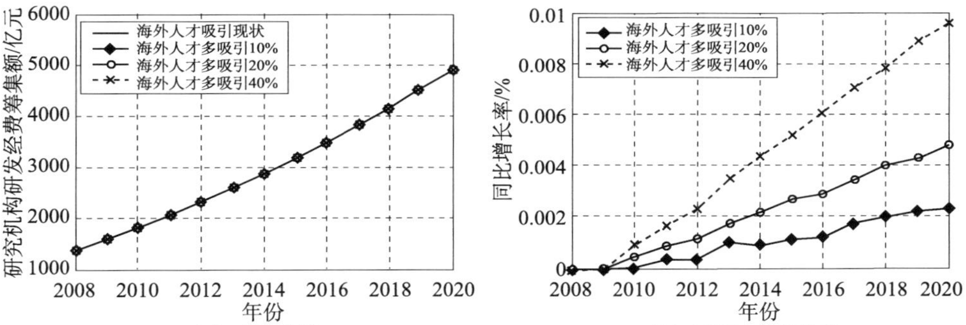

(a) 变化曲线　　(b) 同期比较增长率

图 5-43　吸引海外人才政策对研究机构研发经费筹集额的影响

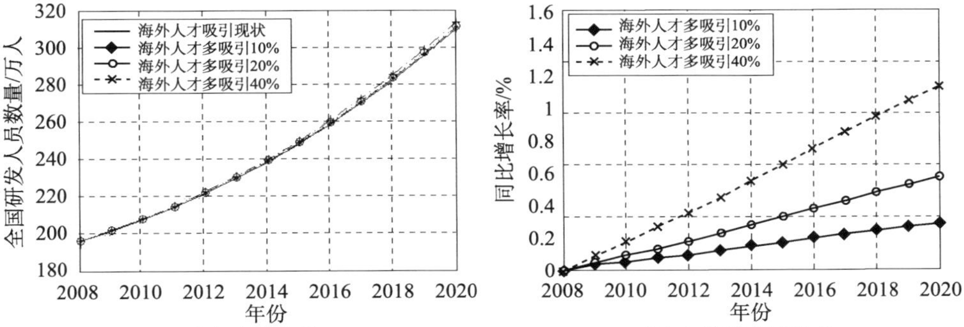

(a) 变化曲线　　(b) 同期比较增长率

图 5-44　吸引海外人才政策对全国研发人员数量的影响

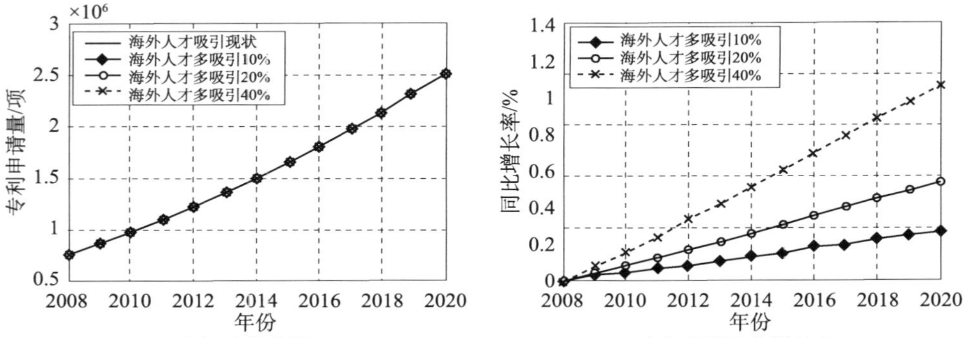

(a) 变化曲线　　(b) 同期比较增长率

图 5-45　吸引海外人才政策对专利年申请量的影响

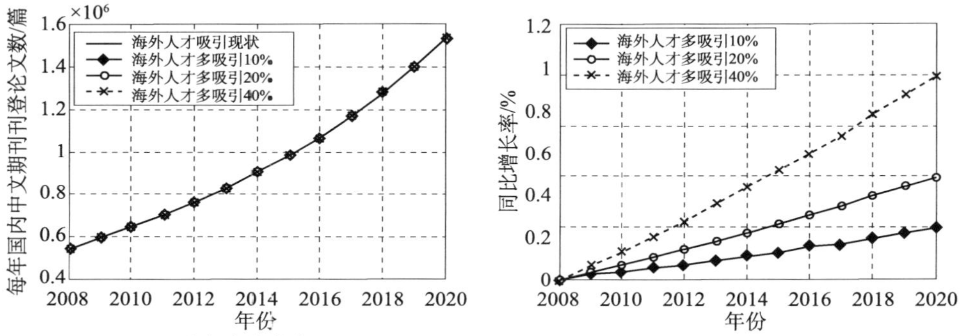

(a) 变化曲线　　(b) 同期比较增长率

图 5-46　吸引海外人才政策对国内期刊刊登论文数的影响

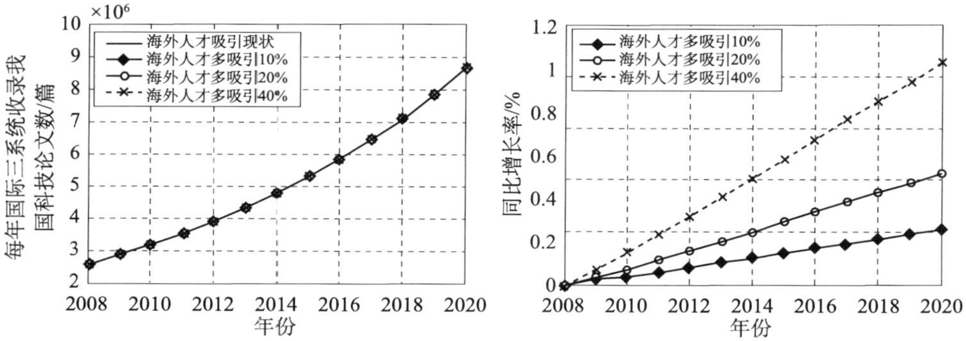

(a) 变化曲线　　(b) 同期比较增长率

图 5-47　吸引海外人才政策对国际三系统收录我国科技论文数的影响

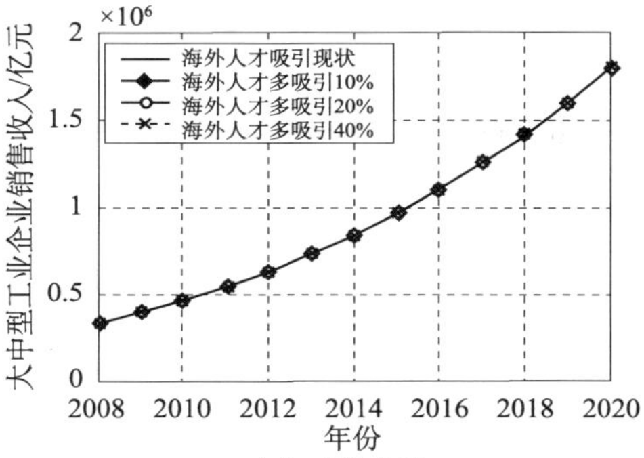

(a) 变化曲线

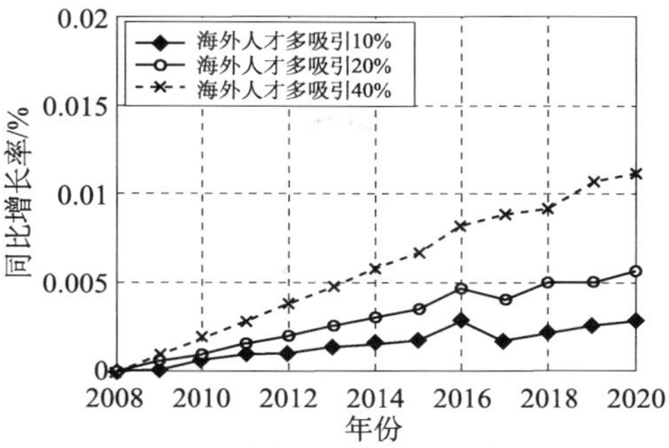

(b) 同期比较增长率

图 5-48　吸引海外人才政策对大中型工业企业销售收入的影响

从吸引海外人才政策的调整对创新人才开发资金投入影响的模拟结果来看(图 5-41～图 5-48)，吸引海外人才政策的调整对企业、高校和研究机构的研发经费筹集额均呈现正向促进作用，且三个创新主体部门的影响程度近似相同，但是这种正向促进作用在政策最初实施的时候并不明显。随着时间的推移，这种正向促进作用逐渐显现出来，但这种影响关系到 2020 年最大时也只有 0.01%。这说明吸引海外人才政策的调整对企业、高校和研究机构的研发经费筹集有正向促进作用，但是短期的促进作用并不明显，只有持续加大吸引海外人才政策的力度，才能对企业、高校和研究机构研发经费的筹集产生长远影响。

吸引海外人才政策的调整对企业、高校和研究机构研发经费筹集的这种并不明显的促进作用主要由以下两点决定：首先，海外人才被引进我国的数量增加必然会导致创新主体对研发经费的投入，以满足创新人才进行创新活动，获得尽可能多的创新产出，所以二者为正向促进关系；其次，与吸引海外人才政策的主要内容有关，这些政策的调整大都是注重对海外人才回国的优惠和保障政策，与经费筹集等经济因素并不存在紧密的直接关系，加之吸引海外人才政策的实施到创新产出过程的延时性，所以二者的正向促进关系并不明显。

从吸引海外人才政策的调整对全国研发人员数量影响的模拟结果来看(图 5-44)，吸引海外人才政策对全国研发人员数量的影响是正向促进的，并且这种正向促进作用是递增的。因此我们可以认为，随着时间的推移，吸引海外人才政策的力度越大，其对全国研发人员数量的累积作用的贡献就越明显。

正如前文所述，吸引海外人才政策是针对海外人才进行的。海外人才是我国研发人员的一个主要来源，那么政策调整吸引海外人才的提高产生研发人员的数量增多就可以得到解释。值得注意的是，在政策调整初期，研发人员的增长态势并不明显。随着时间的推移其增幅越来越大，这是因为引进的海外人才从归国到走向科研岗位进行创新活动需要一定的时间。随着时间的推移，研发人员数量的增长幅度是越来越大的，所以我国要想持续保持研发人员的增长，在国际上拥有人才竞争优势，吸引海外人才政策强度的调整绝对不可以只是一个短期实施的过程，而是需要长期坚持的长远战略。

从吸引海外人才政策的调整对创新人才产出影响的模拟结果来看（图 5-45～图 5-47），吸引海外人才政策对每年专利申请量、国内期刊刊登论文数和国际三系统收录我国科技论文数的影响均是正向促进的，并且这种正向促进作用是递增的。因此我们可以认为，随着时间的推移，吸引海外人才政策调整的强度越大，其对创新人才产出的累积作用的贡献就越明显，并且其对创新人才产出的影响是较其他政策更为明显的。

产生这种现象的原因在于吸引海外人才政策对研发人员数量有正向促进影响，海外人才的引进导致研发人员数量提高；但是，在政策调整初期，创新产出的增长态势并不明显，原因如前文所述，吸引海外人才政策对研发人员数量的正向促进具有一定的延时效应，随之而来的是创新产出对吸引海外人才政策也存在延时效应，所以我国要想持续保持每年专利申请量、国内期刊刊登论文数和国际三系统收录我国科技论文数的增长，对于吸引海外人才政策强度的调整需要一个长期坚持的长远战略。

从吸引海外人才政策的调整对创新人才对经济增长贡献的影响模拟结果来看（图 5-48），吸引海外人才政策的调整对大中型工业企业销售收入呈现正向促进作用，但是这种正向促进作用在政策最初实施的时候并不明显。随着时间的推移，这种正向促进作用逐渐显现出来，但这种影响关系到 2020 年最大时也只有 0.01％。这说明吸引海外人才政策的调整对大中型工业企业销售收入有正向促进作用，但是近期的促进作用并不明显，只有持续加强吸引海外人才政策的调整，才能对大中型工业企业销售收入产生长远影响。

这一变化的原因可以做如下说明：如上文所述，吸引海外人才政策的调整对创新产出具有正向促进作用，企业中创新人才的创新产出（包括专利和科技论文等）对企业销售收入具有正向促进作用，所以吸引海外人才政策的调整对企业销售收入的正向促进作用就可以解释了；但是在创新产出由于政策的调整增幅较大时，企业的销售收入增幅却不明显，这是因为企业的销售收入是受很多因素影响的，虽然吸引海外人才政策的调整能够提高创新成果的产出，但是从创新成果转化为销售收入还有很长一段时间的延迟，并不能在短时间内显现效益，但是由二者的正向促进关系可以相信吸引海外人才政策的调整对企业长期发展和远期利润有客观的价值。

综合以上模拟结果，我们可以得出如下结论："吸引海外人才政策"的调整对创新人才开发资金投入（包括企业、高校和研究机构的研发经费筹集额）、创新人才的数量（指全国研发人员总数）、创新人才绩效产出（包括专利年申请量、每年国内期刊刊登论文数、每年国际三系统收录我国科技论文数）和创新人才对经济增长的贡献（指大中型企业销售收入）等因素均具有正向的促进作用，但是作用的显著程度不相同。针对提高创新人才的数量（指全国研发人员总数）和创新人才绩效产出（包括专利年申请量、每年国内期刊刊登论文数、每年国际三系统收录我国科技论文数）寻求变革方案时，"吸引海外人才政策"是值得考虑的因素；而对于创新人才开发资金投入（包括企业、高校和研究机构的研发经费筹集额）和创新人才对经济增长的贡献（指大中型企业销售收入），吸引海外人才政策的调整在近期内的影响较不显著，但是对于长远战略的考虑还是具有一定价值的。

第七节　促进产学研联系相关政策对我国创新人才开发的影响

产学研联系是实现科技与经济相结合的重要环节。党的十七大提出的"加快建立企业为主体、市场为导向、产学研相结合的技术创新体系"方针，就充分证明了产学研联系对创新的巨大作用。促进产学研联系是一系列政策手段的集合，对其进行量化存在一定的难度，所以需要选取促进产学研联系政策调整的结果来反映政策实施的成效。本书中的产学研联系是指企业通过向高校和研究机构投入资金来获取创新成果的过程，所以利用企业投向高校和研究机构的资金数量按照原来预测趋势发展、比例增加5%、10%、20%分别来观测创新人才相关因素的变化情况。

在政策模拟中，通过调整促进产学研联系相关政策的强度（保持原来发展趋势和在其基础上提高5%、10%、20%）来观测创新人才开发资金投入（包括企业、高校和研究机构的研发经费筹集额）、创新人才的数量（指全国研发人员总数）、创新人才绩效产出（包括专利年申请量、每年国内期刊刊登论文数、每年国际三系统收录我国科技论文数）和创新人才对经济增长的贡献（指大中型企业销售收入）等因素变化的灵敏性和显著性，具体模拟结果如图5-49～图5-56所示。

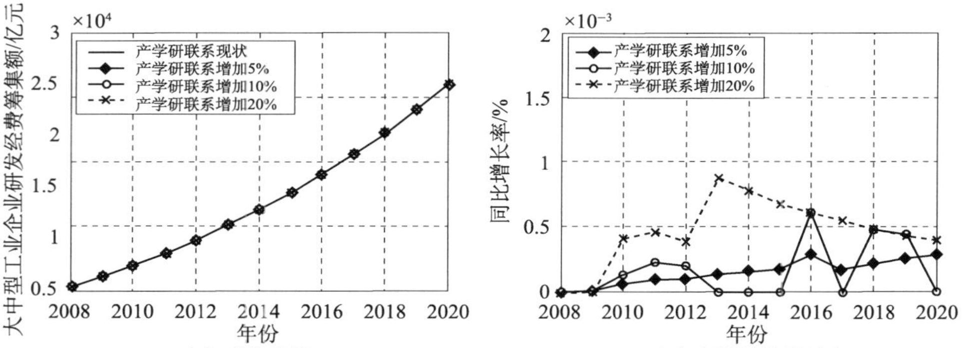

(a) 变化曲线　　(b) 同期比较增长率

图 5-49　促进产学研联系相关政策对大中型企业研发经费筹集额的影响

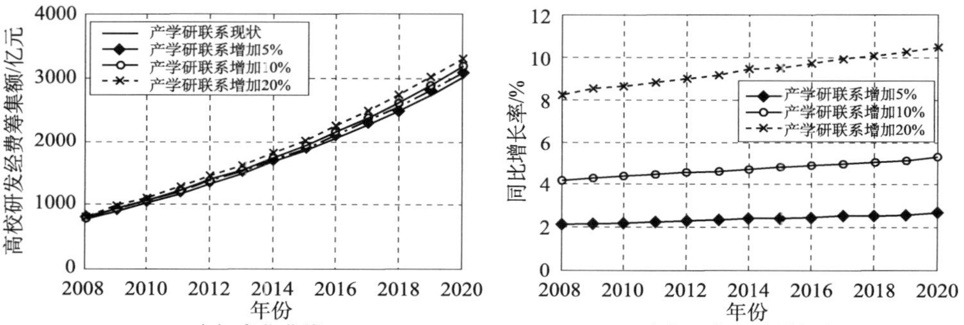

(a) 变化曲线　　(b) 同期比较增长率

图 5-50　促进产学研联系相关政策对高校研发经费筹集额的影响

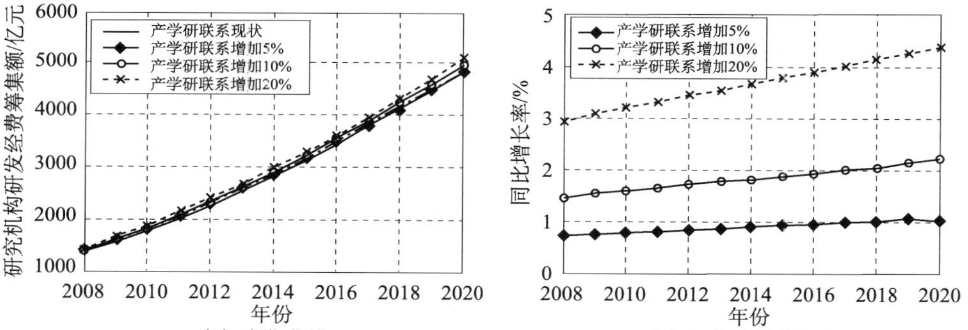

(a) 变化曲线　　(b) 同期比较增长率

图 5-51　促进产学研联系相关政策对研究机构研发经费筹集额的影响

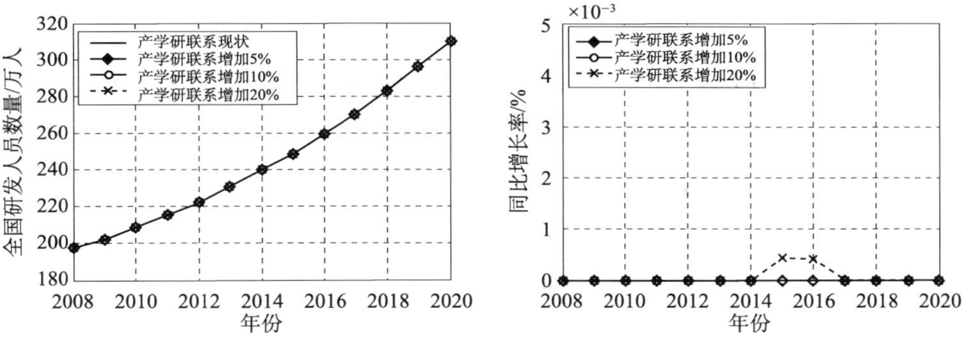

(a) 变化曲线 (b) 同期比较增长率

图 5-52 促进产学研联系相关政策对全国研发人员数量的影响

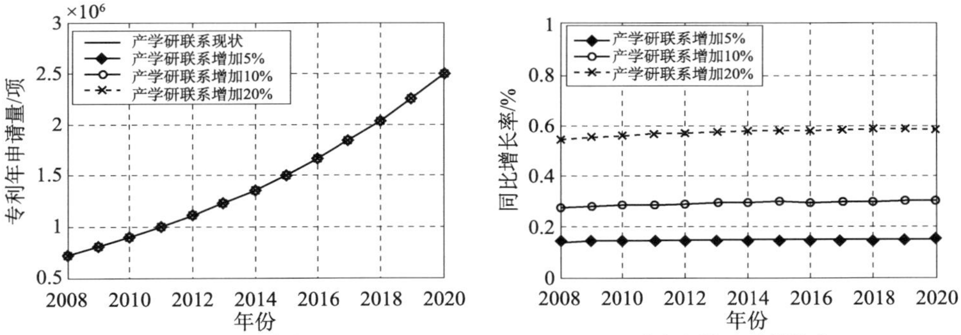

(a) 变化曲线 (b) 同期比较增长率

图 5-53 促进产学研联系相关政策对专利年申请量的影响

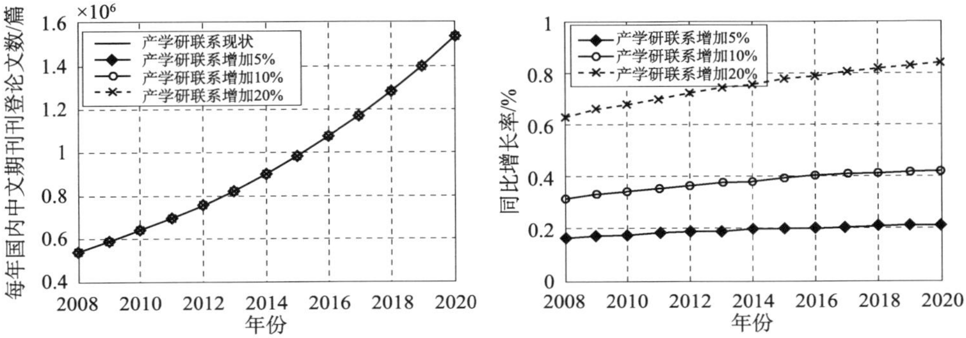

(a) 变化曲线 (b) 同期比较增长率

图 5-54 促进产学研联系相关政策对国内期刊刊登论文数的影响

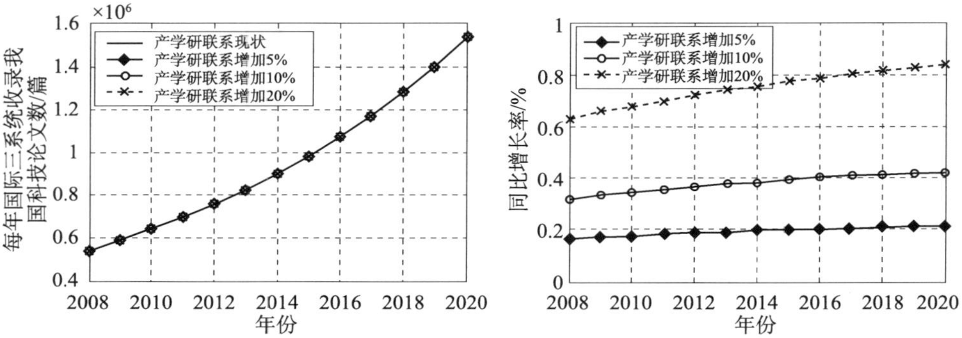

(a) 变化曲线　　(b) 同期比较增长率

图 5-55　促进产学研联系相关政策对国际三系统收录我国科技论文数的影响

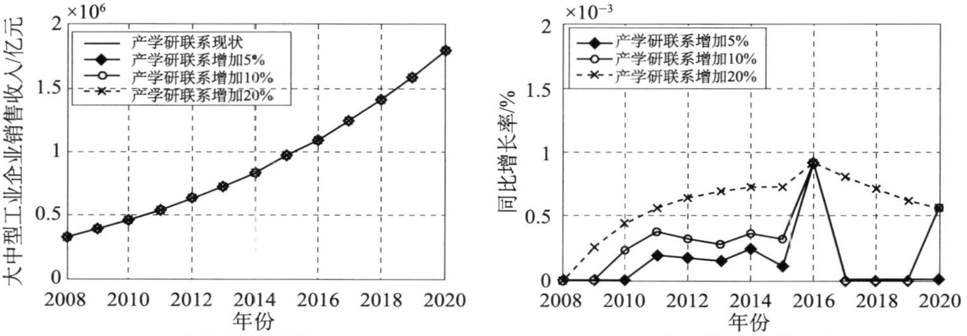

(a) 变化曲线　　(b) 同期比较增长率

图 5-56　促进产学研联系相关政策对大中型工业企业销售收入的影响

从促进产学研联系相关政策对创新人才开发资金投入影响的模拟结果来看（图 5-49～图 5-56），促进产学研联系政策的调整对高校和研究机构的研发经费筹集额均具有正向促进作用。随着时间的推移，产学研联系的正向促进作用略微呈递增态势，以不同幅度调整促进产学研联系政策所引起的变化幅度差异还是明显的，所以可以说明研发经费筹集对产学研联系具有较直接的反映，加强产学研联系政策可以有效地促进研发经费的筹集。但是对于大中型企业情况有所不同，促进产学研联系对其影响呈现复杂的变化趋势。企业将资金投向高校和科研机构后，促进其将创新成果转化为效益，进而加大研发经费的筹集额。本书对企业研发经费的筹集额的界定（附录Ⅰ）包括企业自身投入、政府拨款、技术及试制产品收入、贷款和其他收入，但是不包括代管经费和转拨外单位经费，所以产学研联系的资金并非出自企业研发经费的筹集额，其数量的提高不会导致企业研发经费的筹集额的减少；相反，企业由于产学研联系所获得的创新成果会带来可观的经济效益，这就使企业自身对创新的投入有增加的空间和来源，所以加强产学研联系政策不但没有使企业的研发经费筹集减少，反而促使其增加了，虽然增加的幅度有限，但是对于长期发展还是具有一定意义的。

从促进产学研联系相关政策对全国研发人员数量影响的模拟结果来看（图5-52），促进产学研联系相关政策的调整对于全国研发人员数量的影响微乎其微，但是略有正向促进的态势。这是由于促进产学研联系相关政策是针对企业与高校、研究机构间的创新成果与经费之间的转化、流动而制定实施的，与研发人员没有直接的影响关系，所以反映相对微弱。

从促进产学研联系相关政策对创新人才产出影响的模拟结果来看（图5-53～图5-55），促进产学研联系相关政策的调整对每年专利申请量、国内期刊刊登论文数和国际三系统收录我国科技论文数的影响是正向促进的。随着时间的推移，产学研联系的正向促进作用略微呈递增态势，但增幅平缓，以不同幅度（5%、10%、20%）调整产学研联系政策所引起的变化幅度差异还是明显的，所以可以说明促进产学研联系政策对专利、论文等创新产出具有较为直接的反映，加强产学研联系可以有效地促进创新人才的创新产出。

产生这一系列变化的原因：促进产学研联系能够加速创新成果在创新主体间的流动，使创新成果更有效地转化为经济效益，从而加大创新研发经费的投入，最终产生更多的创新成果。这一良性循环的形成证明了促进交流、建立战略联盟对创新成果的产出具有积极的、深远的作用，值得引起相关部门和人员的足够重视。

从促进产学研联系相关政策对创新人才产出影响的模拟结果来看（图5-56），与大中型企业研发经费筹集类似（图5-49），促进产学研联系相关政策的调整对大中型工业企业销售收入的影响呈现复杂的变化趋势。企业将资金投向高校和科研机构后，促进其将创新成果转化为效益，进而增加企业的销售收入。由于产学研联系所获得的创新成果会给企业带来可观的经济效益，这就使企业自身对创新的投入有增加的空间和来源，所以加强产学研联系政策使企业销售收入总体上仍然处于增加态势，虽然增加的幅度有限，但是对于长期发展还是具有一定意义的。

综合以上模拟结果，我们可以得出如下结论："促进产学研联系政策"的调整对创新人才开发资金投入（包括企业、高校和研究机构的研发经费筹集额）、创新人才的数量（指全国研发人员总数）、创新人才绩效产出（包括专利年申请量、每年国内期刊刊登论文数、每年国际三系统收录我国科技论文数）

和创新人才对经济增长的贡献（指大中型企业销售收入）等因素均具有正向的促进作用。但是，因为促进产学研联系政策具有很强的针对性，所以各因素反映的显著程度不相同。针对创新人才开发资金投入（包括企业、高校和研究机构的研发经费筹集额）和创新人才绩效产出（包括专利年申请量、每年国内期刊刊登论文数、每年国际三系统收录我国科技论文数）寻求变革方案时，“促进产学研联系政策”是值得考虑的因素；而对于创新人才的数量（指全国研发人员总数）和创新人才对经济增长的贡献（指大中型企业销售收入），促进产学研联系政策的调整在近期内的影响较不显著，但是对于长远战略的考虑还是具有一定价值的。

我们不能够忽视促进产学研联系政策对于创新人才开发的激励作用，因为促进产学研联系政策作为国家对创新和创新人才重视程度的一种体现，其对创新活动的实施有深远的影响和意义，通过促进产学研联系政策与其他政策相互配合，对于提高创新人才的积极性、刺激创新主体部门加大创新投入，使产学研联系政策在未来的政策调整中具有很大的发展空间。

第八节　政府创新激励相关政策对我国创新人才开发的影响

政府对于创新人才的激励政策是指针对创新人才个体实施的为提高其经济地位和社会地位等方面给予的优惠政策。政府激励政策涉及创业启动资金、办公场地、配套资金、税收、居住、配偶与子女教育等诸多方面，政策实施旨在为创新人才进行创新活动提供便利和保障，提高创新人才的积极性，从而获得更多的创新成果。政府相关创新的激励政策是一系列手段的集合，对其进行量化存在一定的难度，所以需要选取政府相关的创新激励政策调整的结果（图 5-57～图 5-64）来反映政策实施的成效。本书通过“政府相关创新激励政策指数”（附录Ⅰ）数值大小的变化，即按照原来预测趋势发展、比例增加5％、10％和 20％分别来观测创新人才相关因素的变化情况。

在政策模拟中，通过调整政府相关创新激励政策指数的大小（分别是保持2007 年水平，每年提高 5％、10％、20％）来观测创新人才开发资金投入（包括企业、高校和研究机构的研发经费筹集额）、创新人才的数量（指全国研发人员总数）、创新人才绩效产出（包括专利年申请量、每年国内期刊刊登论文数、每年国际三系统收录我国科技论文数）和创新人才对经济增长的贡献（指大中型企业销售收入）等因素变化的灵敏性和显著性，具体模拟结果如图 5-57～图 5-64 所示。

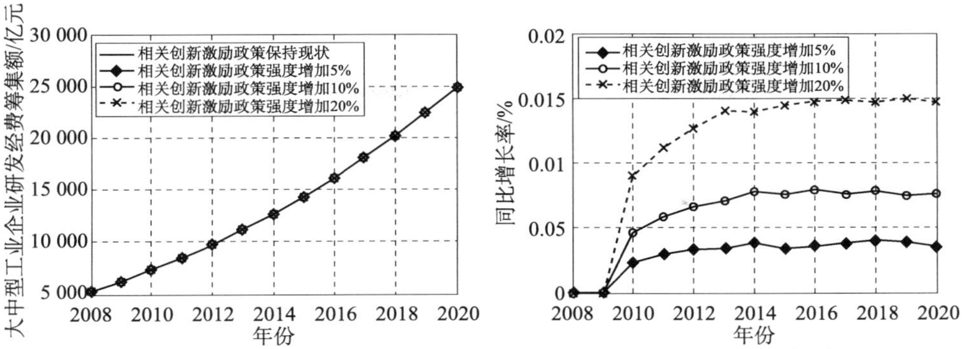

(a) 变化曲线　　(b) 同期比较增长率

图 5-57　政府相关创新激励政策对大中型企业研发经费筹集额的影响

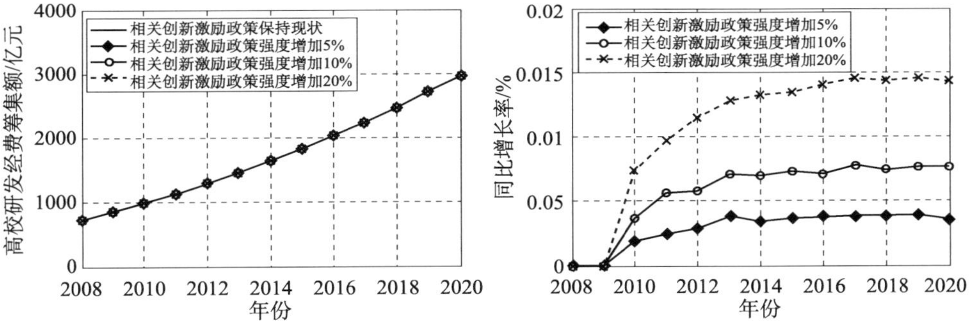

(a) 变化曲线　　(b) 同期比较增长率

图 5-58　政府相关创新激励政策对高校研发经费筹集额的影响

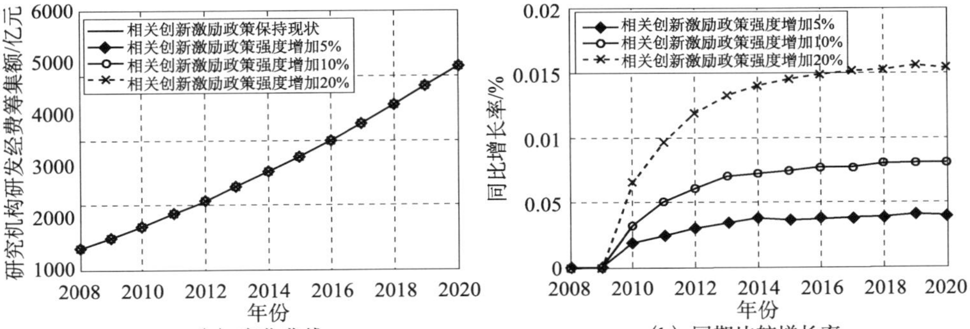

(a) 变化曲线　　(b) 同期比较增长率

图 5-59　政府相关创新激励政策对研究机构研发经费筹集额的影响

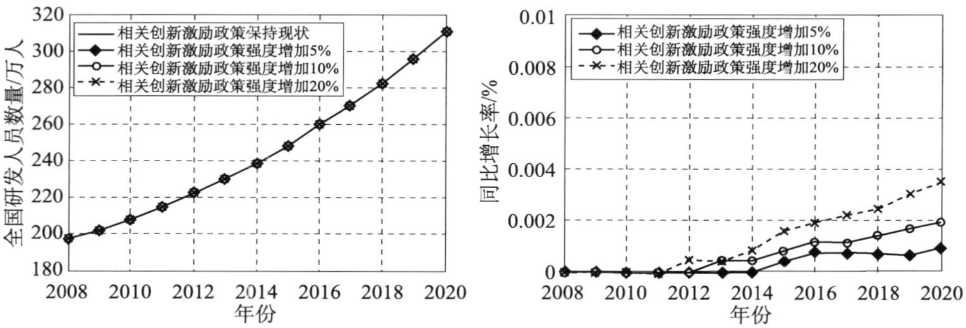

(a) 变化曲线　　(b) 同期比较增长率

图 5-60　政府相关创新激励政策对全国研发人员数量的影响

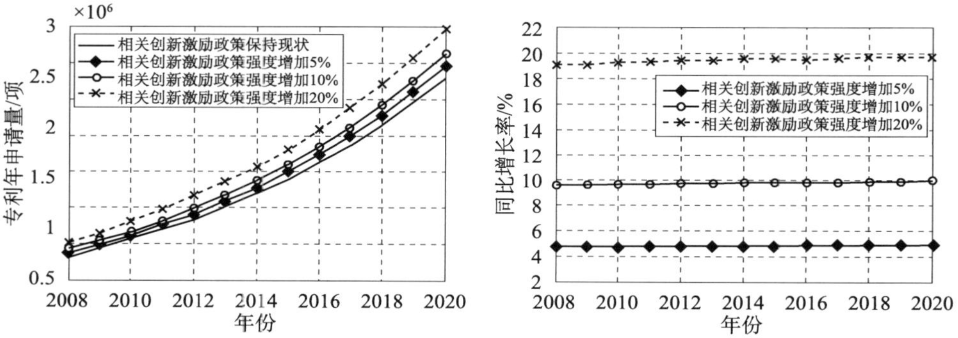

(a) 变化曲线　　(b) 同期比较增长率

图 5-61　政府相关创新激励政策对专利年申请量的影响

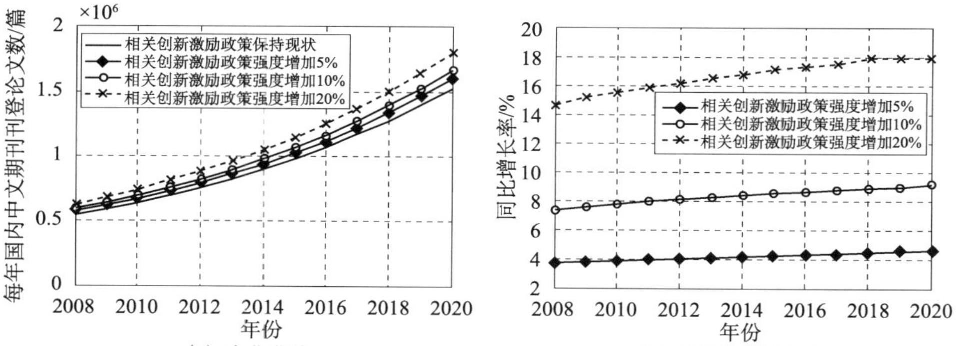

(a) 变化曲线　　(b) 同期比较增长率

图 5-62　政府相关创新激励政策对国内期刊刊登论文数的影响

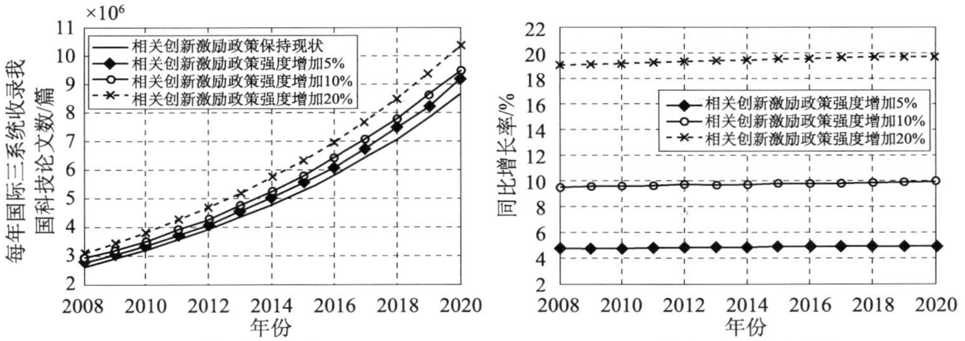

(a) 变化曲线　　(b) 同期比较增长率

图 5-63　政府相关创新激励政策对国际三系统收录我国科技论文数的影响

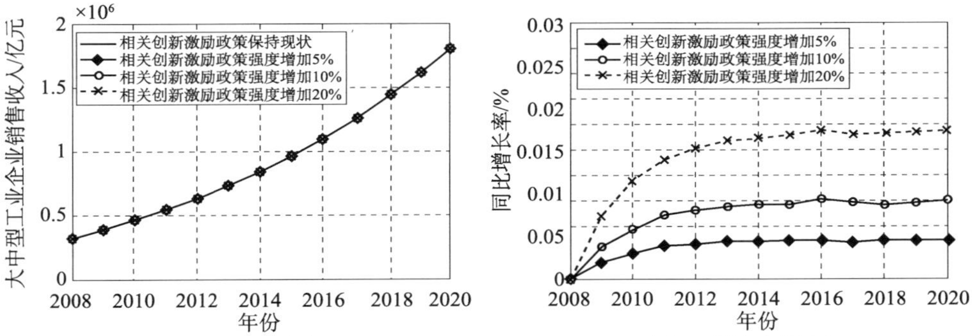

(a) 变化曲线　　(b) 同期比较增长率

图 5-64　政府相关创新激励政策对大中型工业企业销售收入的影响

从政府相关创新激励政策的调整对创新人才开发资金投入影响的模拟结果来看（图 5-57～图 5-59），政府相关创新激励政策对企业、高校和研究机构的研发经费筹集额均呈现正向促进作用，且这种正向促进作用是递增的。这种正向促进作用在政策最初实施的时候并不明显，随着时间的推移，这种正向促进作用逐渐显现出来，但这种影响关系到 2020 年最大时也只有 0.015％。这说明政府相关创新激励政策的调整对企业、高校和研究机构的研发经费筹集有正向促进作用，但是近期的促进作用并不明显，只有持续加大政府相关创新激励政策的调整，才能对企业、高校和研究机构研发经费的筹集产生长远影响。

政府相关创新激励政策的调整对企业、高校和研究机构研发经费筹集的这种并不明显的促进作用主要由以下两点决定：首先，创新激励政策的调整和实施提高了创新人才进行创新活动的积极性，从而增加了创新产出成果，这一变化必定会引发创新主体对研发经费的投入，以满足创新人才进行创新活动，获得尽可能多的创新产出，所以二者为正向促进关系；其次，这也与政府相关创新激励政策的主要内容有关，这些政策的调整大都是注重对创新人才激励的过程，与经费筹集等经济因素并不存在紧密的直接关系，加之创新激励政策从实施到创新产出过程的延时性，所以二者的正向促进关系并不明显。

从政府相关创新激励政策的调整对全国研发人员数量影响的模拟结果来看（图 5-60），政府相关创新激励政策对全国研发人员数量的影响是正向促进的，并且这种正向促进作用是递增的。因此我们可以认为，随着时间的推移，政府相关创新激励政策的力度越大，其对全国研发人员数量的累积作用的贡献就越明显。但是，在政策实施初期，全国研发人员数量并没有变化，后来的变化也比较微弱。这是因为政府相关创新激励政策主要是针对如何激励创新人才创造出更多的创新成果而制定的，虽然可以吸引部分人才进行创新活动，但是由于其制定的目的具有针对性，所以政府相关创新激励政策的调整只能引发研发人员数量微弱的正向变化。

从政府相关创新激励政策对创新人才产出影响的模拟结果来看（图 5-61～图 5-63，政府相关创新激励政策对每年专利申请量、国内期刊刊登论文数和国际三系统收录我国科技论文数的影响是正向促进的，且增长的态势趋于平缓，但是以不同幅度（5%、10%、20%）调整政府相关创新激励政策指数所引起的变化幅度差异还是明显的，所以可以说明研发经费筹集对专利、论文等创新产出具有较直接的反映，加强政府相关创新激励政策可以有效地促进创新人才的创新产出。政府相关创新激励政策对创新人才的种种激励作用都是以提高创新产出成果为目的的，专利和科技论文数量的显著提高证明了政府相关创新激励政策对创新成果的显著成效和重要作用。

从政府相关创新激励政策的调整对创新人才对经济增长贡献的影响模拟结果来看（图 5-64），政府相关创新激励政策的调整对大中型工业企业销售收入呈现正向促进作用。这种正向促进作用在政策最初实施的时候并不明显，随着时间的推移，这种正向促进作用逐渐显现出来，但这种影响关系到 2020 年最大时也不到 0.02%。这说明政府相关创新激励政策的调整对大中型工业企业销售收入有正向的促进作用，但是近期的促进作用并不明显。只有持续加强政府相关创新激励政策的调整，才能对大中型工业企业销售收入产生长远影响。

这一变化的原因可以做如下说明：如上文所述，政府相关创新激励政策的调整对创新产出具有正向促进作用，企业中创新人才的创新产出（包括专利和科技论文等）对企业销售收入具有正向促进作用，所以政府相关创新激励政策的调整对企业销售收入的正向促进作用就可以解释了；但是在创新产出由于政策的调整增幅很大时，企业的销售收入增幅却不明显，这是因为企业的销售收入是受很多因素影响的，虽然政府相关创新激励政策的调整能够提高创新成果的产出，但是从创新成果转化为销售收入还有很长一段时间的延迟，并不能在短期内显现效益，但是由二者的正向促进关系，可以相信政府相关创新激励政策的调整对于企业长期发展和远期利润有客观的价值。

综合以上模拟结果，我们可以得出如下结论："政府相关创新激励政策"的调整对创新人才开发资金投入（包括企业、高校和研究机构的研发经费筹集额)、创新人才的数量（指全国研发人员总数)、创新人才绩效产出（包括专利年申请量、每年国内期刊刊登论文数、每年国际三系统收录我国科技论文数）和创新人才对经济增长的贡献（指大中型企业销售收入）等因素均具有正向的促进作用，但是作用的显著程度不相同。针对提高创新人才绩效产出（包括专利年申请量、每年国内期刊刊登论文数、每年国际三系统收录我国科技论文数）寻求变革方案时，"政府相关创新激励政策"是值得考虑的因素；而对于创新人才开发资金投入（包括企业、高校和研究机构的研发经费筹集额)、创新人才的数量（指全国研发人员总数）和创新人才对经济增长的贡献（指大中型企业销售收入)，政府相关创新激励政策的调整在近期内的影响较不显著，但是对于长远战略的考虑还是具有一定价值的。

第九节 人才分配格局政策对我国创新人才开发的影响

人才分配格局政策主要是指创新人才在各个创新主体部门之间的流动状态，国家通过拓宽创新人才来源渠道、健全创新人才招聘机制、开放创新人才供求市场等相关政策的实施，推动创新人才流动机制，促进创新人才资源的有效配置。

人才分配格局政策对我国创新人才开发的政策模拟过程与上述几个政策有所不同，我们通过调整人才流动的幅度，即分别调整企业、高校和研究机构等创新主体的创新人才之间流动比例的变化（保持原来发展趋势和在其基础上提高 5%、10%）来观测创新人才开发资金投入（包括企业、高校和研究机构的研发经费筹集额)、创新人才的数量（指全国研发人员总数)、创新人才绩效产出（包括专利年申请量、每年国内期刊刊登论文数、每年国际三系统收录我国科技论文数）和创新人才对经济增长的贡献（指大中型企业销售收入）等因素变化的灵敏性和显著性，具体模拟结果如图 5-65～图 5-80 所示。图中"流向企业 5%"是指高校和研究机构各有 5%的创新人才向企业流动，其他类同；本书只考虑各创新主体部门之间创新人才的流动，对于其他研究维度的人才流动，如行业间、地区间等，不在本书的研究范畴之内。

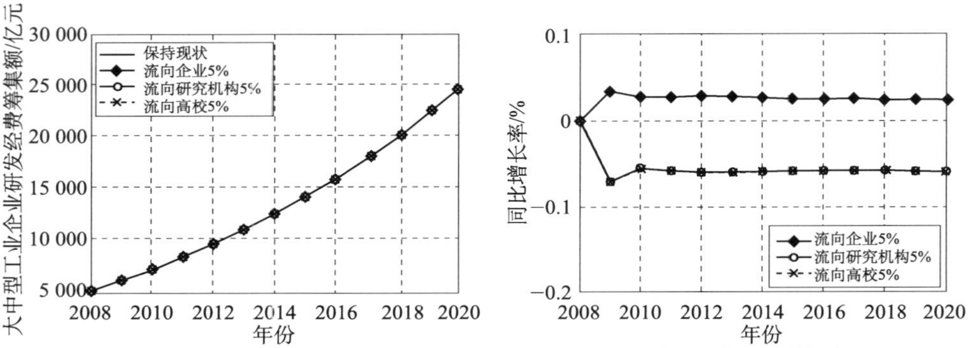

(a) 变化曲线　　(b) 同期比较增长率

图 5-65　人才流动比例为 5%时人才分配格局政策对大中型企业研发经费筹集额的影响

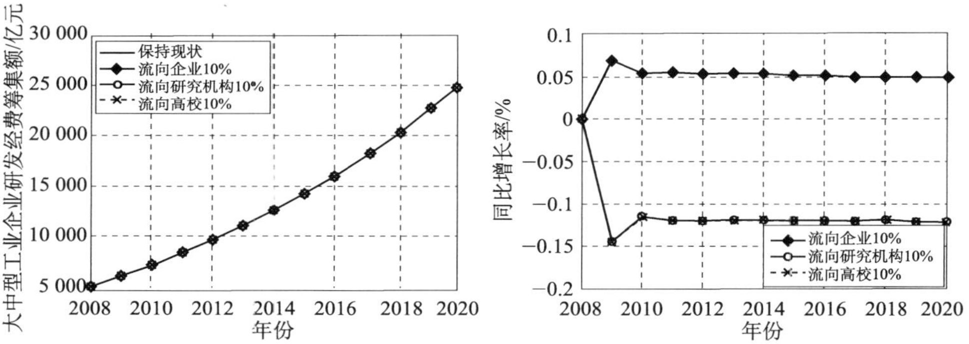

(a) 变化曲线　　(b) 同期比较增长率

图 5-66　人才流动比例为 10%时人才分配格局政策对大中型企业研发经费筹集额的影响

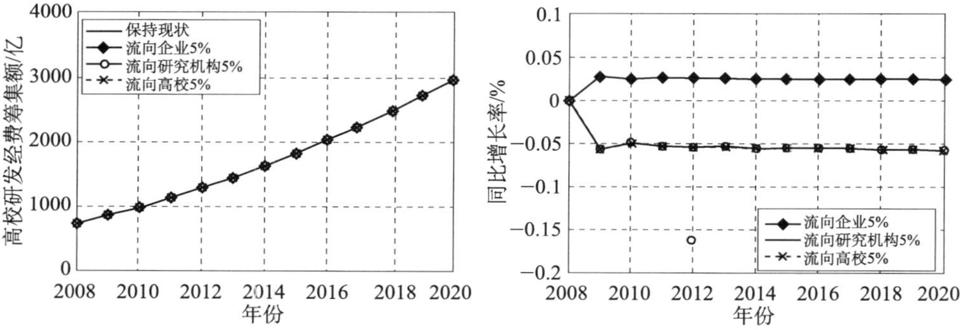

(a) 变化曲线　　(b) 同期比较增长率

图 5-67　人才流动比例为 5%时人才分配格局政策对高校研发经费筹集额的影响

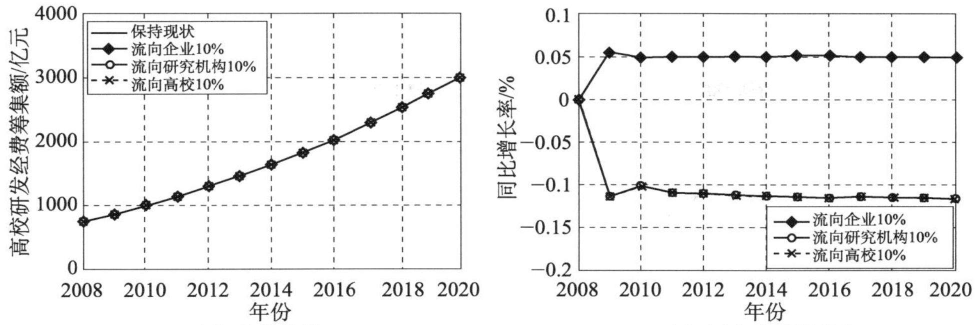

(a) 变化曲线　　(b) 同期比较增长率

图 5-68　人才流动比例为 10%时人才分配格局政策对高校研发经费筹集额的影响

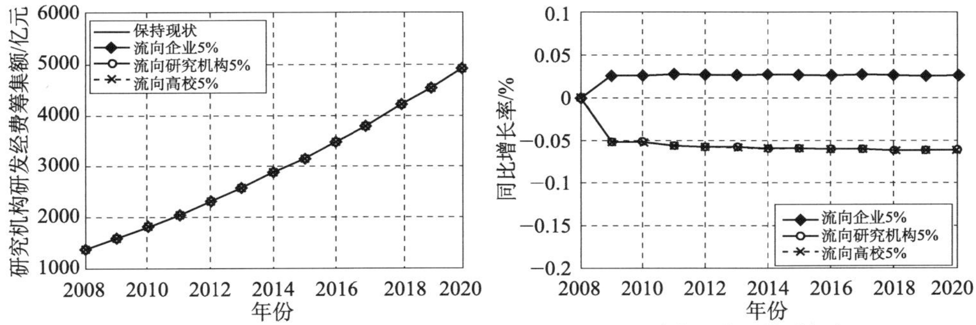

(a) 变化曲线　　(b) 同期比较增长率

图 5-69　人才流动比例为 5%时人才分配格局政策对研究机构研发经费筹集额的影响

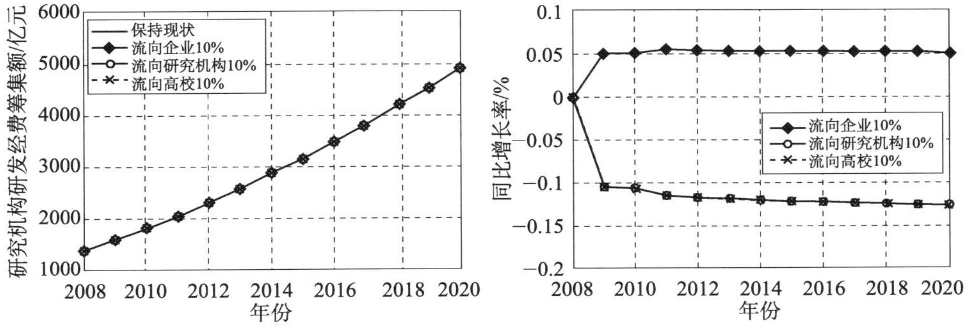

(a) 变化曲线　　(b) 同期比较增长率

图 5-70　人才流动比例为 10%时人才分配格局政策对研究机构研发经费筹集额的影响

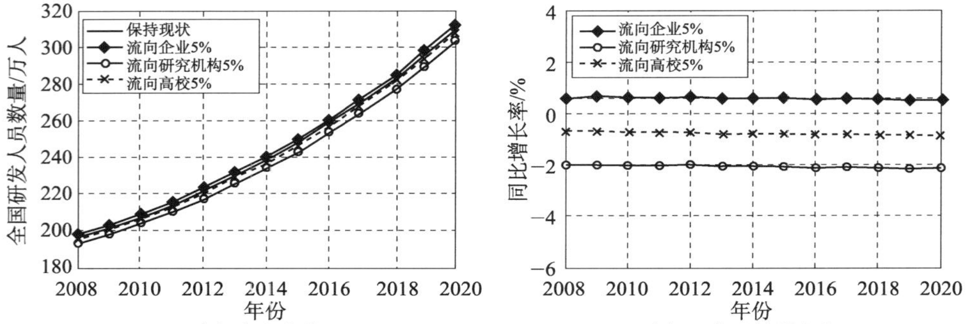

(a) 变化曲线　　　　(b) 同期比较增长率

图 5-71　人才流动比例为 5%时人才分配格局政策对全国研发人员数量的影响

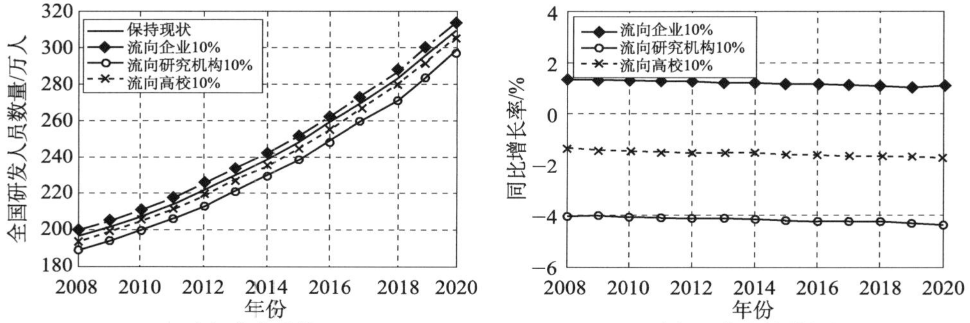

(a) 变化曲线　　　　(b) 同期比较增长率

图 5-72　人才流动比例为 10%时人才分配格局政策对全国研发人员数量的影响

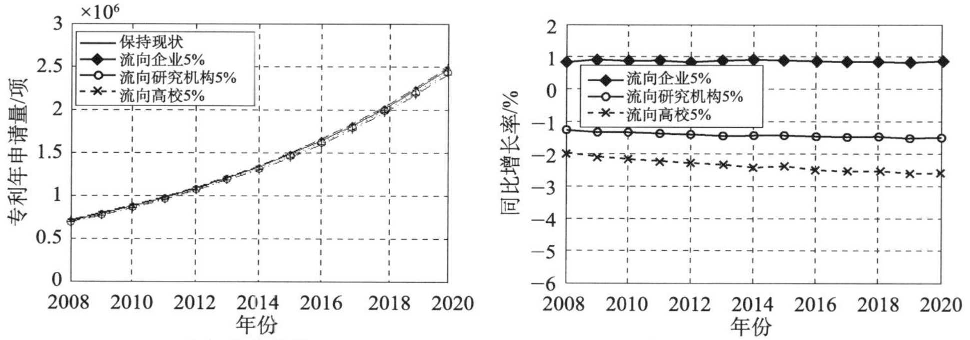

(a) 变化曲线　　　　(b) 同期比较增长率

图 5-73　人才流动比例为 5%时人才分配格局政策对专利年申请量的影响

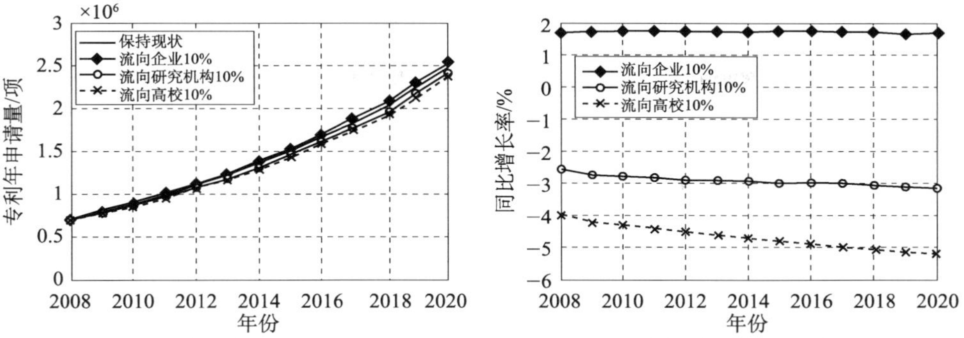

(a) 变化曲线 (b) 同期比较增长率

图 5-74 人才流动比例为 10%时人才分配格局政策对专利年申请量的影响

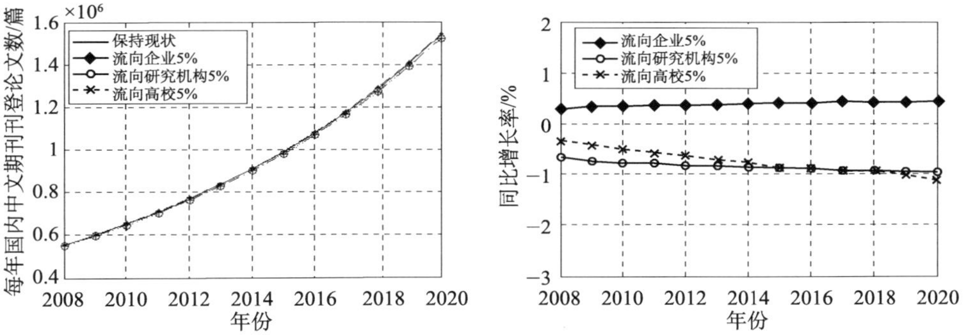

(a) 变化曲线 (b) 同期比较增长率

图 5-75 人才流动比例为 5%时人才分配格局政策对国内期刊刊登论文数的影响

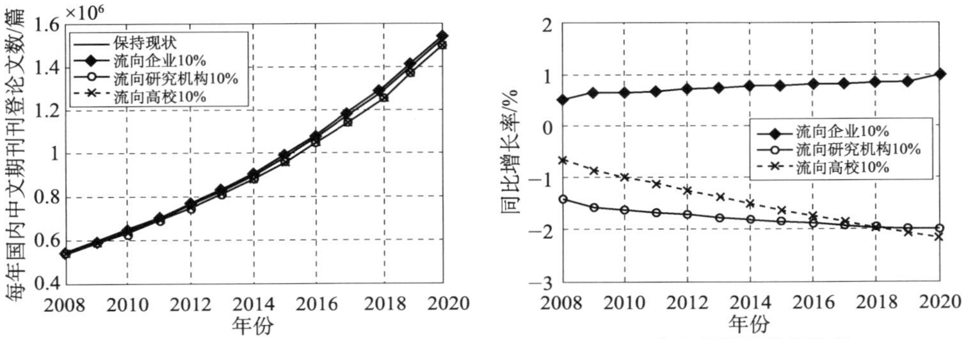

(a) 变化曲线 (b) 同期比较增长率

图 5-76 人才流动比例为 10%时人才分配格局政策对国内期刊刊登论文数的影响

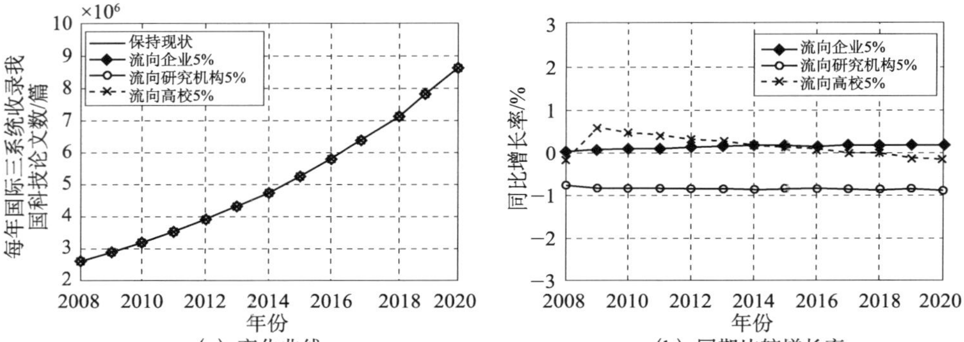

(a) 变化曲线　　(b) 同期比较增长率

图 5-77　人才流动比例为 5%时人才分配政策对国际三系统收录我国科技论文数的影响

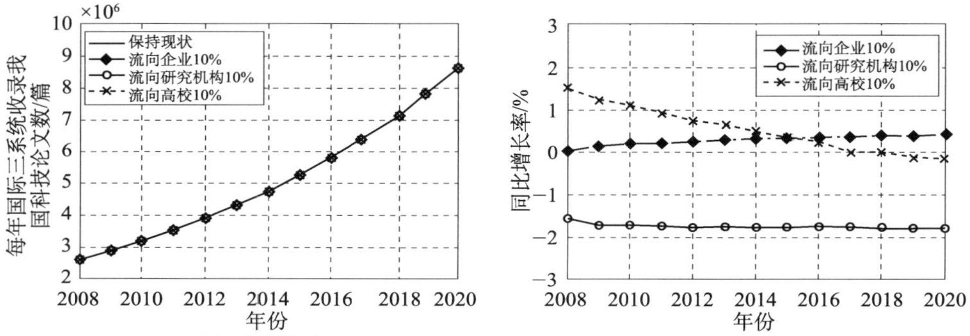

(a) 变化曲线　　(b) 同期比较增长率

图 5-78　人才流动比例为 10%时人才分配政策对国际三系统收录我国科技论文数的影响

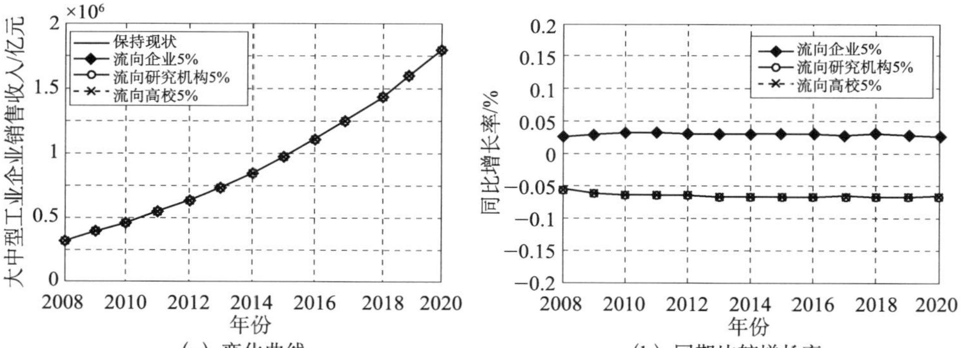

(a) 变化曲线　　(b) 同期比较增长率

图 5-79　人才流动比例为 5%时人才分配政策对大中型工业企业销售收入的影响

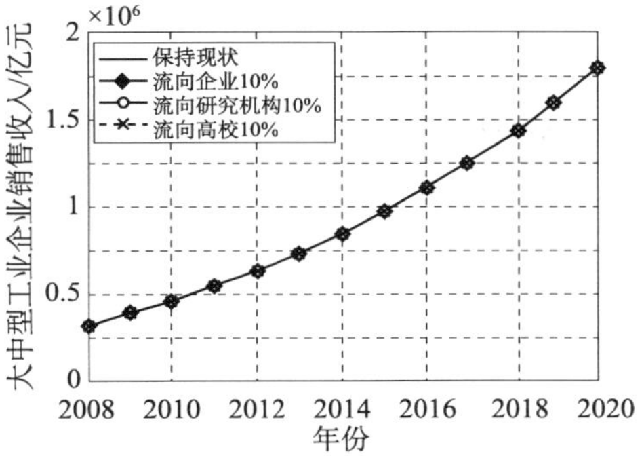

(a) 变化曲线

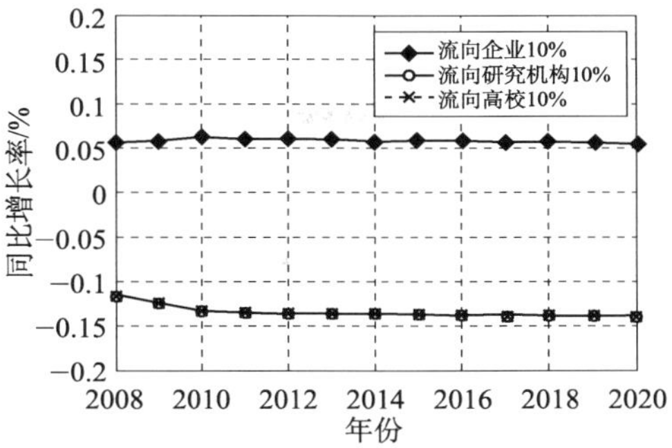

(b) 同期比较增长率

图 5-80　人才流动比例为 10％时人才分配政策对大中型工业企业销售收入的影响

从人才分配格局政策的调整对创新人才开发资金投入影响的模拟结果来看（图 5-65～图 5-70），创新人才流向企业后，企业、高校、研究机构等创新主体部门的研发经费筹集额均呈现正向促进影响趋势，且流动比例越大时，正向促进作用越显著；而创新人才流向高校和研究机构时，各创新主体部门的研究经费筹集额均呈现反向促进作用，且流动比例越大时，反向促进作用越显著。虽然这两种促进作用产生影响作用的绝对数值并不高，但是这两种完全相反的发展态势却值得我们注意。

这种现象产生的原因：对于创新人才来讲，企业具有相对充足的资金和研发环境，更有利于创新人才产出成果，进而增加企业利润，引发经济进步，最终使各个创新主体部门研发经费增加；而创新人才向高校、研究机构流动时，带来的研发经费的变化会低于原预测结果，所以呈现反向促进作用。人才分配格局政策的调整说明创新人才向企业的流动可以促进各个创新主体部门的研发经费筹集，虽然这种促进作用并不十分显著，但是这种趋势足够引起我们对其的重视。

从人才分配格局政策对全国研发人员数量影响的模拟结果来看（图 5-71、图 5-72），创新人才向企业流动与全国研发人员数量呈正向促进关系，创新人才向高校和研究机构流动与全国研发人员数量呈反向促进关系，且流动比例越大时促进作用越显著。

产生这一现象的原因：当国家人才分配格局政策向企业倾斜时，有利于创新主体部门筹集更多研发资金，这就促使了创新人才能更高效地产出创新成果，从而形成良性循环，这种良好的氛围必然会吸引更多的具有创新潜质的人才投入到创新工作中，最终促使研发人员总数的提高；创新人才流向高校和研发机构的情况反之。

从人才分配格局政策对创新人才产出成果的模拟结果来看（图 5-75～图 5-78），创新人才向企业流动与每年专利申请量、国内期刊刊登论文数和国际三系统收录我国科技论文数均呈正向促进关系，创新人才向高校和研究机构流动与每年专利申请量、国内期刊刊登论文数和国际三系统收录我国科技论文数均呈反向促进关系，且流动比例越大时促进作用越显著。

产生这一现象的原因与创新人才流动到企业产生企业研发经费筹集和研发人员数量的增加效应有关，二者共同作用必然会促使专利申请量、国内期刊刊登论文数和国际三系统收录我国科技论文数等创新成果产出量的增加；创新人才流向高校和研发机构的情况反之。

从人才分配格局政策对大中型工业企业销售收入的模拟结果来看（图 5-79、图 5-80），创新人才向企业流动与大中型工业企业销售收入呈正向促进关系，创新人才向高校和研究机构流动与大中型工业企业销售收入呈反向促进关系，且流动比例越大时促进作用越显著。虽然这两种促进作用产生影响作用的绝对数值并不高，但是这两种完全相反的发展态势却值得我们注意。

产生这一现象的原因与创新人才流动到企业后产生创新成果的增加效应有关，创新产出的增加必然会促使企业销售收入的增加；创新人才流向高校和研发机构的情况反之。

综合以上模拟结果，我们可以得出如下结论："人才分配政策"在向企业倾斜时，会使创新人才开发资金投入（包括企业、高校和研究机构的研发经费筹集额）、创新人才的数量（指全国研发人员总数）、创新人才绩效产出（包括专利年申请量、每年国内期刊刊登论文数、每年国际三系统收录我国科技论文数）和创新人才对经济增长的贡献（指大中型企业销售收入）等因素均有不同程度的正向促进作用；而"人才分配政策"促使创新人才流向高校和研究机构时，以上因素均受到反向促进作用的影响。这些现象证明了创新人才流动过程中向企业聚集给各个创新主体，以及整个社会经济带来了不同程度的推动作用，虽然这种促进作用在数值上并不十分显著，但是这种趋势足够引起我们对其的重视。

第六章　我国创新人才需求与开发的政策模拟与政策建议

第一节　我国创新人才开发综合政策模拟

通过第五章对科技拨款占国家财政支出的比例、高等教育投入占国家财政支出的比例、人才培养政策、科技贷款政策、新产品税收政策、吸引海外人才政策、促进产学研联系相关政策、政府创新激励相关政策和人才分配格局政策等的单独调整而得到的模拟结果，我们可以看出，不同的政策对不同的观测因素的影响结果和程度存在明显的差异。但是实际社会系统中，不可能存在单独调整一个政策来有效实现创新人才开发的目的。所以本章将要讨论上述政策同时进行不同程度的调整时，其综合政策作用对于创新人才开发资金投入（包括企业、高校和研究机构的研发经费筹集额）、创新人才的数量（指全国研发人员总数）、创新人才绩效产出（包括专利年申请量、每年国内期刊刊登论文数、每年国际三系统收录我国科技论文数）和创新人才对经济增长的贡献（指大中型企业销售收入）等因素的影响，最后通过各个政策按不同强度综合作用的模拟结果对未来10年我国创新人才开发进行了范围和趋势的预测，为有效解决我国创新人才开发问题提供政策依据和解决对策。

需要说明的是，创新人才开发综合政策调整分为强和弱两个强度来模拟，并纵向比较不同强度的综合政策对被测因素的影响。每个政策具体的调整强度为：科技拨款占国家财政支出的比例调整强度为提高10%和5%，高等教育投入占国家财政支出的比例为提高10%和5%，人才培养政策影响指数调整强度为提高80%和40%，科技贷款政策影响指数调整强度为提高10%和5%，新产品税收政策影响指数调整强度为提高2%和1%，吸引海外人才政策指数调整强度为提高40%和20%，促进产学研联系相关政策影响指数调整强度为提高10%和5%，政府相关创新激励政策影响指数调整强度为提高10%和5%，人才流动比例调整强度为将流向企业的创新人才提高10%和5%。

从创新人才开发综合政策的调整对创新人才开发资金投入影响的模拟结果来看（图6-1～图6-3），创新人才开发综合政策对企业、高校和研究机构的研发经费筹集额均呈现正向促进作用，且调整强度越大，正向促进作用越显著。综合政策调整的模拟结果较单独调整一个政策对研发经费筹集额的正向促进作用更显著，且其增幅较平缓，波动较小，这对于企业、高校和研究机构的创新研发活动都是大有裨益的。

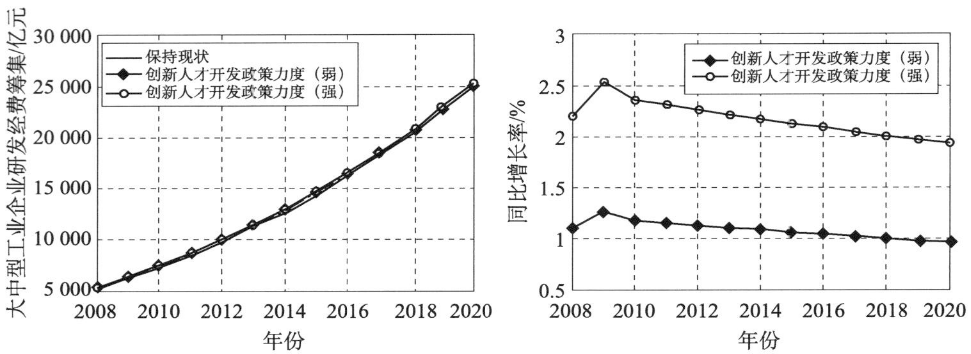

（a）变化曲线　　（b）同期比较增长率

图 6-1　创新人才开发综合政策调整对大中型企业研发经费筹集额的影响

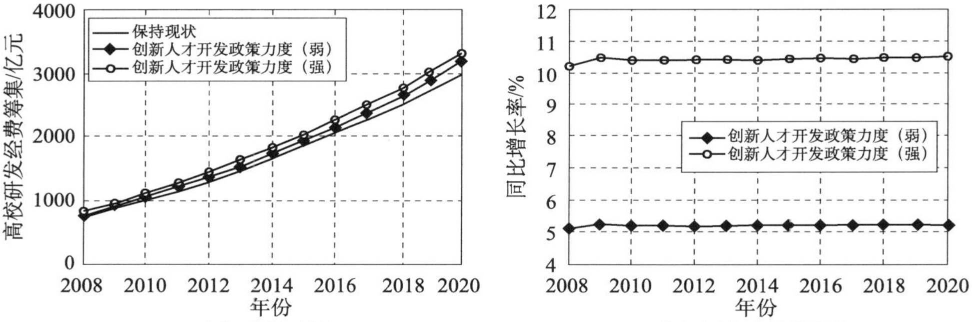

（a）变化曲线　　（b）同期比较增长率

图 6-2　创新人才开发综合政策调整对高校研发经费筹集额的影响

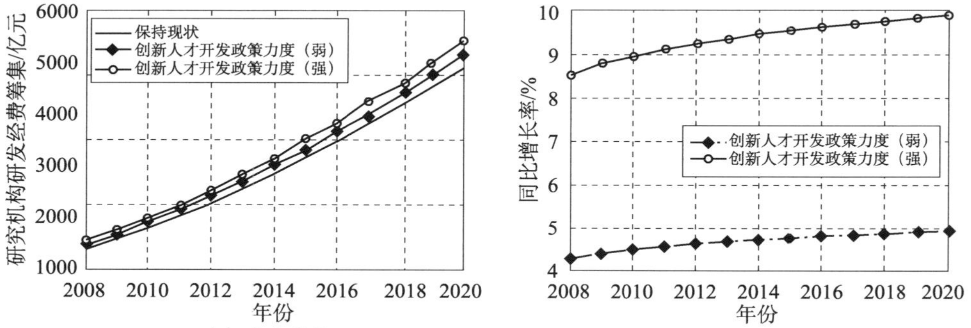

（a）变化曲线　　（b）同期比较增长率

图 6-3　创新人才开发综合政策调整对研究机构研发经费筹集额的影响

从创新人才开发综合政策的调整对全国研发人员数量影响的模拟结果来看（图 6-4），创新人才开发综合政策对全国研发人员数量的影响是正向促进的，并且这种正向促进作用是递增的，调整强度越大，正向促进作用越显著。综合政策调整的模拟结果较单独调整一个政策对于全国研发人员数量的正向促进作用更显著，且其增幅较大，波动较小，研发人员总数的这种增势对我国创新人才匮乏的现状来讲，是一种我们很希望看到的现象。

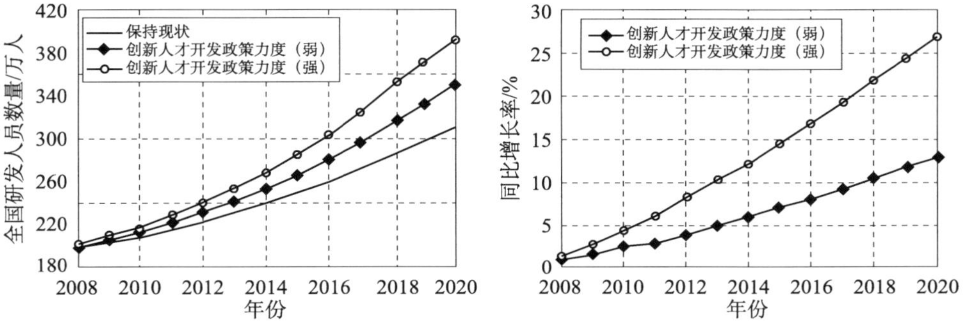

（a）变化曲线　　（b）同期比较增长率

图 6-4　创新人才开发综合政策调整对全国研发人员数量的影响

从创新人才开发综合政策调整对创新人才产出影响的模拟结果来看（图 6-5～图 6-7），创新人才开发综合政策对每年专利申请量、国内期刊刊登论文数和国际三系统收录我国科技论文数的影响是正向促进的，并且这种正向促进作用是递增的，调整强度越大，正向促进作用越显著。综合政策调整的模拟结果较单独调整一个政策对于创新成果产出的正向促进作用更显著，且其增幅较大，波动较小，创新成果大量产出并一直保持稳定的上升态势，对我国建设创新型国家具有重要的意义。

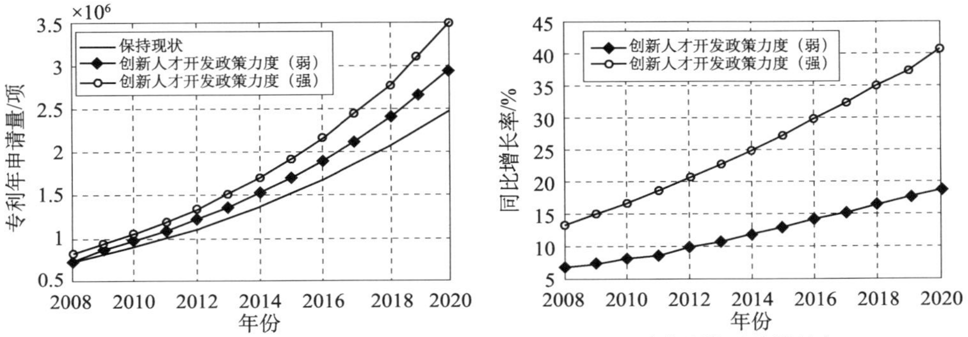

（a）变化曲线　　（b）同期比较增长率

图 6-5　创新人才开发综合政策调整对专利年申请量的影响

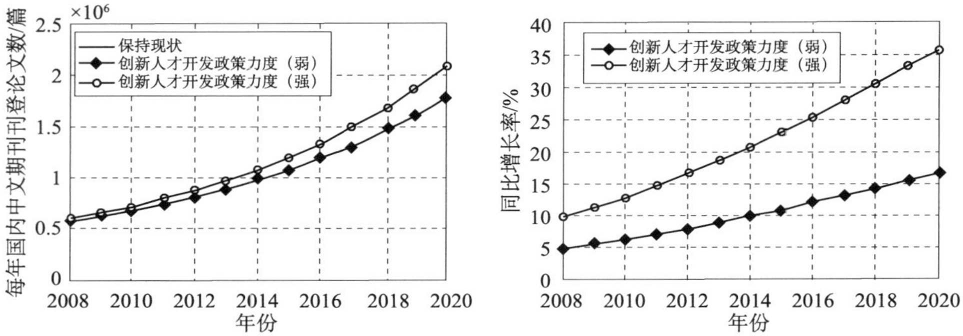

（a）变化曲线　　（b）同期比较增长率

图 6-6　创新人才开发综合政策调整对国内期刊刊登论文数的影响

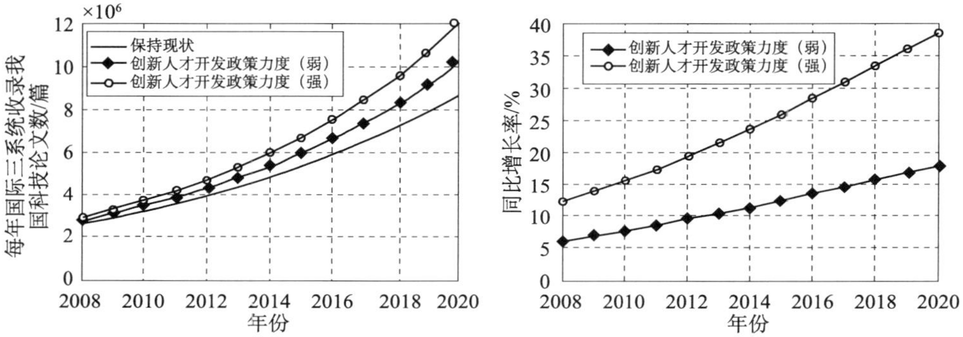

（a）变化曲线　　（b）同期比较增长率

图 6-7　创新人才开发综合政策调整对国际三系统收录我国科技论文数的影响

从创新人才开发综合政策调整对创新人才对经济增长贡献的影响模拟结果来看（图 6-8），创新人才开发综合政策调整对大中型工业企业销售收入呈现正向促进作用，并且这种正向促进作用是递增的，调整强度越大，正向促进作用越显著。综合政策调整的模拟结果较单独调整一个政策对于大中型工业企业销售收入的正向促进作用更显著，且其增幅较大，波动较小，大中型工业企业销售收入一直保持稳定的上升态势，对促进我国经济增长具有重要的作用。

通过创新人才开发综合政策调整模拟的结果可以得出如下结论：针对我国创新人才开发的现状，并分析以上创新人才开发综合政策调整的模拟结果，本书认为我国创新人才开发的综合政策需要按照较强的政策强度对各个外生变量的政策因素进行不同程度的调整，即科技拨款占国家财政支出的比例调整强度为提高 10%，高等教育投入占国家财政支出的比例为提高 10%，人才培养政策影响指数调整强度为提高 80%，科技贷款政策影响指数调整强度为提高

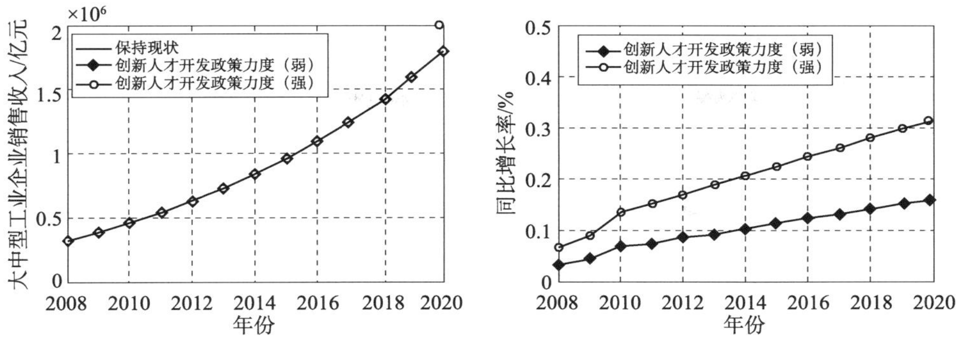

(a) 变化曲线　　(b) 同期比较增长率

图 6-8　创新人才开发综合政策调整对大中型工业企业销售收入的影响

10%，新产品税收政策影响指数调整强度为提高 2%，吸引海外人才政策指数调整强度为提高 40%，促进产学研联系相关政策影响指数调整强度为提高 10%，政府相关创新激励政策影响指数调整强度为提高 10%，人才流动比例调整强度为将流向企业的创新人才提高 10%，到 2020 年，我国创新人才总量（即模拟结果中的研发人员总量）可以超过 380 万人年，可以达到我国《国家中长期人才发展规划纲要（2010—2020 年）》中规定的目标，基本解决了我国创新人才匮乏的现实问题。

第二节　我国创新人才需求与开发的政策建议

一、我国创新人才需求政策建议

1. 加强企业创新需求意识对策分析

（1）国有大型企业重视创新。推动和促进国有企业技术创新的基本条件是国有企业成为技术创新的主体，而作为一个独立企业成为技术创新主体的基本要求是国有企业具备了创新主体的制度特征。我国国有企业的技术创新管理能力普遍较弱，应通过企业制度创新提高国有企业的创新管理能力。[145]一方面，要制定出适宜的创新战略，即在分析技术发展趋势、竞争对手战略、自身技术能力等情况下制订长期性创新计划。另一方面，建立起高效的创新机制。这种高效的创新机制应是人尽其才、沟通顺畅、合作有效。人尽其才是指有条件充分发挥创新人员的创造力，调动他们的积极性；沟通顺畅是指企业内研发、生产、营销与综合部门之间具有良好的沟通方式，实施企业内技术创新的大协作；合作有效则是指在与企业外部力量的合作方面要具有行之有效的方法和经验。通过企业内部组织制度和管理制度创新可以达到上述要求，从而提高国有企业的创新管理能力。

技术创新属于高投入、高风险、高收益的技术经济活动，为安全起见，商业银行的贷款一般不愿意为企业技术创新提供外部资金支持。[146] 国有企业的资金更多用于生产经营，创新资金的缺乏阻碍了技术创新的进一步发展。必须通过企业制度创新改变这一状况。

推行现代企业制度，把国有企业的所有权与法人财产权分开，形成科学的法人治理结构，规范国有资产的委托—代理关系，国家作为出资者只承担有限责任，这样国有企业在外在的市场竞争压力下就会产生进行技术创新的要求，在技术创新能够获取超额利润的市场信号诱导和政府政策法规引导的配合下，国有企业就很容易建立技术创新的投资机制与运行机制，成为技术创新的主体。

另外，国有大中型企业应该意识到网络招聘在人力资源竞争市场中的重要作用，重视网络招聘这种越来越普遍的人才招聘方式，并且积极运用互联网平台对企业进行宣传并扩大企业影响力，从某种程度上讲，对于网络招聘平台的认可和使用也是企业创新意识的一种表现形式。[147,148]

(2) 中小企业强化创新需求。中小企业是高新技术产业化创新的重要力量，高新技术产业化创新是当代人类新型生产力和新型生产方式的载体。[149] 作为我国企业主体的中小企业，其对高新技术产业化需求的规模和水平在很大程度上决定着我国高新技术产业化创新实践发展的进程。发达国家实践已经证明，中小企业在高新技术产业化创新活动中并不落后于大企业，相反，中小企业技术创新的数量和质量比大企业还要高。根据美国商务部统计，20 世纪科学技术的发展一大半是小企业的功劳，如复印机、胰岛素、真空管、青霉素、拉链、自动变速装置、喷气发动机、直升机、彩色电影等。因此，20 世纪主要技术创新 60%由独立发明人或小企业完成。据研究，小企业的创新成本比大企业低。[150,151] 雇员小于 1000 人的企业的创新成本约是中等规模企业（1 000～10 000 人）的 1/4、大企业（10 000 人以上）的 1/25。

因此，中小型高新技术企业的需求规模和水平是影响和决定中小企业高新技术产业化创新需求创造的重要因素。提高中小型高新技术企业需求创造能力，是强化中小企业高新技术产业化创新需求的重中之重。发达国家的实践表明，通过建立和完善适宜于中小型高新技术企业技术创新的宏观社会政策环境，能提高高新技术创新企业需求创造的规模，进而提高社会高新技术创新的整体能力。

（3）政府有效干预和组织。需求创新是高新技术产业化的重要条件，也是中小企业高新技术产业化实践的主要方式。发达国家实践表明，中小企业在高新技术产业化创新中的地位和作用不可低估。[152,153]而政府有效干预和组织也是高新技术产业化创新实践可持续发展的重要条件。因此，政府在中小企业高新技术产业化创新需求创造方面也具有不可替代的作用。

作为高新技术创新活动基础和前提的研究与开发，随着高新技术创新活动的国际化和产业化，正在向合作创新模式转变。因此，政府创造条件扶持中小企业与大企业、高校、科研院所、政府科研机构及跨国公司进行研究与开发合作创新，对提高中小企业研究与开发需求规模以至高新技术产业化创新需求水平都具有十分重要的意义。[154]政府对中小企业研究与开发合作创新形式的扶持和引导，是提高社会研究与开发投入规模的重要手段。具体地，政府扶持和引导中小企业研究与开发合作创新方式的主要手段有以下几项。

① 提高政府财政支出对中小企业研究与开发合作创新模式的支持力度，使政府高新技术研究与开发财政投入成为引导和集聚中小企业研究与开发合作创新的重要杠杆。

② 加强对中小企业与其他行为主体研究与开发合作创新成果的知识产权保护制度建设。

③ 制定必要的优惠政策，在政府预算、财政支出、金融、税收等方面扶持中小企业研究与开发合作创新模式。

④ 推动研究与开发活动的“产、学、研”结合，规范和优化中小企业、大企业和研究机构之间的利益关系。

⑤ 创造条件促进中小企业研究与开发合作创新的国际化进程，刺激中小企业研究与开发的国际合作需求，提高中小企业合作创新的效率。

2. 完善人才教育培养模式对策分析

高校培养创新人才要在结合社会需求的前提下注重实践环节的训练，可以从以下两个方面着手。

（1）建立学生创新基地。一般说来，创新不是教而得之的，只有学生积极、多方面地探索，创新才能逐渐成为他自身品质的一部分。这是由于理论与实际是两个不同的范畴，前者属主观范畴，后者属客观范畴，主观与客观既对立又统一，理论与实际不一致的地方，往往就有新发现。许多科学家就是在求学期间发现已有理论基础无法解释的新现象，带着疑惑走上工作岗位，终生研究和探索，最终有新发现、新发明、新创造和新贡献。因此，我们在教学中需要给学生的自主活动留有一定的空间，给学生营造一定的问题氛围，让他们从自身的活动出发，得出种种新的看法和认识。为了培养学生的科研素质，高校应鼓励有科研项目的教师吸纳学生加入自己的课题研究之中，在教师的引导下熟悉科研过程、感受教师的科研精神、接受科研氛围熏陶。学生创新基地的建立，为创新人才的培养提供了必要的实践平台和训练环境，与创新课程的学习相辅相成，学习创新知识和运用创新知识（创新实践）对于创新人才的培养同样重要，两者不可偏废。从理论上来说，这是学生创新素质形成的一种重要机制，为创新能力培养奠定了基础，而创新能力的形成必须借助特定实践环境（如大学生创新基地）。创新基地的建立和建设能在某种程度上改变应试教育的培养模式。实现从“以教师为中心”向“以学生为中心”的转变、为学生的实践创新营造良好环境和氛围。因而，创新基地应以学生为主体，实行“老师指导，自我管理”，使学生处于主动地位，对创新项目及相关指导老师进行自主选择。创新基地的建设可以多样化，比如，可建立实验型创新基地，引入德国慧鱼公司推出的“创意组合模型”，对学生进行“创新组合”方面的训练，培养学生的创新设计能力，提高学生综合利用知识解决实际问题的能力及动手能力。学生在该基地中可根据自己的兴趣和目标，在保证完成一定数量的基本实验的基础上，充分利用实验条件，提出拓展性、延伸性和综合性实验项目或具有创新见解的工程训练的考核内容。这种实验型创新可打破传统的演示性、验证性、单一性的实验模式，建立新型的设计性、综合性的实验体系。

（2）走产学研合作教育的道路。产学研合作教育被当今世界公认为是一种培养素质全面，既有理论又有能力的新型人才培养模式。美国的“硅谷”、日本的“筑波”、我国的“中关村”、台湾地区的“新竹”等，都是产学研合作高新技术开发的成功范例。建立以高校为中心，高新技术产业群为基础，构建教学、科研、生产三位一体的科技工业园区，则可以大大加强科研成果的应用率，大大缩短从理论成果向实际产品转化的周期，从而极大地激发高校科研人员及学生的创新精神；另外，产业发展的利益内需将促使企业与高校联合、融合，既向高校提供大量的创新人才需求，也为高校培养创新人才提供了绝佳的第二课堂。最终，产业与高校将形成相互依存、相互促进的良性格局，培养出优秀的创新人才。众所周知的硅谷、中关村便是这一模式的典型例子。硅谷，实际上是以美国斯坦福大学、加利福尼亚大学伯克利分校为主导，3000多家高科技企业和开发机构为基础，高校以产业发展的创新科技为后盾，互动发展。[155]一方面培养出了不计其数的创新人才，另一方面也使产业部门的高新技术得到了迅速发展。近年来，我国加大力度建立这一模式的尝试，取得了一些成绩，不少高校自主创业，培养了较突出的人才和取得了良好的社会效益，如北大方正、清华同方等。但是，中国数以千计的高校遍布全国，仍然蕴藏着极大的能量，应进一步探索工业园区模式，培养创新人才，服务产业发展，去完成时代赋予的历史使命。

另外，对于研究生的教育更要强化实践环节，大力提高研究生的综合实践能力。[156,157]研究生对知识的掌握和创造能力的形成，最终都将通过实践活动进行检验。实践活动，特别是创造性实践活动，是培养研究生创造性思维、创造技能及实现创造目标的手段和桥梁，是培养创造能力的关键环节。在现代研究生教育过程中，必须加强研究生的科技活动和社会实践，应当以“创新源于实践”作为研究生教育创新工程的宗旨，使广大研究生通过实验室课程选修、研究实验、研发实践、自主研发和自主创业等多个层次逐步拓宽研究生的视野，通过创造性的科学研究和社会实践培养研究生的创新能力。要大力提倡研究生参与指导教师的科研项目，参与研究生创新实践基地的活动，参与企业的技术革新与改造等。

二、我国创新人才开发对策分析

上文对于各个外生变量的政策因素进行不同程度的调整（如 10%、40%等），主要分为两种情况进行具体操作。第一种是，对于科技拨款占国家财政支出的比例、高等教育投入占国家财政支出的比例这两个数值化的政策，只要直接将两个比例均提高 10%即可；第二种是，对于其他政策外生变量来说，是通过一系列措施的实施来实现政策的成效性，所以很难描述政策调整的强度比例，本书描述这些调整强度的数值是通过对各个政策实施的效果而进行的量化，具体采取怎样的政策对策才能达到上文提出的实施效果是本节要讨论的内容。

1. 人才培养政策

高校以提高高校毕业生的创新能力为目的，建立了学校教育和实践锻炼相结合、国内培养和国际交流合作相衔接的开放式人才培养模式。探索并推行创新型教育方法，突出培养学生的科学精神、创造性思维和创新能力。加强实践培养，依托国家重大科研项目和重大工程、重点学科和重点科研基地、国际学术交流合作项目，建设一批高层次创新型科技人才培养基地。建立人才培养结构与经济社会发展需求相适应的动态调控机制，优化教育学科专业、类型、层次结构和区域布局。完善创新人才培养模式，全面推进素质教育。坚持因材施教，建立高等学校拔尖学生重点培养制度，实行特殊人才特殊培养。改革高等学校招生考试制度，建立健全多元招生录取机制，提高人才培养质量。调整优化高等学校学科专业设置，加大急需研发人才和紧缺技术、管理人才的培养力度，大规模开展重点领域专门人才知识更新培训。着眼于人才基础性培养和战略性开发，提升我国未来人才竞争力，在自然科学、哲学社会科学和文化艺术等重点学科领域，每年重点培养扶持一批青年拔尖人才；在高水平研究型大学和科研院所的优势基础学科建设一批国家青年英才培养基地，按照严入口、小规模、重特色、高水平的原则，每年选拔一批拔尖大学生进行专门培养；为培养造就未来国家所需的高素质、专业化管理人才，每年从应届高中、大学毕业生中筛选若干优秀人才送到国外一流大学深造，并进行定向跟踪培养。把社会主义核心价值体系教育贯穿于人才培养开发的全过程中，不断提高学生的思想道德水平，注重理想信念教育建设，培育拼搏奉献、艰苦创业、诚实守信、具有团结协作精神的全面人才。

对于企业来说，要完善以企业为主体、职业院校为基础，学校教育与企业培养紧密联系、政府推动与社会支持相结合的高技能人才培养培训体系。加强职业培训，统筹职业教育发展，整合利用现有各类职业教育培训资源，依托大型骨干企业（集团）、重点职业院校和培训机构，建设一批示范性国家级高技能人才培养基地和公共实训基地。改革职业教育办学模式，大力推行校企合作、工学结合和顶岗实习。完善在职人员继续教育制度，分类制定在职人员定期培训办法，倡导干中学。实施国家高技能人才振兴计划，促进技能人才评价多元化，制定高技能人才与工程技术人才职业发展贯通办法，建立高技能人才绝技绝活代际传承机制。广泛开展各种形式的职业技能竞赛和岗位练兵活动，建设一批工程创新训练基地，建立和完善与国际接轨的工程师认证认可制度，提高工程技术人才职业化、国际化水平。

2. 政府相关创新激励政策

用科学研究成果检验人才工作成效，人才资源优先开发、人才结构优先调整、人才投资优先保证、人才制度优先创新，构建与社会主义市场经济体制相适应、有利于科学发展的人才发展体制机制，最大限度地激发人才的创造活力。改革人才发展体制机制，完善人才管理体制，创新人才培养开发、评价发现、选拔任用、流动配置、激励保障机制，营造充满活力、富有效率、更加开放的人才制度环境。

鼓励和支持科技人员在创新实践中成就事业并享有相应的社会地位和经济待遇，建立以学术和创新绩效为主导的资源配置和学术发展模式，改进科技评价和奖励方式，健全科研院所分配激励机制，注重向科研关键岗位和优秀拔尖人才倾斜。改善青年科技人才的生活条件，有条件的城市可在国家保障性住房建设中优先解决科技人才的住房问题。改进专业技术人才收入分配等激励办法，改善基层专业技术人才工作、生活条件，拓展职业发展空间。改进完善院士制度，注重院士称号精神激励作用，规范院士学术兼职。完善重点领域科研骨干人才分配激励办法。

加快人才工作法制建设，建立健全人才法律法规，坚持依法管理，保护人才合法权益。坚持用法制保障人才，推进人才管理工作科学化、制度化、规范化，形成有利于人才发展的法制环境。加强立法工作，建立健全涵盖国家人才安全保障、人才权益保护、人才市场管理，以及人才培养、吸引、使用等人才资源开发管理各个环节的人才法律法规。

实施国家知识产权战略。制定职务技术成果条例，完善科技成果知识产权归属和利益分享机制，保护科技成果创造者的合法权益。明确职务发明人权益，提高主要发明人受益比例。制定职务发明人流动中的利益共享办法。建立非职务发明评价体系，加强对非职务发明创造的支持和管理。制定国家支持个人和中小企业发明创造的资助办法，鼓励其创造知识财产。加强专利技术运用转化平台建设。完善非物质文化遗产传承人知识产权保护相关措施。完善知识产权工作体系，加大知识产权宣传普及和执法保护力度。建立健全有利于知识产权保护的社会信用制度。营造保护知识产权的法制、市场和文化氛围，提升知识产权创造、运用、保护和管理能力，推进国际合作交流。

完善分配、激励、保障制度，建立健全与工作业绩紧密联系、充分体现人才价值、有利于激发人才活力和维护人才合法权益的激励保障机制。完善各类人才薪酬制度，加强对收入分配的宏观管理，逐步建立秩序规范、激发活力、注重公平、监管有力的工资制度。坚持精神激励和物质奖励相结合，健全以政府奖励为导向、用人单位和社会力量奖励为主体的人才奖励体系。完善以养老保险和医疗保险为重点的社会保障制度，形成国家、社会和单位相结合的人才保障体系。

3. 吸引海外人才政策

加大海外高层次创新创业人才引进力度。大力吸引海外高层次人才和急需紧缺专门人才，坚持自主培养开发与引进海外人才并举，积极利用国（境）外教育培训资源培养人才。遵循社会主义市场经济规律和人才成长规律，加快人才发展体制机制改革和政策创新，扩大对外开放，开发利用国内国际两种人才资源，以高层次人才、高技能人才为重点统筹推进各类人才队伍建设。

大力吸引海外高层次人才回国创新创业，制定完善出入境和长期居留、税收、保险、住房、子女入学、配偶安置、担任领导职务、承担重大科技项目、参与国家标准制定、参加院士评选和政府奖励等方面的特殊政策措施。建立海外高层次人才特聘专家制度。鼓励海外留学人员回国工作、创业或以多种方式为国服务。加强留学人员创业园区建设，提供创业资助和融资服务。建立统一的海外高层次人才信息库和人才需求信息发布平台。完善外国人永久居留权制度，吸引外籍高层次人才来华工作。加大引进国外智力工作力度，探索实行技术移民，制定国外智力资源供给、发现评价、市场准入、使用激励、绩效评估、引智成果共享等办法。扩大国家公派出国留学和来华留学规模。开发国（境）外优质教育培训资源，完善出国（境）培训管理制度和措施。支持高等学校、科研院所与海外高水平教育、科研机构建立联合研发基地。推动我国企业设立海外研发机构。积极支持和推荐优秀人才到国际组织任职。推进专业技术人才职业资格国际、地区间互认。发展国际人才市场，培育一批国际人才中介服务机构。制定维护国家重要人才安全的政策措施。组织实施创新人才推进计划、海外高层次人才引进计划，推进“百人计划”“长江学者奖励计划”“国家杰出青年科学基金”等人才项目。

4. 促进产学研联系相关政策

继续加大对创业孵化器等基础设施的投入，创建创业服务网络，探索多种组织形式，为人才创业提供服务。制定科研机构、高校科技人员创办科技型企业的激励保障办法。扶持科技中介机构发展。通过税收减免及专项奖励等手段加大对民间科技中介机构的政策扶持力度，鼓励创建一批民间科技中介，让其发挥产学研结合的主要桥梁作用，了解相关科技的进展和企业的需求，促进科研院所和企业的良性互动，实现双方利益的最大化。

组建与高校、科研机构的定期联络协调机制。企业与高校开展产学研合作建设产学研研发基地、产学研工程技术研究中心和国家重点实验室等产学研科研建设中给予政策优先考虑。政府对产学研项目产生的发明专利给予专门经费资助，用于发明专利的申请、保护和推广应用。定期为拥有产学研合作项目的企业开展知识产权专项行动，加大知识产权执法力度，切实保护产学研合作各方的合法权益。

5. 人才流动比例

推动人才结构战略性调整，促进专业技术人才合理分布，推动科技人才向企业聚集，充分发挥市场配置人才资源的基础性作用，改善宏观调控，促进人才结构与经济社会发展相协调。根据完善社会主义市场经济体制的要求，推进人才市场体系建设，完善市场服务功能，畅通人才流动渠道，建立政府部门宏观调控、市场主体公平竞争、中介组织提供服务、人才自主择业的人才流动配置机制。健全人才市场供求、价格、竞争机制，进一步促进人才供求主体到位。加强政府对人才流动的政策引导和监督，推动产业、区域人才协调发展，促进人才资源有效配置。

在建立统一规范、更加开放的人力资源市场基础上，发展专业性、行业性人才市场。健全专业化、信息化、产业化、国际化的人才市场服务体系。积极培育专业化人才服务机构，注重发挥人才服务行业协会的作用。进一步破除人才流动的体制性障碍，制定发挥市场配置人才资源基础性作用的政策措施。推进政府所属人才服务机构管理体制改革，实现政事分开、管办分离。逐步建立城乡统一的户口登记制度，调整户口迁移政策，使之有利于引进人才。加快建立社会化的人才档案公共管理服务系统。完善社会保险关系转移接续办法。建立人才需求信息定期发布制度。完善劳动合同、人事争议仲裁、人才竞业避止等制度，维护各类人才和用人单位的合法权益。建立完善与西部大开发、东北地区等老工业基地振兴、中部地区崛起、东部地区率先发展战略相配套的区域人才交流合作机制，加快长江三角洲、珠江三角洲、环渤海等区域人才开发一体化进程。根据国家主体功能区布局，引导各类人才合理分布。

6. 科技贷款政策影响指数调整强度

在信贷政策方面，加大利用贴息、担保等方式，引导各类商业金融机构支持企业自主创新和高新技术产业化。鼓励金融机构对国家重大科技产业化项目、科技成果转化项目等给予优惠的信贷支持，增加由政府出资投入的科技型企业贷款担保基金，增加贷款担保能力，放低担保门槛。结合创业投资引导资金政策，加大为创新型企业融资提供担保服务的力度。发挥科技发展银行作用，突显高新区“硅谷银行”杠杆效应，为自主创新企业提供贷款；结合高新区国家知识产权试点园区建设契机，加大力度推行知识产权质押等无形资产担保抵押贷款。促进知识产权质押融资、创业贷款等业务的规范发展，完善支持人才创业的金融政策。完善知识产权、技术等作为资本参股的措施。加强创业技能培训和创业服务指导，提高创业成功率。实行人才投资优先，健全政府、社会、用人单位和个人多元人才投入机制，加大对人才发展的投入，提高人才投资效益。

有效发挥政府资金和政策性金融机构资金投入的“杠杆效应”。组织科技专家、金融专家共同论证，向银行推荐成长性高、发展前景良好的科技型企业；制定科技项目的推荐程序、标准和材料，协调推荐需要贷款支持的科技计划项目和企业。加强科技担保体系建设，可集成各级科技担保机构资源优势、形成科技担保网络；建立通过科技计划项目等对科技担保机构向科技型中小企业科技成果转化和产业化贷款进行的担保给予补助。探索科技保险和科技债券试点，研究保险资金参与创业投资的方式、方法，探索推动高新技术企业通过债券方式直接融资。

7. 新产品税收政策影响指数

在进一步落实国家关于促进技术创新、加速科技成果转化及设备更新等各项税收优惠政策的基础上，积极鼓励和支持企业开发新产品、新工艺和新技术，加大企业研究开发投入的税前扣除等激励政策的力度，实施促进高新技术企业发展的税收优惠政策。加快实施消费型增值税，将企业购置的设备已征税款纳入增值税抵扣范围。对购买先进科学研究仪器和设备给予必要的税收扶持政策，允许企业加速研究开发仪器设备的折旧。加大税收优惠、财政贴息力度，扶持创业风险投资基金，支持创办科技型企业，促进科技成果转化和技术转移。结合企业所得税和企业财务制度改革，鼓励企业建立技术研究开发专项资金制度。适当调整财政税收政策，提高企业职工培训经费的提取比例。加大对企业设立海外研究开发机构的外汇和融资支持力度，提供对外投资便利和优质服务。通过税收、贴息等优惠政策，鼓励和引导社会、用人单位、个人投资人才资源开发。加大对中西部地区财政转移支付力度，引导中西部地区加大人才投入。

第七章　结　论

第一节　研究结论

本书从我国目前创新人才匮乏的实际出发，运用人力资本、经济学和系统动力学的理论与方法，分析了我国创新人才开发的影响因素，绘制了我国创新人才开发因果关系图并构建了系统动力学模型，通过政策模拟分析了影响我国创新人才开发的相关政策，并对影响我国创新人才开发的主要变量进行了预测，得出如下结论。

（1）高等教育投入占国家财政支出的比重、人才培养政策和吸引海外人才政策对于创新人才的数量（指全国研发人员总数）和创新人才绩效产出（包括专利年申请量、每年国内期刊刊登论文数、每年国际三系统收录我国科技论文数）具有正向的促进作用。因此加大高等教育投入、强化人才培养力度、大力吸引海外人才对增加我国创新人才的数量、获得创新成果的竞争优势具有战略意义。

（2）科技拨款占国家财政支出的比例和促进产学研联系相关政策对创新人才开发资金投入（包括企业、高校和研究机构的研发经费筹集额）和创新人才绩效产出（包括专利年申请量、每年国内期刊刊登论文数、每年国际三系统收录我国科技论文数）具有正向的促进作用。因此加大科技拨款的投入，积极促进产学研联系有助于使创新主体部门进入加大创新投入-增加创新产出-再加大创新投入的良性循环，对我国创新人才开发和创新型国家建设产生深远的影响。

（3）政府相关创新激励政策对创新人才绩效产出（包括专利年申请量、每年国内期刊刊登论文数、每年国际三系统收录我国科技论文数）具有正向的促进作用。这说明激励对创新人才的产出效率具有积极的影响作用，鼓励和支持创新人才的社会地位和经济待遇、强化知识产权保护相关法律法规、改进科技评价及奖励方式、完善科技经费管理办法和健全创新人才推行股权、期权等激励办法的实施是一个长期的过程，应该提高到战略的角度来对待。

（4）科技贷款政策和新产品税收政策在短期内对创新人才开发各因素均具有正向促进作用，但是这种作用在短期内效果并不明显，但是从长期发展来看，科技贷款政策和新产品税收政策对创新人才开发的激励作用仍不容忽视，作为国家对创新和创新人才重视程度的一种体现，其对创新活动的实施有深远的影响和意义，通过科技贷款政策、新产品税收政策与其他政策相互配合，对于提高创新人才的积极性、刺激创新主体部门加大创新投入，在未来的政策调整中具有很大的发展空间。

（5）人才分配格局政策的模拟结果证明，人才分配政策向企业倾斜时，创新人才开发资金投入、创新人才的数量、创新人才绩效产出和创新人才对经济增长的贡献均有不同程度的正向促进影响态势。这说明推动创新人才向企业聚集，对于各个创新主体及整个社会经济带来了不同程度的积极作用，虽然这种促进作用在数值上并不十分显著，但是这种趋势已足够引起我们对其的重视。

（6）运用本书构建的我国创新人才开发系统动力学模型，将上述政策按照不同程度进行综合调整时，即科技拨款占国家财政支出的比例调整强度为提高10%、高等教育投入占国家财政支出的比例为提高10%、人才培养政策影响指数调整强度为提高80%、科技贷款政策影响指数调整强度为提高10%、新产品税收政策影响指数调整强度为提高2%、吸引海外人才政策指数调整强度为提高40%、促进产学研联系相关政策影响指数调整强度为提高10%、政府相关创新激励政策影响指数调整强度为提高10%、人才流动比例调整强度为将流向企业的创新人才提高10%，到2020年，我国创新人才总量可以超过380万人年，可以达到我国《国家中长期人才发展规划纲要（2010—2020年）》中规定的目标，基本解决了我国创新人才匮乏的现实问题。

（7）创新职位的需求主要集中在资金密集型和技术密集型的中小型企业。在传统制造业、服务业等行业表现并不旺盛，创新需求的企业多元化存在很大的发展空间。

（8）创新工作对应聘者的要求重点从学历向能力偏移。企业对创新工作的要求逐渐向发展创新优势的能力方向倾斜，学历已经不能成为限制创新能力的制约条件，培养素质和能力将是高校毕业生和从业人员面临的新课程。

第二节　研究局限与研究展望

目前，创新人才开发问题是我国学术界乃至国际学术界都热衷讨论的课题，我国创新人才开发体系的研究已经取得了一定的研究成果，但是尚未形成一个全面、完善的理论体系对其还有许多问题值得我们深入研究。虽然本书在将系统动力学方法应用与解决创新人才开发问题上做了一些努力，但是模型只是实际经济社会的简化和抽象，因此这只是一个“长征”的开端，还有许多工作有待于进一步地深入研究。

（1）本书目前的数据收集和整理还存在一定的局限性，对各种因素间关系的理解还不够深刻，希望通过未来的研究成果能够进一步修订和完善模型，使模型能够更全面、合理地反映实际，能够更准确地表现创新人才开发各因素间的内在关系和因果反馈结构。

（2）本书对创新人才这一概念只是作为一个整体来研究，没有对其进行细分。例如，没有考虑创新人才的行业性、区域性等。相信将创新人才内部细分后，对我国个别区域、个别行业甚至个别紧急需求的创新人才进行分别讨论，会对我国更有效地培养、开发创新人才大有裨益。所以这些研究工作需要在今后的研究中进一步展开。

（3）本书缺乏对我国创新人才对经济增长贡献率、对国家科技进步贡献率等方面深入研究。本书立足于解决我国创新人才匮乏的现实问题，所以对于模型设计和政策模拟等都是为了得到如何在保证经济增长和技术进步的前提下提高我国创新人才数量来进行的，以达到我国提出的到 2020 年将我国建设成创新型国家的战略目标。与此同时，创新人才对经济增长贡献率、对国家科技进步贡献率等方面都是对于我国创新人才合理开发的长远计划具有一定价值的影响因素，所以对其进行的研究在理论上和实际上都具有深远的意义和价值。因此对于创新人才的这些因素的研究可以列入本研究未来的计划中。

参考文献

[1] 杨春平，刘则渊．技术创新——国家创新体系的核心［J］．科技管理研究，2006，(4)：30.

[2] 郑红军，王知津．网站评价中的样本选取及链接测度［J］．图书与情报，2006，(3)：53-58.

[3] 经济合作与发展组织．以知识为基础的经济——经济合作与发展组织1996年年度报告［J］．中国工商管理研究，1996，7：15-17.

[4] 王淑玲．知识经济与我国经济发展［J］．陕西省经济管理干部学院学报，1999，1 (4)：10-12.

[5] 胡锦涛．坚持走中国特色自主创新道路　为建设创新型国家而努力奋斗——在全国科学技术大会上的讲话［R］．2006.

[6] 中华人民共和国科学技术部．中国科技统计年鉴［M］．北京：中国统计出版社，2008.

[7] 陈宇．吉利在创新之路上奔驰［J］．今日浙江，2006，15 (5)：17-19.

[8] 刘和东．知识产权保护与技术创新关系研究——理论分析与实证检验［J］．科技管理研究，2009，29 (5)：11-13.

[9] 熊彼特．经济发展理论［M］．北京：商务印书馆，2000.

[10] Freeman C. The Economics of Industrial Innovation［M］. 2nd. London：Frances Pinter，1982.

[11] Rothwell R. Innovation and re-innovation：a role for the use［J］. Journal of Marketing Management，1986，2 (2)：109-123.

[12] 彼得·德鲁克．创新与企业家精神［M］．海口：海南出版社，2000.

[13] Porter M E，Teisberg E，Brown G. Innovation：Medicine's Best Cost-Cutter［J］. The New York Times，1994，63 (9)：18-19.

[14] 傅家骥．技术创新学［M］．北京：清华大学出版社，1998.

[15] 王伟光．中国工业行业技术创新实证研究［M］．北京：中国社会科学出版社，2003.

[16] 杜健．基于产业技术创新的FDI溢出机制研究［D］．浙江大学博士学位论文，2005.

[17] Bond J S，Humphrey D C，Paton K L，et al. Science and Engineering Indicators［R］. National Science Foundation Washington DC，1993.

[18] 师萍，张蔚虹．中国R&D投入的绩效分析与制度支持研究［M］. 北京：科学出版社，2008.

[19] Romer P M. Increasing returns and long-run growth［J］. Journal of Political Economy,

1986，94（5）：1002.

［20］ Faber J，Hesen A B. Innovation capabilities of European nations：Cross-national analyses of patents and sales of product innovations ［J］. Research Policy，2004，33（2）：193-207.

［21］ Furman，Porter M E，Stern S. The determinants of national innovation capacity ［J］. Research Policy，2002，31：899-933.

［22］ 蓝宝江，陈广汉．研发支出、竞争程度与我国区域创新能力研究——基于1998～2004年国内专利申请数量与R&D数据的实证分析 ［J］. 经济学家，2007，19（3）：101-106.

［23］ 朱月仙，方曙．专利申请量与R&D经费支出关系的研究 ［J］. 科学学研究，2007，25（1）：123-127.

［24］ Schmookler J，Brownlee O. Determinants of incentive activity ［J］. Papers and Proceedings of the Seventy-Fourth Annual Meeting of the American Economic Association，1962，52（2）：165-176.

［25］ Schere M. Inter-industry technology flows and productivity growth ［J］. The Review of Economics and Statistic，1982，64：627-634.

［26］ Pavitt K. Patent statistics as indicators of innovative activities：Possibilities and problems ［J］. Scientometrics，1985，7（1）：77-99.

［27］ Acs Z J，Anselin L，Varga A. Patents and innovation counts as measures of regional production of new knowledge ［J］. Research Policy，2002，31（7）：1069-1085.

［28］ Griliches Z. Patent Statistics as Economic Indicators：A Survey ［R］. National Bureau of Economic Research，Inc，1991.

［29］ Jaffe A B. The U. S. Patent System in Transition：Policy Innovation and the Innovation Process ［R］. National Bureau of Economic Research，Inc，1999.

［30］ Mazzoleni R，Nelson R R. The benefits and costs of strong patent protection：a contribution to the current debate ［J］. Research Policy，1998，27（3）：273-284.

［31］ Croshby M. Patents，Innovation and growth ［J］. The Economic Record，2000，76（234）：255-262.

［32］ Waterson M. The economics of product patents ［J］. American Economic Review，1990，80（4）：860-869.

［33］ 鲁文龙，陈宏民．R&D合作与政府最优政策博弈分析 ［J］. 中国管理科学，2003，20（1）：60-62.

［34］ 古利平，张宗益，康继军．专利与R&D资源：中国创新的投入产出分析 ［J］. 管理工程学报，2006，29（1）：147-151.

［35］ Hall B H，Ziedonis R H. The Patent Paradox Revisited：An Empirical Study of Patenting in the U. S. Semiconductor Industry，1979—1995 ［J］. RAND Journal of Economics，2001，32（1）：101-128.

[36] Jones C I. R&D-Based models of economic growth [J]. Journal of Political Economy，1995，103（4）：759-784.

[37] Kortum S. Equilibrium R&D and the patent-R&D ratio：U. S. evidence [J]. American Economic Review，1993，83（2）：450-457.

[38] Stokey N L，Lucas R E，Prescott E C. Recursive Methods in Economic Dynamics [M]. Cambridge：Harvard University Press，1989.

[39] Lucas R E. Making a miracle [J]. The Econometric Society. 1993，61（2）：251-272.

[40] Denison R H. A new ptyctodont placoderm，ptyctodopsis，from the middle devonian of iowa [J]. Journal of Paleontology，1985，59（3）：511-522.

[41] Griliches Z. Productivity，R&D，and the data constraint [J]. The American Economic Review，1994，84（1）：1-23.

[42] 胡峰，陈俊强．论企业核心人员替代性及其替代体系的建立 [J]. 广西大学学报（哲学社会科学版），2005，26（6）：51-54.

[43] 李建民．人力资本投资与经济的持续增长 [J]. 中国人才，2000，(4)：20-22.

[44] 周天勇．发展经济学教程 [M]. 北京：经济科学出版社，2002.

[45] 吴贻春，刘花元．论创造型人才的培养 [J]. 南京师大学报（社会科学版），1985，31（2）：11-16.

[46] 庄寿强，戎志毅．普通创造学 [M]. 徐州：中国矿业大学出版社，1997.

[47] Newman J H. The Idea of a University [M]. Washington，D. C.：Gateway Editions，1999.

[48] 北京大学校长办公室．21 世纪的大学：北京大学百年校庆召开的高等教育论坛论文集 [M]. 北京：北京大学出版社，1999.

[49] 刘澎心．创新素质结构分析及其在现代人才结构中的地位 [J]. 湖南师范大学教育科学学报，2006，5（3）：107-110.

[50] 王莉芳．创造型人才的特征及其培养途径 [J]. 山西高等学校社会科学学报，2002，14（5）：104-105.

[51] 吴冰．未来企业人才素质特征 [J]. 人才开发，2002，(12)：20-22.

[52] 刘晓农．企业科技创新人才内涵及素质特征分析 [J]. 生产力研究，2008，162（1）：129-131.

[53] 王斌．我国企业科技人才创新行为研究 [D]. 南京：河海大学博士学位论文，2007.

[54] 王懿．大学重点学科创新人才胜任力模型的研究 [D]. 重庆：第三军医大学博士学位论文，2008.

[55] 王秀梅．工科高校创新人才培养及评价研究 [D]. 保定：华北电力大学博士学位论文，2009.

[56] 罗文标．基于知识创新的企业技术创新人才培养研究 [D]. 广州：暨南大学博士学位

论文，2006.

[57] Forrester J W. System dynamics，systems thinking，and soft OR [J]. System Dynamics Review，1994，10 (2-3)：245-256.

[58] 亚当·斯密．国民财富的性质和原因的研究 [M]. 郭大力，王亚南译．北京：商务印书馆，2004.

[59] 宋宇．马克思经济学与西方经济学的创新理论比较 [J]. 经济纵横，2009，(4)：12-16.

[60] 任力．马克思对技术创新理论的贡献 [J]. 当代经济研究．2007，(7)：16-20.

[61] 纳尔森．经济增长的源泉 [M]. 汤光华译．北京：中国经济出版社，2001.

[62] 赵玉林．创新经济学 [M]. 北京：中国经济出版社，2006.

[63] 尼古拉·康德拉杰夫．经济生活中的长波 [M]. 北京：商务印书馆，1986.

[64] 李嘉图．政治经济学及赋税原理 [M]. 北京：华夏出版社，2005.

[65] Schultz T W. Investment in human capital [J]. The American Economic Review，1961，(1)：1-17.

[66] Mankiw N G，Romer D，Weil D N. A contribution to the empirics of economic growth [J]. The Quarterly Journal of Economics，1992，107 (2)：407-437.

[67] Cobb C W，Douglas P H. A theory of production [J]. American Economic Review，1928，18 (2)：139-165.

[68] N·格里高利·曼昆．宏观经济学 [M]. 卢远瞩译．北京：中国人民大学出版社，2002.

[69] 陈锡进，吕永刚．技术创新乘数效应的发生机理及路径选择——一个新的理论分析框架 [J]. 南京师大学报（社会科学版），2010，(1)：43-48.

[70] 马克斯·H·博伊索特．知识资产在信息经济中赢得竞争优势 [M]. 张群群，陈北译. 上海：上海人民出版社，2005.

[71] 孙宏飞．发达国家知识产权战略比较与借鉴 [J]. 中国政法大学学报，2009，(6)：133-136.

[72] Karnopp D C，Margolis D L，Rosenberg R C. System Dynamics：A Unified Approach [M]. New York：Wiley，1990.

[73] Forrester J W. Industrial Dynamics [J]. Journal of the Operational Research Society，1997，48 (10)：1037-1041.

[74] 刘亚秋，赵化启．反馈控制理论的研究 [J]. 哈尔滨商业大学学报（自然科学版），2004，20 (2)：167-172.

[75] 陈国卫，金家善，耿俊豹．系统动力学应用研究综述 [J]. 控制工程，2012，19 (6)：921-928.

[76] 胡玉奎，韩于羹，曹铮韵．系统动力学模型的进化 [J]. 系统工程理论与实践，1997，(10)：132-136.

[77] 彼得·圣吉．第五项修炼——学习型组织的艺术与实务［M］．郭进隆译．上海：上海三联书店，2005.
[78] 张力菠．供应链环境下库存控制的系统动力学仿真研究［D］．南京：南京理工大学，2006.
[79] Doyle J K，Ford D N. Mental models concepts for system dynamics research［J］．System Dynamics Review，1998，14（1）：3-29.
[80] Eberlein R L，Peterson D W. Understanding models with Vensim（TM）［J］．European Journal of Operational Research，1992，59（1）：216-219.
[81] Costanza R，Gottlieb S. Modelling ecological and economic systems with STELLA：part Ⅱ［J］．Ecological Modelling，1998，112（2-3）：81-84.
[82] Richmond B. ITHINK Userh Guide and Technical Documentation［M］. Hanover：High Performance Systems Inc.，1990.
[83] Coyle R G. System Dynamics Modelling-A Practical Approach［M］. London：Chapman & Hall，1996.
[84] Pisano G P. The R&D Boundaries of the Firm：An Empirical Analysis［J］．Administrative Science Quarterly，1990，35（1）：53-76.
[85] 白艳莉．海外人才引进：构建人力资源强国的重要路径——国际经验与启示［J］．生产力研究．2009，（12）：91-93.
[86] 高立平．引进国外智力的政策选择［J］．中国青年政治学院学报，2001，20（4）：72-75.
[87] 严亮．世界强国人才战略透析［J］．国际人才交流，2005，（3）：54-57.
[88] 谢梅，苗青．美国高校创新人才培养模式及借鉴——以美国三所高校为例［J］．西南民族大学学报（人文社会科学版），2011，（3）：217-221.
[89] 黄俊杰，万其超．美国大学通识教育考察报告［J］．通识教育季刊，1997，（1）：251-298.
[90] 刘莉，熊庆年．美国纽约哥伦比亚大学核心课程的特色［J］．现代教育科学，2002，（7）：8-11.
[91] 曲铭峰．关于建立我国研究型大学通识教育核心课程的若干思考［J］．中国大学教学，2005，（7）：19-23.
[92] 王根顺，何亮姬．普通教育与专业教育的分立与融合——从哈佛大学课程设置的变迁谈起［J］．高等理科教育，2008，（1）：1-3.
[93] 祖强，缪凤英．国外智力引进与回流比较研究［J］．科技与经济，1997，（3）：10-15.
[94] 曾繁英．完善企业科技人员外部激励机制的方法分析——基于泉州市高新技术企业创新需求调查［J］．科技管理研究，2011，（13）：139-143.
[95] 刘华．基于网络的人力资源招聘研究［D］．天津大学硕士学位论文，2007.
[96] 金碚．中国工业的技术创新［J］．中国工业经济，2004，（5）：5-14.

[97] 尹龙．金融创新理论的发展与金融监管体制演进 [J]. 金融研究，2005，(3)：7-15.

[98] 李宏，张薇．世界主要国家与地区国家创新系统比较研究 [J]. 中国科技论坛，2003，9 (5)：31-35.

[99] 陈清泰．中国大型企业改革与发展的若干问题 [J]. 管理世界，2001，(1)：2-6.

[100] 胡瑞文．高校毕业生供求形势与高教结构调整 [N]. [2009.8.4].

[101] 赵更，申雷，巧玲．我国企业自主创新的制约因素及对策研究 [J]. 科技进步与对策，2006，(3)：129-131.

[102] 王明安．隐性知识在企业技术创新中的作用研究 [D]. 湖南大学硕士学位论文，2005.

[103] 傅家骥．技术创新学 [M]. 北京：清华大学出版社，1998.

[104] 赵德海，冯德海．东北老工业基地装备制造业创新发展路径研究 [J]. 商业经济，2008，(1)：11-13.

[105] 王慧军．企业间合作创新运行机制研究 [D]. 吉林大学管理学博士学位论文，2008.

[106] 埃里克·冯·希普尔．技术创新的源泉 [M]. 柳卸林译．北京：科学技术文献出版社，1997.

[107] 熊钟琪．企业创新管理 [M]. 北京：国防科技大学出版社，2004：184-188.

[108] 李文静．黑龙江省装备制造业企业技术创新模式研究 [D]. 东北林业大学硕士学位论文，2009.

[109] 向刚，汪应洛．企业持续创新能力：要素构成与评价模型 [J]. 中国管理科学，2004，(12)：137-140.

[110] 张婧妍．装备制造企业创新人才管理研究 [D]. 哈尔滨工程大学硕士学位论文，2011.

[111] 谷丽，陈树文．基于系统动力原理的人力资源管理研究 [J]. 大连理工大学学报（社会科学版），2010，2 (31)：11-15.

[112] Harvard. Committee on general education. Harvard College curricular review：report of the committee on general education [J]. November，2005，(9-10)：17.

[113] 许晓东．基于学科平台课程的创新性人才培养体系研究 [J]. 高等工程教育研究，2006，(3)：23-25.

[114] 冯向东．深化教学改革建设与研究为基础的本科教学体系 [J]. 中国高等教育，2000，(3-4)：36-38.

[115] 赖绍聪．研究性教学改革与创新性人才培养 [J]. 中国大学教学，2007，(8)：12-14.

[116] 孙英．开展课题研究，培养低年级本科生创新能力 [J]. 中国高等工程教育，2007，(4)：130-133.

[117] 刘佳音．我国人力资源信息网站的现状与发展——基于人才招聘网站的调查分析 [J]. 情报科学，2004，(6)：728-733.

［118］田兆福．网络招聘的现状及应注意的问题［J］．商业研究，2004，(9)：174-175.

［119］胡淑红．传统人事管理与网络时代人力资源管理的比较［J］．山东行政学院山东省经济管理干部学院学报，2004，(2)：30-31.

［120］王知津，张收棉．网络计量学方法在网站评价中的应用及其理论模型［J］．图书与情报，2006，(3)：34-39.

［121］刘兆同．网络人力资源招聘的实证研究［D］．南京理工大学硕士学位论文，2007.

［122］高鸿业．西方经济学［M］．北京：中国人民大学出版社，2007.

［123］刘和东．财政科技投入与自主创新关系的实证研究［J］．科学学与科学技术管理，2007，(1)：20-24.

［124］范凌钧，李南．政府高等教育投入与经济增长的关联分析［J］．现代教育管理，2009，(4)：26-28.

［125］中共中央国务院．国家中长期人才发展规划纲要（2010—2020年）［R］. 2010.

［126］谷丽，陈树文．金融危机背景下的我国人力资源能力建设［J］．科学对社会的影响，2009，30 (4)：35-38.

［127］王科，陈宁．发挥银行科技贷款对高科技产业化的作用［J］．研究与发展管理，2000，(3)：14-17.

［128］周菁梅，韩莉，周青峰．新产品开发的投资风险分析［J］．高科技与产业化，2006，(1)：45-46.

［129］俞嘉骏．海外人才管理体制创新需加快［J］．人才资源开发，2009，(5)：45.

［130］左铁镛．充分发挥政府在产学研合作中的作用［J］．中国科技产业，2009，23 (11)：22-24.

［131］孙锐，石金涛，李海刚．围绕企业研发活动的创新人才培养与激励分析［J］．科学研究，2008，(1)：162-168.

［132］张阳．当前我国人才流动存在的问题及路径选择［J］．法制与经济，2009，18 (6)：118-120.

［133］梁小民．西方经济学基础教程［M］．北京：北京大学出版社，2003.

［134］张国初，梁丽娟，张启明．中国留学回国人员发展情况调查和建议［J］. 经济界，2004，9 (3)：69-75.

［135］王其藩．系统动力学［M］．北京：清华大学出版社，1994.

［136］王其藩．高级系统动力学［M］．北京：清华大学出版社，1995.

［137］中华人民共和国统计局．中国统计年鉴［M］．北京：中国统计出版社，2008.

［138］Gu L，Chen S. A System Dynamics Approach to Human Resource Management［C］. The 2010 International Conference on Management and Service Science（MASS）. Wuhan，2010.

［139］中国科学技术指标研究会．科技统计与科技指标［M］．海口：中国科学技术指标研究会，2005.

[140] 杨华，程华．政府科技投入对企业 R&D 支出影响的实证分析 [J]. 经济论坛，2008，(1)：4-6.

[141] 规划纲要工作小组办公室．国家中长期教育改革和发展规划纲要（2010—2020 年）[R]. 2010.

[142] 徐明稚．对我国高等教育投入的思考与建议 [J]. 教育发展研究，2009，(7)：40-43.

[143] 教育部人事司．高等教育学 [M]. 北京：高等教育出版社，1999.

[144] 卢绍娟．美国高校创新教育对我国高校培养创新人才的启示 [J]. 长江大学学报（社会科学版），2010，(1)：335-336.

[145] 梅丽莎·A. 希林．技术创新的战略管理 [M]. 谢伟，王毅，李培馨译．北京：清华大学出版社，2008.

[146] 张于晶，张义梁．关于近 10 年来我国国家自主创新投入的分析与思考 [J]. 中国科技论坛，2007，(6)：19-25.

[147] 李炜．中国技术创新现状分析与对策研究 [J]. 技术经济与管理研究，2001，(3)：72-73.

[148] 陈欣．企业网络招聘系统分析与优化方案设计 [J]. 市场现代化，2005，(2)：73-74.

[149] 丁梅娟．科技型中、小企业技术创新的信息保障 [J]. 科技情报开发与经济，2001，12 (2)：98-99.

[150] 周远琴．信息促进企业技术创新 [J]. 技术经济与管理研究，2000，(3)：49-50.

[151] Kbalan M M. Decision support for energy conservation Promotion：an analytic hierarchy process approach [J]. Energy Policy，2004，32 (10)：1151-1158.

[152] Furman J L，Porter M，Stern S. The determinants of national innovative capacity [J]. 2002，(31)：899-933.

[153] 刘元才，威漩，郭爽．装备制造企业自主创新能力的构成要素 [J]. 科技进步与对策，2007，(12)：30.

[154] 温瑞珺．企业自主创新能力评价研究 [J]. 集团经济研究，2005，(9)：68-69.

[155] Danny R O. Electronic Survey Adminis Tration：Assessment in the Tewenty-first Century [J]. Assessment Update，2004，5 (6)：1-2，14-15.

[156] Curt J D. Gathering faculty teaching evaluations by in-classes and online surveys their effects on response rates and evaluations [J]. Assessment And Evaluation In Higher Education，2004，29 (5)：611.

[157] Sharmila P F. Incorporating assessment into the culture of university [J]. Assessment Update，2004，10 (9)：7-9.

附录Ⅰ 主要变量说明

变量中文名称	变量英文名称	缩写	在模型中的含义
财政收入与GDP的比例	Rate of National Financial Charges from GDP	RNFCGDP	报告年度的国家财政收入与前一年GDP的比例
财政支出与财政收入的比例	Rate of National Financial Charges from Revenues	RNTFCR	在报告年度，国家财政支出与财政收入的比例
产学研联系中高校所占比例	Fund of University for Industry-Academia-Research	FUIAR	产学研的资金流向高校的比例
产学研联系中研究机构所占比例	Fund of Research Institutions for Industry-Academia-Research	FRIIAR	产学研的资金流向研究机构的比例
促进产学研联系相关政策影响指数	Effection from the Policy of Enhancing Industry-Academia-Research	EPEIAR	促进产学研联系的相关政策的执行效果，主要对产学研的资金有正向促进作用
创新成果转化指数	Innovation Capability Index	ICI	对创新成果转化的量化值，数值越大表示企业将创新成果转化为新产品的能力越强。大中型工业企业研发人员人均研发经费、研发人员所占比例、研发人员中科学家和工程师所占比例，以及创新活动产出对创新能力指数都有正向促进作用
创新人才投向大中型工业企业比例	Innovation Talent Destributed to Large and Medium Industrial Enterprises	IADLMIE	全国人才资源中投向大中型工业企业，并从事研发活动的人员比例
创新人才投向高校比例	Inovation Talent Destributed to University	ITDU	全国人才资源中投向高等院校，并从事研发活动的人员比例
创新人才投向研究机构比例	Innovation Talent Destributed to Research Institutions	ITDRI	全国人才资源中投向研究机构，并从事研发活动的人员比例
大中型工业企业研发经费内部支出	R&D Internal Expense of Large and Medium Industrial Enterprises	RDIELMIE	从自有资金中提取或接受其他企业委托的、科研院所和高校等事业单位接受企业委托获得的，计划用于科研和技术开发的经费。不包括来自政府、金融机构及国外的计划用于科技活动的资金
大中型工业企业研发经费内部支出比例	Rate of R&D Internal Expense of Large and Medium Industrial Enterprises	RRDIELMIE	大中型工业企业内部支出的研发经费中，用于自身研发的比例

续表

变量中文名称	变量英文名称	缩写	在模型中的含义
大中型工业企业研发经费内部支出增长率	Growth Rate of R&D Internal Expense of Large and Medium Industrial Enterprises	GRRDIELMIE	等于大中型工业企业研发经费内部支出在报告年度增加量除以前一年量
大中型工业企业销售收入	the Sales Income of Large and Medium Industrial Enterprises	SILMIE	大中型工业企业销售产品和提供劳务等主要经营业务取得的业务总额
大中型工业企业销售收入对 GDP 贡献率	the Sales Income's Contribution Rate to GDP	SICRG	大中型工业企业主营业务收入占 GDP 比例
大中型工业企业研发人员人数	the Amount of R&D Personnel in Large and Medium Industrial Enterprises	ARDPLMIE	在大中型工业企业参加研发项目的人员，以及研发项目的管理人员和直接服务人员按全时人员折算的人年数
大中型工业企业研发人员所占比例	Rate of R&D Personnel in Large and Medium Industrial Enterprises	RRDPLMIE	大中型工业企业研发人员占从业人员比例
大中型工业企业产学研联系强度	Industry-Academia-Research Rate of Large and Medium Industrial Enterprises	IARRLMIE	大中型工业企业用于产学研联系的资金占内部支出的研发经费的比例
大中型工业企业产学研联系	Industry-Academia-Research in Large and Medium Industrial Enterprises	IARLMIE	大中型工业企业用于产学研联系的资金总额
大中型工业企业从业人员数量	the Amount of Personnel in Large and Medium Industrial Enterprises	APLMIE	由大中型工业企业直接组织安排工作并支付工资的各类人员总数。包括固定职工、国家有编制的合同制职工、招聘人员和返聘的离退休人员。不包括离退休人员和停薪留职人员
大中型工业企业从业人员增长率	Employment Growth Rate of Large and Medium Industrial Enterprises	EGRLMIE	等于在报告年度大中型工业企业从业人员增加数量除以前一年数量
大中型工业企业科研能力指数	Scientific Research Capacity of Large and Medium Industrial Enterprises	SRCLMIE	对大中型工业企业科研能力的量化值，是反映大中型工业企业关于创新成果产出速率的指标，数值越大表示企业的创新产出越快
大中型工业企业销售收入增长率	the Growth Rate of the Sales Income of Large and Medium Industrial Enterprises	GRSILMIE	等于报告年度大中型工业企业销售收入增加量除以前一年数量
大中型工业企业研发人员中科学家和工程师所占比例	Rate of Scientists and Engineers from R&D Personnel in Large and Medium Industrial Enterprises	RSERDPLMIE	大中型工业企业研发人员中具有大学本科及以上学历和不具备上述学历但有高、中级职称的人员所占比例

续表

变量中文名称	变量英文名称	缩写	在模型中的含义
大中型工业企业研发人员人均研发经费	R&D Fund Per Capita of R&D Personnel in Large and Medium Industrial Enterprises	RFPCRDPLMIE	等于大中型工业企业研发经费筹集额除以研发人员数量
大中型工业企业研发经费筹集	Raising R&D Fund of Large and Medium Industrial Enterprises	RRDFLMIE	大中型工业企业从事科学技术活动所获得的收入，包括企业自身投入、政府拨款、技术，以及试制产品收入、贷款和其他收入，不包括代管经费和转拨外单位经费
大中型工业企业自身研发强度	Self-R&D Rate of Large and Medium Industrial Enterprises	SRDRLMIE	大中型工业企业研发经费内部支出占销售收入的比例
高校年毕业人数	Annual Graduate Students' Number	AGSN	在报告年度毕业的本科生数与研究生数之和
高校科研能力指数	Scientific Research Capacity of Universities	SRCU	对高校科研能力的量化值，是反映高校关于创新成果产出速率的指标，数值越大表示创新产出越快
高校研发经费筹集	Raising R&D Fund of Universities	RRDFU	高校从事科学技术活动所获得的收入，包括政府拨款、技术，以及试制产品收入、贷款和其他收入，不包括代管经费和转拨外单位经费
高校研发人员数量	the Amount of R&D Personnel in Universities	ARDPU	指在高校参加研发项目的人员，以及研发项目的管理人员和直接服务人员按全时人员折算的人年数
高校研发人员中科学家和工程师所占比例	the Apportionment of Scientists and Engineers	ASE	高校研发人员中具有大学本科及以上学历和不具备上述学历但有高、中级职称的人员所占比例
高校在校生人数	University Students' Number	USN	在报告年度高校的在校本科生数与在校研究生数之和
高等教育投入	Higher Education Investment	HEI	国家财政对高等教育的支出
高等教育投入占国家财政支出比例	Rate of Higher Education Investment from National Financial Charges	RHEINFC	国家财政对高等教育的支出占国家财政支出比例
国家财政收入	National Fiscal Revenues	NFR	指国家财政参与社会产品分配所取得的收入，是实现国家职能的财力保证
国家财政支出	National Financial Charges	NFC	国家财政将筹集起来的资金进行分配使用，以满足经济建设和各项事业的需要
国家财政科技拨款	Government Science and Technology (S&T) Appropriation	GSTA	国家财政科技拨款分为中央财政科技拨款和地方财政科技拨款。中央政府和地方政府通过科学事业费、科技三项费、科研基建费等形式拨出巨额款项支持科技发展

续表

变量中文名称	变量英文名称	缩写	在模型中的含义
国家对高校的科技投入强度	Rate of National Science and Technology Investment to University	RNSTIU	国家对高校的科技拨款占国际科技拨款的比例
国家对研究机构的科技投入强度	Rate of National Science and Technology Investment to Research Institutions	RNSTIRI	国家对研究机构的科技拨款占国际科技拨款的比例
国家对大中型工业企业的科技投入强度	Rate of National Science and Technology Investment to Large and Medium Industrial Enterprises	RNSTILMIE	国家对大中型工业企业的科技拨款占国际科技拨款的比例
国际期刊知识淘汰量	Knowledge Weeded Out Amount in SCI、EI、ISTP	KWOASEI	每年由于技术更新造成的由国际三系统收录的我国科技论文的知识淘汰量
国际三系统收录我国科技论文总数	Total Amount of Papers Published in SCI、EI、ISTP	TAPPSEI	截至报告年度年初，国外SCI、ISTP、EI三种检索工具收录的我国论文总数，不包括由于知识更新的淘汰量
国内人才资源	Domestic Talent Resource	DTR	国内培养的具有创新潜质的人才总数
国内生产总值	Gross Domestic Product	GDP	在报告年度内，我国经济中所生产出的全部最终产品和劳务的价值
国内中文期刊刊登论文总数	Total Amount of Papers Published in Chinese Journals	TAPPCJ	截至报告年度年初，具有参考价值的中文期刊总量，等于历年中文期刊刊登总数减去淘汰量总数
海外人才增量	Annual Returnees	AR	海外留学人员在报告年度的归国数量
海外人才资源	Returnees	Ret	历年海外留学归国人员总人数
技术改造经费	Fund of Technology Reconstruction	FTR	大中型工业企业在报告年度进行技术改造而发生的费用支出
技术改造强度	Technology Reconstruction Rate	TRR	大中型工业企业技术改造经费占销售收入的比例
技术改造增长率	Growth Rate of Technology Reconstruction	GRTR	大中型工业企业技术改造经费的年增长率
金融机构对大中型工业企业科技贷款比例	Rate of Loan to Large and Medium Industrial Enterprises from Financial Institutions	RLLMIEFI	金融机构对大中型工业企业科技贷款占总科技贷款额的比例
金融机构对高校科技贷款比例	Rate of Loan to University from Financial Institutions	RLUFI	金融机构对高校科技贷款占总科技贷款额的比例
金融机构对研究机构科技贷款比例	Rate of Loan to Research Institutions from Financial Institutions	RLRIFI	金融机构对研究机构科技贷款占总科技贷款额的比例

续表

变量中文名称	变量英文名称	缩写	在模型中的含义
金融机构科技贷款	Loan for Technology from Financial Institutions	LTFI	金融机构的总科技贷款额
科技拨款占国家财政支出比例	Rate of S&T Appropriation from National Financial Charges	RSTANFC	国家财政在报告年度的科技拨款占国家财政支出比例
科技贷款政策影响指数	Index of Loaning for Technology Policy	ILTP	表示科技贷款政策的执行效果，主要对金融机构的科技贷款的总额有正向促进作用
每年国际三系统收录我国科技论文数	Annual Chinese S&T Papers Indexed by SCI, EI and ISTP	ACSTPISEI	每年国外 SCI、ISTP、EI 三种检索工具收录的我国论文总数
每年国内中文期刊刊登论文数	Annual Chinese S&T Papers	ACSTP	每年在选定的 1000 多种国内科技期刊上刊登的论文总数，这些期刊是根据一定的评价指标和专家们的意见确定的
大中型工业企业的创新意愿	Innovation Will of Large and Medium Industrial Enterprises	IWLMIE	对企业创新意愿的量化值，数值越大表示企业的创新意识和动力越强
全国人才资源	Total Amount of Talent in China	TQTC	包括国内培养的具有创新潜质的人才和留学归国人员
全国研发人员数量	Total Amount of R&D Personnel in China	TARDPC	全国从事研究与发展课题活动（基础研究、应用研究试验发展）的人员数量
人才培养政策影响指数	Effection from the Policy of Personnel Training	EPPT	表示人才培养相关政策的执行效果，主要对高校毕业生中的人才比例有正向促进作用
人才培养比例	Rate of Talent from Graduates of University	RTGU	在高校毕业生中具有创新意识或创新潜力的人才的比例
人才流动比例	Rate of Flowing Talent	RFT	在不同部门间流动的人才所占比例
人均高等教育经费	Per Student Higher Education Funding	PSHEF	高等教育学生人均投入
新产品税收政策影响指数	Index of Taxes Policy of New Products	ITPNP	表示税收政策的执行效果，主要通过对新产品的减税，达到刺激新产品研发的目的
吸引海外人才政策影响指数	Effection from the Policy of Returnees	EPR	表示吸引海外人才相关政策的执行效果，主要对留学回国人员数量有正向促进作用
新产品销售收入占总销售收入比例	Rate of Sales Turnover of New Products from Total Sales Turnover	RSTNPTST	大中型工业企业新产品销售收入占主营业务收入的比例
在校研究生比例	Rate of Graduate Students from All Students	RGSAS	当年在校研究生数量与研究生加本科生数量之比

续表

变量中文名称	变量英文名称	缩写	在模型中的含义
研究机构研发人员中科学家和工程师所占比例	Rate of Scientists and Engineers from R&D Personnel in Research Institutions	RSERDPRI	研究机构研发人员中具有大学本科及以上学历和不具备上述学历但有高、中级职称的人员所占比例
研究机构研发经费筹集	Raising R&D Fund of Research Institutions	RRDFRI	研究机构从事科学技术活动所获得的收入，包括政府拨款、技术，以及试制产品收入、贷款和其他收入，不包括代管经费和转拨外单位经费
研究机构科研能力指数	Scientific Research Capacity of Research Institutions	SRCRI	对研究机构科研能力的量化值，是反映研究机构关于创新成果产出速率的指标，数值越大表示创新产出越快
研究机构研发人员数量	R&D Personnel Amount in Research Institutions	RDARI	指在研究机构参加研发项目的人员，以及研发项目的管理人员和直接服务人员按全时人员折算的人年数
政府相关创新激励政策指数	Innovation Encouraging Policy Index	IEPI	表示政府相关创新激励政策的执行效果，主要对各部门的创新能力有正向促进作用
中文期刊知识淘汰量	Knowledge Weeded Out Amount in Chinese Papers	KWOACP	每年由于技术更新造成的中文期刊的知识淘汰量
专利年申请量	the Annual Patent Application Amount	APAA	每年专利的申请量
专利申请总量	Patent Application Amount	PAA	具有应用价值的专利总量，等于历年专利申请量总数减去淘汰量总数
专利淘汰量	Eliminated Patent Amount	EPA	每年由于技术更新造成的专利淘汰量
总资产贡献增长率	Growth Rate of Total Capital Contribution	GRTCC	与前一年相比，总资产贡献率的增长百分比
总资产贡献率	Total Capital Contribution	TCC	反映大中型工业企业全部资产的获利能力，是企业经营业绩和管理水平的集中体现，是评价和考核企业盈利能力的核心指标

附录Ⅱ　主要变量的数学关系式

变量中文名称	公式	单位
财政收入与 GDP 的比例	RNFCGDP＝0.011 417×Time－22.684 4	
财政支出与财政收入的比例	RNTFCR＝53.524－0.026 163×Time	
产学研联系中高校所占比例	FUIAR＝0.432 3	
产学研联系中研究机构所占比例	FRIIAR＝0.567 7	
创新成果转化指数	ICI＝[ln(TAPPSEI)＋ln（TAPPCJ)＋ln（PAA)]×ln(RFPCRDPLMIE)×RRDPLMIE×RSERDPLMIE	
创新人才投向大中型工业企业比例	IADLMIE＝(－1.657 47＋0.000 847 5×Time)＋(ITDRI＋ITDU）×RFT/（1－RFT)	
创新人才投向高校比例	ITDU＝（－0.12＋6.56e－005×Time）×（1－RFT)	
创新人才投向研究机构比例	ITDRI＝（0.463 16－0.000 225×Time）×（1－RFT)	
大中型工业企业产学研联系	IARLMIE＝RDIELMIE×IARRLMIE	亿元
大中型工业企业产学研联系强度	IARRLMIE＝0.091 4×EPEIAR	
大中型工业企业从业人员数量	APLMIE＝Time×313.093－623 908	万人
大中型工业企业从业人员增长率	EGRLMIE＝APLMIE/DELAY1I（APLMIE，1，4 404）－1	
大中型工业企业科研能力指数	SRCLMIE＝ $\sqrt{RRDFLMIE \times ARDPLMIE^{1+RSERDPLMIE}}$ ×IEPI	
大中型工业企业销售收入	SILMIE＝DELAY1I（SILMIE，1，259 580）×（GRSILMIE＋1)	亿元
大中型工业企业销售收入对 GDP 贡献率	SICRG＝Time×0.082 27－164.083	
大中型工业企业销售收入增长率	GRSILMIE＝exp[－2.687 4＋1.757 6×ln(GRTCC＋1)＋15.793 2×ln（EGRLMIE＋1)]	
大中型工业企业研发经费筹集	RRDFLMIE＝RNSTILMIE×GSTA＋RDIELMIE×RRDIELMIE＋LTFI×RLLMIEFI－405.75	亿元
大中型工业企业研发经费内部支出	RDIELMIE＝exp{－2.817 8＋1.264 4×ln(IWLMIE)＋0.812 6×ln[DELAY1I(SILMIE,1,261 278)]－0.086 1×ln[DELAY1I(RDIELMIE,1,5 189.5)]}	亿元
大中型工业企业研发经费内部支出比例	RRDIELMIE＝0.7297	

续表

变量中文名称	公式	单位
大中型工业企业研发经费内部支出增长率	GRRDIELMIE=RDIELMIE/DELAY1I（RDIELMIE，1，5 189.5）−1	
大中型工业企业研发人员人均研发经费	RFPCRDPLMIE=RRDFLMIE/ARDPLMIE	亿元
大中型工业企业研发人员人数	ARDPLMIE=TQTC×IADLMIE	万人
大中型工业企业研发人员所占比例	RRDPLMIE=ARDPLMIE/APLMIE	
大中型工业企业研发人员中科学家和工程师所占比例	RSERDPLMIE=Time×0.002 882−5.006	
大中型工业企业自身研发强度	SRDRLMIE=RDIELMIE/SILMIE	
高等教育投入	HEI=NFC×RHEINFC	亿元
高等教育投入占国家财政支出比例	RHEINFC=0.2459	
高校科研能力指数	SRCU=$\sqrt{\text{RRDFU}\times(\text{USN}\times\text{RGSAS}+\text{ARDPU}^{1+\text{ASE}})}$×IEPI	
高校年毕业人数	AGSN=0.310 8×USN−157.273	万人
高校研发经费筹集	RRDFU=GSTA×RNSTIU+LTFI×RLUFI+IARLMIE×FUIAR+42.879	亿元
高校研发人员数量	ARDPU=TQTC×ITDU	万人
高校研发人员中科学家和工程师所占比例	ASE=0.979 6	
高校在校生人数	USN=（HEI−38.294 5）/PSHEF	万人
国际期刊知识淘汰量	KWOASEI=TAPPSEI/5	万个
国际三系统收录我国科技论文总数	TAPPSEI=INTEG（ACSTPISEI−KWOASEI，615 202）	个
国家财政科技拨款	GSTA=NFC×RSTANFC	亿元
国家财政收入	NFR=DELAY1I（GDP，1，257 305）×RNFCGDP	亿元
国家财政支出	NFC=RNTFCR×NFR	亿元
国家对大中型工业企业的科技投入强度	RNSTILMIE=0.371 3	
国家对高校的科技投入强度	RNSTIU=0.107	
国家对研究机构的科技投入强度	RNSTIRI=0.212 1	
国内人才资源	DTR=INTEG（AGSN×RTGU，2 258.2）	万人
国内生产总值	GDP=SILMIE/SICRG	亿元
国内中文期刊刊登论文总数	TAPPCJ=INTEG（ACSTP−KWOACP，1.109 24e+006）	个
海外人才增量	AR=（−1079.2+0.53993×Time）×EPR	万人
海外人才资源	Ret=INTEG（AR，30.1982）	万人

续表

变量中文名称	公式	单位
技术改造经费	FTR＝DELAY1I（FTR，1，3 258.8）×（GRTR＋1）	亿元
技术改造增长率	GRTR＝－0.075 9＋0.464×DELAY1I(GRSILMIE，1，0)＋0.505 7×DELAY1I（GRRDIELMIE，1，0）	
技术改造强度	TRR＝FTR/SILMIE	
金融机构对大中型工业企业科技贷款比例	RLLMIEFI＝0.622 7	
金融机构对高校科技贷款比例	RLUFI＝0.2	
金融机构对研究机构科技贷款比例	RLRIFI＝0.083 5	
金融机构科技贷款	LTFI＝（Time×32.9 723－65 798.2）×ILTP	亿元
科技拨款占国家财政支出比例	RSTANFC＝0.0412	
每年国际三系统收录我国科技论文数	ACSTPISEI＝(－30132＋1.8×SRCLMIE＋139.5×SRCRI＋198.1×SRCU)	个
每年国内中文期刊刊登论文数	ACSTP＝(55182＋3.2×SRCLMIE＋235.2×SRCRI＋341.7×SRCU)	个
大中型工业企业的创新意愿	$\text{IWLMIE}=\ln\dfrac{\text{DELAY1(RNSTILMIE,1)}\times\text{DELAY1I(RSTNPTST,1,0.157)}}{\text{DELAY1I(TRR,1,0.011)}\times\text{DELAY1I(SRDRLMIE,1,0.019 862)}}$	
全国人才资源	TQTC＝DTR＋Ret	万人
全国研发人员数量	TARDPC＝1.349×ARDPLMIE＋0.666×RDARI＋ARDPU＋15.835 4	万人
人才占高校毕业生的比例	RTGU＝0.057 2×EPPT	
人均高等教育经费	PSHEF＝5.6886	万元
新产品销售收入占总销售收入比例	RSTNPTST＝exp{－1.935 9＋0.006 2×ln[DELAY1I(ICI,1,1.141 88)]＋0.007 7×ln[DELAY1I(RRDFLMIE,1,874.769)]－0.000 7×ln[DELAY1I(FTR,1,1 132.6)]}×(1＋ITPNP)	
研究机构科研能力指数	$\text{SRCRI}=\sqrt{\text{RRDFRI}\times\text{RDARI\^{}(1+RSERDPRI)}}\times\text{IEPI}$	
研究机构研发经费筹集	RRDFRI＝GSTA×RNSTIRI＋IARLMIE×FRIIAR＋LTFI×RLRIFI＋374.09	亿元
研究机构研发人员数量	RDARI＝TQTC×ITDRI	万人
研究机构研发人员中科学家和工程师所占比例	RSERDPRI＝Time×0.007 658－14.587	
在校研究生比例	RGSAS＝Time×0.001 408 3－2.7671	
中文期刊知识淘汰量	KWOACP＝TAPPCJ/3	个
专利年申请量	APAA＝33 443＋120.2×（SRCLMIE）＋109.1×（SRCRI）＋82.2×（SRCU）	个
专利申请总量	PAA＝INTEG（APAA－EPA，1.260 82e＋006）	个
专利淘汰量	EPA＝PAA/3	个
总资产贡献率	TCC＝exp［－4.917＋0.355×ln（FTR）＋0.05×ln（ICI）－0.004×ln（ARDPLMIE）］	
总资产贡献增长率	GRTCC＝TCC/DELAY1I（TCC，1，0.135 2）－1	

后　记

自《国家中长期人才发展规划纲要（2010—2020年）》颁布以来，包括创新人才在内的我国人才开发与使用问题已经成为我国坚持科学发展、深化体制改革的重大议题。希望本书的研究成果能为规划纲要的实施贡献绵薄之力。

本书以翔实的数据和典型的个案作为分析的依据，努力把握创新人才开发的国际动向和战略举措，力图准确揭示创新人才开发的重要途径和经验借鉴，并结合我国创新人才的现状与问题提供针对性的对策建议。本书的最大着眼点是把企业、科研机构和高校整合起来，把科技和教育同创新型国家建设联系起来做整体思考；以历史数据为实践、未来预测为指导，同时把创新人才的战略选择和解决方案聚焦在产学研、国际化、高等教育、政策改革等多个方面。研究涉及的众多议题本书仅仅作了初步的探讨，今后极有必要作进一步深入讨论。

作为作者近5年来探索性研究的一个阶段性总结，本书力图对创新型国家背景下的人才需求、人才开发等政策与创新成果产出的作用机制加以解析，由于水平和精力所限，书中难免存在诸多不足之处，恳请学术界同行和广大读者批评指正。

在本书即将出版之际，我要对导师陈树文教授多年来的言传身教表示深深的谢意。跟随导师攻读博士学位的经历为我奠定了扎实的理论基础，导师治学严谨的学者风范、正直无私的人格魅力、励精图治的工作热情、精深广博的学识修养让我受益终生。另外，在大连理工大学管理科学与工程博士后流动站的研究工作成果也成为本书的重要组成部分。我的博士后合作导师丁堃教授给予我中肯的学术建议和宽松的学术环境，使我的研究逐渐积淀成了今天的阶段性成果。在此向他们表示由衷的感谢！

另外，本书还获得了大连理工大学公共管理与法学学院的研究生阎慰椿、安书乐、任立强、姜洋等在资料收集、数据下载等方面的支持和帮助，在此一并表示感谢。

谷　丽

2014年5月1日